मार्कस ऑरेलियस की मेडिटेशन्स

एक नया दृष्टिकोण

(Marcus Aurelius' Meditations: A New Perspective)

Samuel Cartaxo

आईएसबीएन: 978-65-00-69085-9

संस्करण/संस्करण: 1/7 [*संशोधित* 13 July 2023]

1. नैतिकता। 2. स्टोइक। 3. जीवन।

■ AΩ ■

समर्पण

यह पुस्तक मेरी प्रिय माँ, जूडिथ कार्टैक्सो को समर्पित है, जिनका इस वर्ष अपेक्षा से पहले निधन हो गया। मुझे तुम्हारी बहुत याद आती है, माँ। मुझे तुमसे प्यार है।

कंटेंट्स

प्रस्तुति

यह किताब स्तोएणिस्म के शिक्षाओं के माध्यम से एक आकर्षक और परिवर्तक यात्रा है। यह समयहीन महानायक मार्कस औरलियस की मेडिटेशन्स से अद्वितीय ज्ञान की खींच लेती है, और इस प्राचीन दर्शनशास्त्र के प्रतिष्ठित और कार्यप्राप्त रूप का प्रतिनिधित्व करती है।

परेशानी और चिंता से मुक्त जीवन के रहस्यों को समझें, और विश्राम और कृशता के साथ किसी भी स्थिति का सामना करने की स्थिरता को खोजें। अपने विचारों और भावनाओं को नियंत्रित करना सीखें, आंतरिक शांति की भावना बनाएं, और एक वास्तविक, मानव जीवन का आनंददायक और समर्पित जीवन जिएं।

आपको "एक नया दृष्टिकोण" जानने के लिए आमंत्रित किया जाता है: अपने जीवन में मार्कस औरलियस के महान ज्ञान को एक ऐसे तरीके से खोजें जो उनकी विशाल जीवन की ज्ञानवर्धन से आपके जीवन में लाता है। "मेडिटेशन्स" के अधिकांश संस्करण आमतौर पर प्रत्येक विचार या ध्यान को एक ही अनुच्छेद में व्यवस्थित करते हैं, संरचना की महत्व को कम ध्यान देते हुए। हालांकि, कुछ ध्यानाध्यापन ऐसे हैं जो बहुत लंबे और विस्तृत होते हैं, जिन्हें केवल उनकी चर्चा के लिए एक पूरे वॉल्यूम समर्पित होना चाहिए। क्योंकि दौरानी पैराग्राफ और स्पष्ट शीर्षकों के अभाव के कारण उनकी समारोह कुछ वर्षों से आम हो गई हैं। यह संस्करण इन

सबको बदलकर प्रस्तुत करता है जब ध्यानाध्यापनों के स्पष्ट और संक्षेप शीर्षकों के तहत प्रस्तुत किए जाते हैं जो उनके विषयों और संदेशों का पूर्वावलोकन करते हैं, हर एक कूटपटल ठोस भाषा के साथ प्रस्तुत किए जाते हैं जो पाठक तक सीधे पहुँच देती है। "मेडिटेशन्स" की गहराई और घनत्व को नई रोशनी में अनुभव करें।

इस किताब में स्पष्टता और संक्षेप से लिखी गई भाषा में छन्द की कुछ "भावना" का नकल करने का प्रयास करते हुए, यह किताब एक उत्कृष्ट जीवन के लिए एक स्पष्ट पथप्रदर्शक प्रदान करती है, और स्तोयिक दर्शन के बारे में और गहराई से जानकारी चाहने वाले हर किसी के लिए एक संगी है। चाहे आप अपने संवादों को बेहतर बनाना चाहें, सहनशीलता को विकसित करना चाहें, या बस अधिक संतोष और आनंद ढूंढ़ना चाहें, इस किताब में आपके लिए कुछ न कुछ है। अधिक जानकारी इकट्ठा करने में मदद करने के रूप में, पुस्तक के अंत में एक पूर्ण शब्दकोश और लगभग 2,000 शब्दों की विशाल सूची उपलब्ध है।

तो, यदि आप एक महत्वपूर्ण मानदंड और इरादे क

अस्वीकरण

इस पुस्तक में प्रदान की गई जानकारी केवल सामान्य सूचना के उद्देश्यों के लिए है और "जैसा कि है" रूप में किसी भी वारंटी के बिना प्रदान की जाती है। लेखक ने जानकारी की सटीकता और भरोसेमंदता को सुनिश्चित करने के लिए हर संभव प्रयास किया है, लेकिन इसकी पूरता या सटीकता की गारंटी नहीं दी जा सकती है। पाठक को अतिरिक्त जानकारी के लिए प्रमुख विषयों पर अन्य स्रोतों में खोज करने की प्रेरणा दी जाती है। यह पुस्तक व्यापक अनुसंधान पर आधारित सामग्री पर आधारित है और सावधानी से तैयार की गई है, लेकिन लेखक और किसी भी सह-लेखक को उपस्थित त्रुटियों या अपट्टियों के लिए ज़िम्मेदार नहीं ठहराया जा सकता है। लेखक ने सार्वजनिक साहित्य से संदर्भ दिये गए सभी जानकारी की स्वतंत्रतापूर्वक पुष्टि नहीं की है और इसकी सटीकता या भरोसेमंदता की गारंटी नहीं दी जा सकती है। सामग्री का उपयोग उपयोगकर्ता की सर्वोत्तम जज्बात पर आधारित होना चाहिए। इस पुस्तक के अंतिम उपयोगकर्ता अपनी प्रदान की गई जानकारी के उपयोग के लिए ज़िम्मेदार होता है और उस जानकारी पर आधारित किसी भी कार्रवाई के परिणामस्वरूप होने वाले नतीजों के लिए। लेखक पठक की तकनीकी क्षमता या अनुभव की गारंटी नहीं दे सकते हैं और इसलिए इस पुस्तक में दी गई जानकारी के उपयोग या गलत उपयोग से होने वाले किसी भी क्षति, सहित

परोक्ष, आकस्मिक, विशेष, दंडात्मक या परिणामतोच्छेदक क्षति, लाभहानि, व्यापार बाधा, डेटा की हानि या सद्भाव की हानि से उत्पन्न किसी भी क्षति के लिए जिम्मेदार नहीं हो सकते हैं।

प्रस्तावना

यह संस्करण साहसिकता से शुरू हुआ, एक प्रयोग बन गया और फिर अपने आप को एक अद्भुत साहसिक यात्रा में बदल गया। यह मार्कस ऑरलियस के जीवन और कार्य के विद्वान दार्शनिकों या विद्वान इतिहासकारों का लक्ष्य नहीं है; इससे बदले में यह आपके लिए एक संस्करण है, जैसा मैं जैसा, एक साधारण पाठक, जो सीखने के इच्छुक, जिज्ञासु और चिंतित होते हैं और इसलिए यह हैरानी की बात है कि इस पुस्तक में पोस्ट की गई ऐसी शिक्षाएं सदियों और अधिक सदियों तक फैल सकती हैं, और फिर भी, हमारे आज की जीवन में बहुत महत्वपूर्ण हो सकती हैं।

इसलिए "एक नया दृष्टिकोण" क्योंकि? मुझे समझाने दीजिए। मैंने पहली बार एक मार्कस की मेडिटेशन्स पुस्तक के सामने खड़ा होते ही महान मार्कस ऑरलियस द्वारा रिकॉर्ड की जाने वाली मूल्यवान जीवन की ज्ञान को उनके लिखित पाठ की सामान्य संरचना के संबंध में अवमूल्य रूप से कम माना गया है। सामान्यतः, संस्करणों में उनकी किताबें अध्यायों में बांटी जाती हैं, प्रत्येक मार्कस के टिप

परिचय

— प्रखर बुद्धि और सैन्य सफलता वाला महान सम्राट

मार्कस औरेलियस अंटोनिनस, जिनका जन्मदिन 26 अप्रैल, A.D. 121 को हुआ था, उनके परिवार से सम्बंध रखते थे जो रोम के दूसरे राजा नूमा के वंश के दावेदार हुए। वे सबसे प्रसिद्ध धार्मिक सम्राटों में से एक ही राजाओं के लगभग समान होते थे। हालांकि, उनके माता-पिता जब जीवित थे, मार्कस ने उन्हें बहुत महत्व दिया।

मानवतापूर्ण रग कि चोटी से पवित्र सम्राट तक: मार्कस औरेलियस एंटोनिनस की कहानी

उनके दादा, अन्नियस वेरस, ने रोम में प्रमुख पदों को संभाला था और उन्होंने तीन बार कंसुल का कार्यभार संभाला था। उनके पिता की मृत्यु के बाद, मार्कस ने अपने दादा द्वारा गोद लिया था, और उनका संबंध घनिष्ठ था। मार्कस अपने दादा के उपदेशों के लिए कृतज़ रहा, जो उन्होंने उनमें

दयालुता, नम्रता, और स्वयंनियंत्रण की आदतों को पैदा किया था, जैसा कि उनके पुस्तक के पहले पृष्ठ में दिखाया गया है।

सम्राट हाडरियन ने युवा लड़के के बेहतरीन चरित्र को मान्यता दी, जिसे उन्होंने वेरिसिमस कहने का उपयोग किया, जिसका अर्थ है "अपने खुद की नाम से भी अधिक सत्यसंगत"। हाडरियन ने सिर्फ छठे वर्ष के उम्र में ही मार्कस को कर्मशास्त्रीय रैंक में पदोन्नत किया और उन्हें गर्वित सालियन पूजापाठ का सदस्य बना दिया। मार्कस की ताई, अनिया गलेरिया फॉस्टिना, एंटोनीनस पियस से विवाहित थी, जो बाद में सम्राट बने। क्योंकि एंटोनीनस के पास कोई बेटा नहीं था, उन्होंने मार्कस को अदोप्ट किया, उनका नया नाम दिया, और उन्हें अपनी बेटी फॉस्टिना से विवाहित किया।

मार्कस ने उन्नत शिक्षा प्राप्त की जो सबसे अच्छे शिक्षकों के मार्गदर्शन में कराई गई, जिन्होंने उन्हें स्टोइक दर्शन की सख्त सिद्धांतों की शिक्षा दी थी, जिसे वह बहुत प्रशंसा करता था। उन्हें सादगी और आसन्नता से रहने, और सरलता से जीने का भी प्रशिक्षण दिया गया था। इसके अलावा, कुश्ती, शिकार, और खेल आदि उन्हें शारीरिक ताकत विकसित करने में मदद करते थे, यहां तक कि उनकी कमजोर स्वास्थ्य से भी बड़ी संरचना में। वे हिरण के भयंकरतम शिकार में भी अत्यधिक व्यक्तिगत साहस प्रदर्शित करते थे। अगर चाहों, तो रोम के "सर्कस" में धावन रथ की चार रंगों, लाल, नीला, सफेद, या हरा का, कार्यक्रम में भाग लेने या साथी हिंसा और कोरप्शन के लिए सामर्थ्य से बचते थे।

मार्कस का उदय: कंसुल से मान्य आईम्पीरियल चित्र

सन् 140 में, मार्कस को कॉन्सुली नियुक्ति मिली। 145 में, उन्होंने अपनी मांगेतर के साथ विवाह किया और जल्द ही उन्होंने अपने परिवार में एक बेटी का स्वागत किया। दो साल बाद, उन्हें त्रिभुवन और अन्य साम्राज्यिक अंशों के साथ मान्यता प्राप्त हुई।

संघर्षी महाराजा: मार्कस ऑरेलियस और लुसियस वेरस की क्रूर अभियान

161 अंटोनिनस पाइअस के मरण के बाद, मार्कस सम्राट बने और तत्कालीन एल. सेओनियस कमोडस को अपने सहकर्मी के रूप में नियुक्त किया। अंटोनिनस ने कमोडस को अपनाया था और उसे लूकियस औरिलियस वेरस का नाम दिया था। उस समय से, दोनों ने शासन की जिम्मेदारी साझा की, और वेरस को मार्कस के उत्तराधिकारी के रूप में तैयार किया गया।

मार्कस को नई भूमिका में बसने के लिए लंबी अवधि नहीं मिली जब तक कि भिन्न-भिन्न स्थानों में संघर्ष नहीं हुआ। पार्थियां राजा, वोलोगेसेस तृतीय, ने भारी विद्रोह चलाया और सीरिया में आक्रमण करते समय एक पूरी रोमन लेजियन को नष्ट कर दिया। वेरस को समस्या का सामना करने के लिए भेजा गया, लेकिन अपनी जिम्मेदारियों को पूरा करने की बजाय, वह अत्यधिक पियक्कड़ी और अनैतिक व्यवहार में लिप्त हो गया। इसके परिणामस्वरूप, अधिकारियों को बिना उसके सहायता के युद्ध का सामना करना पड़ा।

ये अभियान क्रूर और तीव्र थे, और 169 में वेरस की मृत्यु हो गई। हालाँकि हमारे पास लड़ाई के बारे में विस्तृत जानकारी नहीं है, लेकिन हम जानते हैं कि अंत में, रोमन विजयी हुए थे। मार्कस के निर्देशन में, बर्बर जनजातियों को कुचल दिया गया, और साम्राज्य को और अधिक सुरक्षित बना दिया गया। इन अभियानों की सफलता न केवल मार्कस के सैन्य कौशल के कारण थी, बल्कि पर्टिनैक्स जैसे सक्षम लेफ्टिनेंटों को चुनने में उनकी गहरी समझ के कारण भी थी।

इस अवधि के दौरान कई महत्वपूर्ण लड़ाई लड़ी गईं। 174 में, क्वॉडी के खिलाफ थंडरिंग लेजियन नामक लड़ाई विशेष रूप से प्रसिद्ध है। प्रारंभ में, ऐसा लग रहा था कि शत्रु को मौका मिला है; हालांकि, एक अचानक तूफान और बारिश का बादल उठा, जो जंगली को भयभीत कर आया, और वे हार के बावजूद बच निकले। यह लगा कि थंडरिंग लेजियन की प्रार्थनाओं के प्रभाव थे, और बारिश को उनकी मदद के लिए भेजा गया था। थंडरिंग

लेजियन का नाम इस कहानी से जुड़ा होने के बावजूद, इसकी सत्यता पर संदेह है। हालांकि, इन युद्धों का प्रमाण इंद्रधनुष पर बने एक दृश्य में जो अंतोनिनस के श्रद्धा-स्तम्भ पर दिखाई गई, स्थापित किया गया है।

अनपेक्षित बदलता हुआ : मार्कस की यात्रा एक द्वेषी आणवयोध्दारक के सामने आने के लिए।

हाल की मुसीबतों के बाद समझौते में उपरांत बेहतर सुखद राहत हो सकती थी, यदि पूर्व में एक अनपेक्षित विद्रोह नहीं हुआ होता। आविडियस काशियस, पार्थियन युद्ध में प्रसिद्धि पाने वाले एक कुशल सम्मानित सेनाध्यक्ष, तब पूर्वी प्रांतों के ऊपराज्य का शासन कर रहा था। अज्ञात कारणों के लिए, उन्होंने मार्कस की बीमारी के बाद जल्द ही खुद को सम्राट घोषित करने की योजना बनाई थी। मार्कस की मृत्यु के बारे में गलत सूचना प्राप्त होते ही, काशियस ने अपनी योजना आचरण की। इसकी जानकारी प्राप्त होने पर, मार्कस ने ताजगी से वेशभूषा पहनते हुए शांति का संकेत किया और अपने घर लौट आए, नई चुनौती का सामना करने के लिए। उनका सबसे बड़ा दुख यह था कि उन्हें नागरिक युद्ध की भयानक घटनाओं में शामिल होना पड़ा। काशियस की क्षमताओं को स्वीकार करते हुए, मार्कस की आशा थी कि काशियस को क्षमा प्राप्त होने से पहले वह अपने आप को क्षति नहीं पहुँचाएगा। लेकिन मार्कस पहले पहुँच सकते थें, परंतु वहीं आगमन की खबर पहुँची कि वह जीवित हैं। काशियस के समर्थक उसे छोड़ गए और उसकी हत्या हो गई। मार्कस उत्तरी दिशा में यात्रा की, जहाँ हत्यारों ने काशियस के सिर को उनके सामने परेशानी में प्रस्तुत किया। सम्राट ने गुस्से से वृष्टिका को स्वीकार किया और हत्यारों को छोड़ने के लिए अपने सैन्य स्थल पर स्वीकार करने से इंकार कर दिया।

जीत और दुःख: एक विजयी सशस्त्री के जीवन की यात्रा

अपनी यात्रा के दौरान, सम्राट की पत्नी फास्टेना के निधन हो गया। उनके आगमन पर, सम्राट ने १७६ में जीत का खुशी मनाई। जल्द ही इसके बाद उन्होंने अपनी युद्धीन ज़िम्मेदारी को पुनः आरभ करने के लिए जर्मनी

की ओर मुड़ लिया। उनके सैन्य प्रयासों ने सम्पूर्ण विजय हासिल की। हालांकि, उसके बाद के वर्षों की संघर्ष से उनकी स्वास्थ्य पर अधिक प्रभाव पड़ा। उन्होंने १७ मार्च, १८० में पैनोनिया में निधन हो गया।

महान सम्राट की एक दुखद परिवारिक विरासत: विजय, दुःख और विश्वासघात

महान सम्राट, अपनी सफलता के बावजूद, कई निजी परीक्षणों का सामना करना पड़ा। फौस्टीना, उनकी पत्नी, ने कई बच्चों को जन्म दिया, जिन्हें उन्होंने गहरी मोहब्बत से आदर्श दिया। उनके परम सुंदर चेहरे अमर हो गए हैं, जो अनगिनत गेलरियों में मूर्ति रूप में हैं और उनके पिता के वहीं शांत स्वरूप को याद दिलाते हैं। दुर्भाग्यवश, हर एक बच्चा इस दुनिया में नहीं रहा, बस एक ही उत्पन्नी ही राजघरानी का उत्तराधिकारी बना, कमजोर और घृणीत कॉमोडस। अपने पिता के निधन के बाद, कॉमोडस ने जल्दी और बेवकूफी से एक संधि पर हस्ताक्षर किए जो कई सालों के सफल अभियानों को रद्द कर दिया। उसकी दमटड़ और रक्त प्यास के साथ बारह वर्षों की नरसंस्कारक शासनकाल में उसका नामांकन चिह्नित था। फौस्टीना का नाम अवमानना के साथ ध्वस्त हो गया है, जिसमें उसे विश्वासघाती और केसियस के साथ टुकड़ों की योजना बनाकर विद्रोह करने का आरोप लगाया गया है, जिसका अंततः उनकी जान पर भारी पड़ गया। तथापि, इन आरोपों में पक्का साक्ष्य की कमी है; इसके अतिरिक्त, सम्राट ने उन्हें गहरी मोहब्बत की और उसकी वफादारी पर कभी संदेह नहीं किया।

मार्कस: प्रतिष्ठित सैनिक और बुद्धिमान प्रशासक जिनकी विवादास्पद विरासत।

मार्कस एक क्षमतापूर्ण और सफल सैनिक, एक सतर्क और ईमानदार प्रशासक था। उसने अपने दार्शनिक धारणाओं के अनुसार दुनिया को पुनर्रचित करने का प्रयास नहीं किया, बल्कि उसने अपने पूर्वजों के द्वारा निष्कर्ष निकाले गए मार्ग का अनुसरण किया। उसका मुख्य लक्ष्य अपना कर्तव्य अच्छी तरह से निभाना और कोरप्शन को रोकना था। हालांकि,

उसने कुछ अविवेकपूर्ण निर्णय लिए, जैसे कि वीरस के साथ सह-सम्राटीय पद बनाना, जो अंततः रोमन साम्राज्य के विभाजन की ओर ले गया। उसने खूबसूरती बढ़ाते हुए नागरिक प्रशासन को भी अधिक केंद्रीकृत किया।

मार्कस की सबसे बड़ी प्राप्ति न्याय प्रशासन में थी। उसने कानूनों को बनाए जो कमज़ोर और गुलामों की सुरक्षा करते थे, जैसे कि किसानों का पितामह के रूप में काम करते थे, गरीब बच्चों के लिए धर्मार्थी संस्थानों को स्थापित किया, प्रांतों को अत्याचार से बचाया और संकट में शहरों या क्षेत्रों को सहायता प्रदान की।

हालांकि, उसकी प्रतिष्ठा उसके दरिंदगी के क्रूर व्यवहार के कारण धूमिल हो गई है। उसके शासनकाल में, कई ईसाई नफरत करने वाले कार्य हुए, और उसने सुनिश्चित नहीं किया कि उन्हें न्यायपूर्ण सुनवाई प्राप्त हो। हालांकि, शायद उसे उन अत्याचारों की आपातकालीनता का अंदाज़ा नहीं था, लेकिन फिर भी उसने अपने शासन के तहत सभी नागरिकों की सुरक्षा करने के अपने कर्तव्य में खतरे में नहीं डाल दिया। उसके पूर्ववर्ती त्रेजन ने स्थिति को बेहतर तरीके से संभाला।

रोम में नैतिकता: स्थोइस्म के माध्यम से गुण-खोज

एक विचारशील व्यक्ति को रोम द्वारा प्रदर्शित धार्मिक विश्वासों में थोड़ी सी आनंद मिलेगा। अर्धदैवत और उनकी कथाएँ अक्सर बेतुकासीपूर्ण या काल्पनिक होती थीं, और उनकी सिखाने की किताबें न्यायिकता के विषय पर ज्यादा स्पर्श नहीं करतीं। मूल रूप से, रोमी धर्म एक विनिमय था: लोग निर्धारित अनुष्ठान और यज्ञादियों का प्रस्तावना करते थे, और बदले में, देवताओं ने उन्हें उनकी इच्छाओं को प्रदान किया, चाहे उनके कार्य सही हों या गलत। इसलिए, सभी भक्त व्यक्ति कोखे ने दर्शाया था। जो कि ग्रीस में भी मामूली मात्रा में लागू हो चुका था।

मुख्य साम्राज्य के अंतर्गत, दो दबदबेवाली दरबारी विद्यालय हुए थे: स्तोयिटीवाद और एपिक्योरेनियनिज्म। हालांकि, दोनों विद्यालयों ने आपात रूप से समान आदर्शों का प्रचार किया - अर्थात स्तोयिट्स उत्कृष्टता को

प्राप्त करने की कोशिश करते हैं, जबकि एपिक्योरेन्स विपदा से मुक्ति की तलाश करते हैं - परिणाम बहुत अलग हैं। आज, एक व्यक्ति को पटंसता सामरथ्य से तुलना की जाती है, जबकि दूसरा अनियंत्रित आनंद का प्रमाणित करता है। हालांकि, इस बारे में हम इपिक्योरेनिज्म में नहीं जाएंगे, स्तोयियिटिज्म के इतिहास और धार्मिक विश्वासों का एक अवलोकन प्रदान करना मूल्यवान होगा।

स्थूलारोधवाद की जन्मस्थली: साइप्रस में जीवन और धरोहर की खोज

जेनो, स्तोइसीज़म के संस्थापक, 350 और 250 ईसा पूर्व के बीच सायप्रस में जन्मे थे। इस्ट एंड वेस्ट के बीच सांस्कृतिक चौराहा होने के कारण, संभावित रूप से सायप्रस ने जेनो को पूर्वी प्रभावों से अवगत करवाया हो सकता है, लेकिन कोई भी स्पष्ट मतलब नहीं है मतलब नहीं कि स्तोइसीज़न अवज्ञानी थे, वे अपने दार्शनिक प्रयासों के लिए नहीं जाने जाते थे। जेनो की शिक्षा सैनिक क्रेटेस के नीचे हुई थी और उसने अपनी अन्य दार्शनिक प्रणालियों के खोजकर्ताओं द्वारा बढ़ावा मिला। अपने अनुसंधान को व्यक्तिगत अनुभवों के साथ मेल करते हुए, उन्होंने यहां तक कि उन्होंने अपनी खुद की स्कूल स्थापित की, जिसे अर्थेंस में चित्रित बरामदा या स्टोआ के रूप में जाना जाता है, जिससे स्तोइसीज़म अपना नाम प्राप्त कर चुकी थी। क्रिसिप्पस (280-207 ईसा पूर्व) स्तोइसीज़ के बाद सबसे महत्वपूर्ण व्यक्ति थे। उन्होंने स्तोइसेज़म को संगठित किया और स्कूल के लिए अपने योगदानों के लिए प्रसिद्ध हुए हैं।

दृढ़िता की चाबी: दर्शन के तीन शाखाओं को समझना

स्टोइक विचारधारा में कर्तव्य को एक संतुलित जीवन जीने की सोच देखी जाती है, जिसे स्वभाव के साथ मेल खाने या मेल कहा जाता है। स्वभाव का पालन करना स्टोइक नैतिकता की अवधारणा है। हालांकि, यह विचार आसानी से गलत समझा जा सकता है कि प्राकृतिक इच्छाओं का अनुसरण नैतिकता के समान है, जो स्टोइक दर्शन में सच्चाई से बहुत दूर है। प्रकृति के साथ मेल खाने के लिए, महत्वपूर्ण है कि हम समझें कि

प्रकृति वास्तव में क्या है। इसलिए, दर्शनशास्त्र को तीन शाखाओं में विभाजित किया गया है: भौतिकी, जो ब्रह्मांड और इसके कानूनों, दिव्य शासन और प्रारूपकी विश्लेषण करती है; तर्कशास्त्र, जो मन को सत्य और झूठ के बीच तार करने के लिए समर्पित होता है; और नैतिकता, जो इस ज्ञान को व्यावहारिक क्रियान्वयन में लाती है।

पदार्थवाद के भारतवाद से मिलते हैं: स्तौलवादी विचारधारा की आध्यात्मिक शक्ति का पता लगाना

स्थिरचित विचारधारा ने एक भौतिकवादी दर्शन का आदर्श अपनाया, जिसमें पैंथेयिस्म का एक स्पर्श था। प्लेटो की विश्वासवादी सोच के विपरीत स्थिरचितों ने यह दावा किया कि भौतिक वस्तुएं ही एकमात्र अस्तित्व वाले पदार्थ हैं। हालांकि, उन्होंने स्वीकार किया कि एक आध्यात्मिक शक्ति भौतिक ब्रह्मांड में गहराई से प्रवेश करती है, जो अग्नि, आकाश, आत्मा, सुन्दर तर्क और शासन तत्व के रूप में व्यक्त होती है।

ईश्वर के साथ एकता के लिए स्थैर्य मार्ग: ब्रह्मांड में गुण और ब्रह्मांड की प्रोविडेंस

ब्रह्मांड ईश्वर है और प्रसिद्ध देवताओं केवल प्रतिमा होते हैं। राजा-महाराजों की कथाएं और पौराणिक कथाएं लेखकों की प्रकृति होती है। मानवी मनुष्यात्मा ईश्वरीय उपज है और अंततः वह पुनर्मिलनीय होगी। दैवी नियम निश्चित करता है कि सब कुछ पूर्णतः मिलकर काम करता है। मानवों के लिए, उच्चतम श्रेष्ठता व्यक्तिगत श्रेष्ठता को प्राप्त करने के लिए ईश्वर के साथ भावुकतापूर्वक काम करना होगा, और स्थिर मन के माध्यम से प्रेरित किया जाएगा। यह गुण सदियों के प्राप्ति की क्षमता है। परमात्मा ब्रह्मांड का शासन करता है, वैष्णवता को मानव आत्मा का शासन करना चाहिए।

स्टोइक प्रणाली की शक्ति को मुक्त करना: जीवन की मापदंड और गुण का खोज

स्टोइक प्रणाली को सत्य के परीक्षण के लिए अपने अद्वितीय दृष्टिकोण के लिए जाना जाता है, जिसे मानक कहा जाता है। वे एक शिशु आत्मा को खाली कागज की तरह देखते हैं जो लिखने के लिए प्रतीक्षा कर रही है। वे इंद्रियों के निर्माण को छोड़ते हैं, या फिर वे फ्यांटेसी करते हैं, जो अंततः आत्मा को अज्ञात से सामान्य धारणाओं या कोई नई एनोय या प्रोलाप्सस के रूप में चुनौती देती हैं। जब किसी छाप को रोकने के लिए पर्याप्त मजबूती होती है, तो उसे कटालेप्टिक फियांसी कहा जाता है, जो सत्य से उत्पन्न होती है। स्टोइक ने इन कटालेप्टिक प्रतीतियों के माध्यम से कृत्रिम रूप से उत्पन्न विचार या निष्कर्षों की परीक्षा की। नैतिक उपयोग के बारे में, अच्छे जीवन की गणना की गई। स्टोइकों के लिए, सुख केवल गुण के माध्यम से ही प्राप्त किया जा सकता है, जबकि दोष केवल दुख में ले जाता है। उन्होंने कहा कि गुण और दोष के बीच कोई ग्रेडेशन नहीं होती है, और बाहरी चीजें, जैसे स्वास्थ्य, बीमारी, धन, दरिद्रता, सुख और दुख, अदीफोरेशन (खाली), तो सिर्फ गुण के काम करने के लिए एक सेटिंग प्रदान करती हैं। आदर्श ज्ञानी व्यक्ति आपाक्र्त, स्वाभाविक होते हैं और इस ज्ञान के साथ, वह खुश होते हैं, जबकि वह पीड़ा में होते हैं। जबकि कोई भी इस ज्ञानी व्यक्ति को नहीं दावा करता है, वे इसे एक आदर्श के रूप में देखते हैं, ठीक वैसे ही जैसे ईसाई ईसाईतीत को प्राप्त करने का प्रयास करते हैं। बाद में, स्टोइजिक्स ने अनेक प्रिय (प्रोएजेमान) और अनियंत्रित (अपोप्रिएगमेना) में अपनी नियंत्रण बितायी। उन्होंने यह भी माना कि कुछ क्रियाएं उनके पास पूर्ण ज्ञान प्राप्त नहीं हुए उन लोगों के लिए योग्य (शुद्ध) होती हैं, जो अन्य वस्तुओं की तरह एक मध्यस्थता रखती हैं।

स्थैर्य दर्शन: स्वयंनियंत्रण और वैश्विक एकता को अपनाना

स्टोइक दर्शन में दो महत्वपूर्ण पहलूओं की प्रशंसा की जाती है, जिनमें पर्याप्त ध्यान की मांग की जाती है। पहले, इसने स्पष्टीकरण किया है कि

कौन से तत्व हमारे नियंत्रण के अंदर और बाहर होते हैं। मानवीय इच्छा, नापसंद, मत और प्रेम जैसी भावनाओं को इंसान की इच्छाशक्ति का नियंत्रण करती है। विपरीत रूप से, स्वास्थ्य, धन या स्थिति जैसी संपत्तियाँ हमारे नियंत्रण में नहीं होती हैं। स्टोइकता भावना में स्वयंनियंत्रण पर जागरूकता देती है और भावनाओं और रायों पर पट करने के लिए संपूर्ण व्यक्ति को प्रेरित करती है, जिन रचनात्मक प्रकार दिव्य प्रभु जगत् को नियमित करते हैं। यह अवधारणा ग्रीक मानवीय मानवता (σωφροσύνη) की प्रतिष्ठितता को प्रतिध्वनित करती है और ईसाई नैतिकता में भी सुन्दरता लाती है।

दूसरी बातचीत में, स्टोइकता ब्रह्मांड की एकता और व्यक्ति की जिम्मेदारी को बड़ी पूरे में अकृत्रिम भाग के रूप में बल देती है। प्राचीन विश्व ने सार्वजनिक आत्मराम जैसी उच्च राजनीतिक गुणवत्ता की पहचान की थी, जिसे विश्वावसी सभ्य बनामभ्रिति में एकांगीकृत किया गया है। धार्मिक पंडित भी इस अवधारणा की पुनरावृत्तियां करते हैं, जहां संकट के रूप में यूनानी या हिब्रू प्रेम या मुक्ति नहीं बांटते हैं, और विश्वासी ईश्वर के साथ सहकर्मी के रूप में जीवन जीते हैं।

मार्कस अरेलियस की मेडिटेशन्स के पीछे धार्मिक दर्शन: उच्च प्रोफ़ाइल जीवन के तनाव में एक कोमल, प्रेरक बाध्यता

मार्कस अरेलियस की मेडिटेशन में मूलभूत तंत्र का समझना किताब के संदेश को समझने के लिए आवश्यक है, लेकिन हमारा प्राथमिक रुचि किसी और जगह है। हम मार्कस अरेलियस के पास स्तोइसिज़्म पर एक समग्र पाठशाला के मुख्य होने के लिए नहीं आते। वह अपने छात्रों के लिए एक सिद्धांत स्थापित करने का लक्ष्य नहीं रखते हैं, जैसा कि एक पाठशाला के नेता कर सकते हैं। मार्कस अरेलियस यह भी अनुमान नहीं करते हैं कि अन्य लोग उनके द्वारा लिखित पढ़ेंगे। इसके बजाय, उनका दर्शन एक गहरी धार्मिक भावना से उत्पन्न होता है, और फिलिस्तिनवादी बौद्धिक खोज की बजाय। जैसा कि जैनत्या या क्रिसिप्पस जैनत्या जैसे संघर्ष के दृढ़ता के अलावा, उनकी विश्वास शक्ति और स्वार्थहीनता में से हल्की और

लचीली है। यह उन्हें इस गहरे त्याग के प्रकृतिपूर्ण प्रतीति से बदलने की अनुमति देता है, जो एक स्तौर्य सेज़ की सामान्य निराश्रयता को एक प्रेरणादायक शक्ति में बदलता है। उनकी किताब ने उनकी आंतरिक सोच को तालिका में बंद किया है और उन्हें रिहा करने का कार्य किया है। यह अनिवार्य मानवीय नियम और सोच को संभालने में मदद करने वाले चिन्तामणि और परामर्शों को भी शामिल करती है।

स्थोइसिज़म से क्रिस्चियनता: आंतरिक शांति और आत्म-सुधार की खोज

मेडिटेशन को एक प्रसिद्ध पुस्तक 'क्राइस्ट की अनुकरण के साथ तुलना करके शिक्षाप्रद ठहराना मुश्किल होता है। दोनों पुस्तकों में आत्म-नियंत्रण को प्रोत्साहित किया जाता है, जिसमें खुद को परास्त करने और रोजमर्रा के रूप में मजबूत होने का जोर होता है। आंतरिक शांति प्राप्त करने के लिए, हमें अपनी भावनाओं का संयम करना सीखना चाहिए। अनुकरण दैनिक आत्म-परीक्षण की सिफारिश करता है, चाहे सुबह या सोने से पहले, हमारे कर्मों और विचारों पर विचार करने के लिए।

हालांकि, स्टोइसिज़म संयमी आत्मनिर्भरता को प्रोत्साहित करता है, यहूदीवाद नम्रता, विनम्रता और परमेश्वर की उपस्थिति और व्यक्तिगत मित्रता को सामर्थ्य प्रदान करता है। हालांकि दोनों दर्शनशास्त्र अपने अनुयायियों को दुनियावी सम्पत्तियों से अलग होने की सलाह देते हैं, क्रिश्चियन मुख्य रूप से परित्याग पर ध्यान केंद्रित करता है, जबकि स्टोइसिज दायित्व पर जोर देता है।

स्टोइस और क्रिश्चियन दोनों ही मानव को एक सामाजिक प्राणी के रूप में मानते हैं, जो निरंतर सहायता और सहायता की आवश्यकता है। क्रिश्चियन उत्साह, उत्कट भावना की महत्ता को प्रोत्साहित करते हैं और ठंडापन से बचने की सलाह देते हैं, जबकि स्टोइस मात्रता से अपनी क्षमताओं के अनुसार दायित्वों का पूरा करने पर जोर देता है।

अंत में, दोनों धर्मों को दुनिया की महानता मान्यता है। हालांकि क्रिश्चियन भावार्थ में जीवन को दुःखदायक, अक्षय और कुछ सुखद लम्हों

के साथ मानते हैं, वहीं स्टोइस अधिकांशतः इस दुनिया से पर्याप्त नहीं मानता है। जीवन के दिन छाप की तरह अचानक गुजर जाते हैं।

में अपनी प्रामाणिकता को स्वतंत्र करना: मार्कस औरेलियस की आत्मा की खोज

विचारों के अध्ययन के तहत दो पुस्तकों के बीच एक प्रमुख अंतर है कि नकलची किसी और की ओर देखती है, जबकि मनन्शीलताएं लेखक के ऊपर निर्देशित होती हैं। नकलची लेखक के व्यक्तिगत जीवन का कोई अंतर्दृष्टि नहीं देती, केवल अपने विचारों के पालन पर ध्यान देती है। इसके विपरीत, मनन्शीलताएं लेखक की आत्मिक जगह की करीबी और खुले व नीचे की खोज प्रदान करती हैं।

व्यक्तिगत नोटों के बावजूद, मनन्शीलताएं न स्वार्थी हैं और न धार्मिक चेतना की तरफ संलग्न होती हैं। ग्रहणों में अक्सर स्वच्छंद भाव दिखाई देते हैं, जिससे धार्मिक होने का दावा किया जाता है। कहीं न कहीं, संत अगस्टीन और जॉन बन्यान ने अपनी बुरी संगतियों को बढ़ाया है। उदाहरणार्थ, मार्कस औरेलियस सच्चाईपूर्ण और विनृत्यात्मक हैं, उन्हें किसी दर्शकों को प्रभावित करने की आवश्यकता नहीं होती। वह शायद सबसे गहरे दार्शनिक न हों, लेकिन उनकी सत्यसंगति दिखाई देती है। यह एक पवित्र और शान्तिपूर्ण आत्मा है।

सामान्य दुष्टताएं उसे प्रलोभित नहीं करतीं; वह आदी वासनाओं के शक्ति को तोड़ने की संघर्ष में नहीं है। उसे खुद में पहचानी जाने वाली नखुशियाँ अक्सर मामूली दोष होते हैं, जिन्हें अधिकांश लोग सिर्फ महसूस नहीं करते। दिव्य आत्मा सेवा करने के लिए, हमें हिंसक प्रवृत्तियों और नकारात्मक भावनाओं से शुद्ध रहना चाहिए, जिसमें लोगों और ईश्वर के संबंध में शटर और असंतोष का लालच शामिल होता है। उसने इसके अलावा निरंतर उदारता और सम्मान की महत्ता पर जोर दिया है। "चाहे कोई भी करने या कहने वाला क्या करें, उनसे अच्छाई के साथ रहें... अगर कोई असभ्य आचरण कर रहा हो, तो उन्हें दया दिखाएं।"

जबकि दूसरे लोग हमें अपमानित कर सकते हैं, सम्राट हमें याद दिलाते हैं कि वास्तव में वे केवल खुद को ही अपमानित कर रहें हैं। इसलिए, क्रोध की बजाय, हमें उन्हें दया देनी चाहिए। सुधार की आवश्यकता रखने वालों को सावधानी और संवेदनशीलता से निपटाना चाहिए, और हमेशा सीखने और विकसित होने की इच्छा होनी चाहिए। उन्होंने सलाह दी है कि "सर्वश्रेष्ठ प्रकार का प्रत

दुश्मन से मित्र: एक आभारी लेखक का हृदय

उस व्यक्ति को जो अपने दुश्मनों के प्रति दयालु होता है, संभवतः वह अपने मित्रों के प्रति निष्ठावान दोस्त भी होता है। यह निश्चित रूप से लेखक के बारे में सत्य है, जिनके पन्नों सहायता करने वालों के आभार के अभिव्यक्ति से भरे हुए हैं। उनकी पहली पुस्तक में, उन्होंने अपने परिवार और मार्गदर्शकों के प्रत्येक ऋणों का आँकलन किया है। उन्होंने अपने दादा पिता को दयालु स्वभाव, शर्म और साहस को और अपनी माता को धार्मिक और उदार स्वभाव से संबंधित किया है। उनके मार्गदर्शक रूस्टिकस ने उसे बेहतर जीवन की ओर प्रेरित करने में अपना समय व्यतीत नहीं किया। अपोल्लोनियस ने उसे सरलता, तर्क, कृतज्ञता और सच्ची स्वतंत्रता के प्रति प्यार दिलाया। सूची लंबी होती जा रही है। लेखक के सामने आए हर व्यक्ति ने उसे कुछ सकारात्मक छोड़ दिया था, जो उसके चरित्र की अच्छाई का साक्षी है, क्योंकि वह हमेशा दूसरों का सर्वश्रेष्ठ मानता था।

एक धार्मिक लेकिन संदेहास्पद आत्मा: एक दार्शनिक विचारक के निर्विश्वासी आदर्शों का परीक्षण

यदि उसके पास एक सच्चा और सही मन होता जो ईसाई आदर्श को दर्शाता है, तो यह भी अद्भुत होता कि उसमें यह विश्वास की कमी थी जो ईसाई धर्म की आधार होती है। वह ईश्वर की अस्तित्व की संभावना स्वीकार की, कहते हुए कि यदि भगवान मौजूद होते हैं, तो सब कुछ अच्छा होता है, लेकिन यदि बातें सम्यक्ता से होती हैं, तो मानव को अपनी परिदृष्टि का उपयोग करके जीवन में आगे बढ़ने में भी सक्षम रहना चाहिए। उसने इसे

भी स्वीकार किया कि जगत को नियंत्रित करने वाली एक शक्ति होती है, लेकिन वह स्वयं वास्तव में एक छोटा धुंधला था और सामान्य मानवीय खुशी की कोई उम्मीद नहीं रखता था जो कि सामान्य आधारिक जीवन में एक शांत आत्मा को प्राप्त कर सकती है। उसी तरह, उसे आशा थी कि उसकी आत्मा पवित्र और पारदर्शी हो जाएगी, जिसमें उसकी आत्मा को बाधित करने वाले मानवीय शरीर नहीं होगा; हालांकि, यह आन्तर्मुखी समस्या की प्राप्ति के बारे में था, और शारीरिक मुक्ति से संबंधित नहीं था।

इसके अतिरिक्त, उसने दुनिया को और उसके धन और प्रसिद्धि के आकर्षण को व्यर्थ और खाली माना। उसे लगता था कि शायद देवताओं को वह प्राकृतिक रूप से रुचि थी, लेकिन उनकी प्राथमिकता विश्व सम्पूर्ण के प्रति थी। उनके देवता सूर्याशी दैविक देवताओं से भी बेहतर थे, जो मानव घटनाओं में स्थिर और उदासीन थे, लेकिन उनकी निजी आशा भी बहुत मजबूत नहीं थी। उसने मौत के बारे में कम बोला, अपने बार-बार इस पर हवाला देने के बावजूद, लेकिन संभवतः वह अपनी आत्मा को सामान्य आत्मा के साथ संगठित कर ले रहा था, जहां कुछ भी खाली नहीं होता और कुछ भी मिटा नहीं सकता। उसका निश्चित और थका हुआ आचरण में आत्मविश्वास था; वह अपने कर्तव्यों को पूरा करने के लिए एक पुरुषार्थी सैनिक की तरह कार्यरत था, जो अपनी दिनचर्या के समाप्त होने की सूचना करने वाले बुगल कॉल की प्रतीक्षा कर रहा था। सोकरेट्स के विपरीत, जिन्होंने एक समान गुणवत्ता वाले जीवन को जिया और मृत्यु को आदिमानवी में और प्रतिष्ठित देवताओं के साथ पार करने और सेवा करने के लिए एक द्वार के रूप में स्वागत किया, उसे आत्मविश्वास और उच्चाहास्य की कमी थी।

मार्कस ऑरेलियस का जागरण: समवेदनासे परे अर्थ की तलाश

यद्यपि मार्कस ऑरेलियस यह विश्वास करते थे कि उनकी आत्मा को विलीन करके और सचमुच अपनी चेतना का अहसास खो देने का भाग्य होगा, तथापि ऐसे क्षण भी थे जब उन्हें यह अनुभव हुआ कि वह धर्मानुयायी

सिद्धांत वास्तव में कितना असंतोषजनक है। उन पलों में, उन्होंने कुछ खाली और शून्य चीज़ों की तलाश की। उन्होंने लिखा,"तू नौका पकड़ चुका है, तू संचार किया है, तू ज़मीन पर आ गया है; चल निकल, अगर एक और जीवन होता है, तो वहां भी तू देवताओं को पाएगा, जो प्रत्येक जगह होते हैं।" यह कथन एक मुठभेरी सिद्धांत से आगे जाता है। यदि दुनियावी वस्तुएं सपने होती हैं, तो क्या सत्य यही है कि प्रबोध हो सकता है।

मौत को एक आवश्यक परिवर्तन के रूप में बतलाते हुए, उन्होंने स्वीकार किया है कि परिवर्तन के बिना कुछ उपयोगी और लाभदायक नहीं बना सकता। शायद उन्हें जीवंत नहीं होने पर रुधिरीभूत होने वाले गेहूं के परिवर्तन का याद आया हो। प्रकृति की आश्चर्यजनक क्षमता सदृश मिट्टीभूत चीजों पर ही सीमित नहीं है। उनके कई विचार सैंट पॉल के दूर से ही उपयोगी बिन्दु की तरह लगते हैं। इस आश्चर्यजनक बात की विडम्बना है कि यह सबसे ईसाई महानतामक सम्राट ने ईसाईयों के बारे में कुछ सकारात्मक नहीं कहा, बजाय मुख्य रूप से उन्हें संप्रदायवादी और विरोध करने वाले रूप में संदर्भित किया।

राइट्स से धार्मिकता की ओर: मार्कस ऑरेलियस का मनःस्थिर जीवन जीने का प्रमाणित मार्ग

यह ध्यानाभ्यास दर्शन से इतना गहरा नहीं है, लेकिन मार्कस औरेलियस काफी सत्यनिष्ठ थे कि उन्होंने अपने अनुभवों के मूलाधार की पहचान की। प्राचीन धर्म बहुत मात्रा में बाह्य अभ्यासों पर ध्यान करते थे - आवश्यक रीति-रिवाजों का पालन करने से भगवान को प्रसन्न किया जाता था - चाहे ये रीति-रिवाज नीरस या नैतिक सिद्धांतों का उल्लंघन करते हों। यद्यपि भगवान धर्ममय आचरण की सराहना करते हों, लेकिन उन्हें कार्य की खोज से अधिक चिंता रहती है इच्छा की। मार्कस औरेलियस का ध्यान इस बात पर था कि व्यक्ति के विचारों से उनकी क्रियाएं निर्धारित होती हैं। "तुम्हारी मनोवृत्ति वह चीजें जो तुम निरंतर सोचते हो, से निर्मित होगी," उन्होंने लिखा, इसका अर्थ था कि विचार अनिवार्य रूप से क्रिया में

प्रवृति करते हैं। उन्होंने अपनी आत्मा को सही सिद्धांतों में प्रशिक्षित किया, ताकि, सही समय पर, वह उनका मार्गदर्शन कर सके। संकट का इंतजार करना बहुत देर हो जाता है। उनकी किताब का हर पन्ना इसे और मजबूत करता है।

खुशी के बारे में सत्य: केवल आनंद ही पर्याप्त नहीं है

उसे खुशी की सच्चाई की भी पहचान है। वह सवाल पूछता है, "यदि खुशी सिर्फ सुख में ही पाई जा सकती है, तो फिर क्यों बदनाम लूटेरे, अमैती व्यक्तित्व वाले लोग, हत्यारे और निर्दयी भी बहुत सारी खुशी अनुभव करते हैं?" दुनिया की सभी सुखों का अधिकारी व्यक्ति लिखता है, "सच्ची खुशी पवित्र हृदय, उच्च मनोवांछा और धार्मिक कर्मों में होती है।"

सौम्य योद्धा: कैसे एक असंभावित सम्राट ने रोम को शांति दिलाई

नए चक्र में, इस आदमी ने - जो सौम्यता, अच्छाई और एक चिंतामुक्त आस्तित्व के प्रतीक थे - या तो पूर्वी और पश्चिमी सीमाओं से महानायकों के समय में खतरे के दौरान खुद को ढाल के नेतृत्व में पाया। उन्होंने अपनी सेनाओं का निर्देशन व्यक्तिगत रूप से कई सालों तक किया, यहां तक कि जब वह Quadi के समर ग्राम पहुंचे, जहां उन्होंने अपनी मेडिटेशन की पहली पुस्तक लिखी, जो युद्ध की गड़बड़ भारी आवाज़ों के बीच अपने अंदर संयम की क्षमता का प्रदर्शन करती है।

अपनी पद के साथ आने वाले विशेषाधिकारों और शोभायात्रा के प्रति उसकी असहमति के बावजूद, उसके नायक के कर्तव्यों ने उसका एकमात्र फोकस बना दिया, जिसे वह जर्जर कार्यों के रूप में पूरा करता रहा। अधिकांश लोगों की तरह, उसे आदर्शवादी और महिमा की सपनों का आश्वासन नहीं था; बल्कि, उस से जो चेहरे की गई थी, वह कुछ वजनदार कठिनाईयों की एक बोझिल सीरिज थी। फिर भी, उसने उन्हें बिना विफलता पूरा किया, क्योंकि उसे यह पता था कि साम्राज्य की भाग्यशाली क्षमता उसकी योग्यता पर निर्भर करती है। उसके युद्धों शायद लंबे और कठिन हुए हों, लेकिन वे अंततः सफल रहे। एक ज्ञानी राजनेता के रूप में, उसे उत्तरी बर्बर होर्डेस

द्वारा उभरते हुए खतरे के आगामी संकेत का अनुमान लगाने की क्षमता थी, और वह रोम की सुरक्षा के लिए पूर्ववत कार्रवाई लेता था। उसके निर्णयों ने रोमन साम्राज्य को दो सदी तक भीषण कालावधि में अविरत शांति दी। अगर उसे प्रभास्व की सीमाएँ Elbe तक धकेलने का लक्ष्य प्राप्त होता, तो उसने और अधिक बड़ी सफलता हासिल कर ली होती। दुर्भाग्य से मौत ने उसकी अभिलाषाओं की रुकावट लगा दी।

मार्कस ऑरेलियस का विरोधाभासी जीवन और अंत: एक शांतिपूर्ण सामरी की विरासत

मार्कस ऑरेलियस के लिए यह मन की शक्ति का एक अद्वितीय मौका था, चाहे बुरी परिस्थितियाँ हों या ना हों। वह एक शांतिपूर्ण सैनिक और एक उत्कृष्ट शासक थे, जो अपने परिवारिक जीवन में शांति और संतोष को महत्व देते थे। वह चंचल विचारशील थे, हालांकि उनकी नियत नायकत्व के बावजूद उन्हें प्यारे पिता बने रहना था, हालांकि उनके बच्चे या तो शीघ्र ही मर गए या वे अमान्य ठहरे। उनका जीवन बाकी सबसे मुक़ाबले करने में बित गया। अंत में, उन्होंने मिलिटरी कैंप में दुश्मन के साथ मुक़ाबला करते हुए अपना अंत स्वीकार किया, जहां उन्होंने जो कुछ संभव था वह सब कुछ प्राप्त कर लिया था।

पुस्तक 1

— करुणा और उद्देश्य के साथ एक जीवन जीना

दया और उद्देश्य को रखें। हम मार्कस के पिता से सीख सकते हैं, जिन्होंने हमें सभी लोगों में साझा मानवीयता का भाव दिलाया। हम मानसिक संबंधों को महत्वपूर्ण बना सकते हैं और उद्धार के प्रति निर्माण के साथ न्याय की ओर कार्य कर सकते हैं, किन्तु दया के साथ, हमारे दुनिया में सकारात्मक प्रभाव डाल सकते हैं। संतुलन बनाना अत्यंत आवश्यक है, संकट से बचकर और आंतरिक शांति का पालन करके। इन सिद्धांतों को ध्यान में रखकर, हम एक महत्वपूर्ण और पूर्ण जीवन बना सकते हैं जो हमारे और दूसरों के लाभ के लिए होता है।

1. दादा वेरस की शक्तिशाली विरासत: अच्छा नैतिकता से भावनात्मक नियंत्रण तक

मेरे दादा वेरस ने मुझमें अच्छे संस्कार डाले थे और मुझे यह सिखाया कि मैं अपनी भावनाओं को कैसे नियंत्रित कर सकता हूँ।

2. गरिमा को बनाने में संयम और पुरुषत्व की शक्ति: मेरे पिता से सीख-बख्त

मेरे पिता की प्रतिष्ठा और स्मृति के आधार पर, हमारे पास नम्रता और एक मजबूत, पुरुषोत्तम चरित्र दोनों का होना महत्वपूर्ण है।

3. मेरी माँ से सीख: धार्मिकता, उदारता और एक सरल जीवनशैली की शक्ति

मेरी माँ ने मुझमें धार्मिकता और उदारता के सशक्त भाव को उगलवाया है। साथ ही, वह न केवल बुरे कर्मों को त्यागने के लिए ही बल्कि नकारात्मक विचारों से भी अपने को दूर रखने की सिख दिए हैं। इसके अलावा, उन्होंने मुझे एक सरल जीवनशैली का पाठ पढ़ाया है, जो धनवान लोगों की रंगीन और विभिन्न तरीकों से काफी अलग होती है।

4. घर से सबक: मेरे महाश्व से सीख: शिक्षा में निवेश की वसूली

मेरे पूर्वजों में से किसी ने सार्वजनिक स्कूलों में अध्ययन नहीं किया था, लेकिन उनके पास शानदार घरेलू शिक्षक थे। उन्होंने ऐसी चीजों पर उच्चग्रेणी से खर्च करने में विश्वास रखा।

5. राजपालक के बुद्धिमान सबक - राजनीति, नैतिकता और पुराने खेलों में आचरण

मेरे गवर्नर ने मुझे सार्कस खेलों में न तो हरे दल और नीले दल से जुड़ने की सलाह दी, न ही ग्लैडिएटर लड़ाइयों के दौरान पार्मुलेरियस या स्कूटारियस दलों का समर्थन करने की सलाह दी। उन्होंने मुझे मेहनत, किफ़ायतशीली, स्वावलंबन, अपने कामों में तत्पर रहने और गपशप में शामिल न होने के महत्व का भी प्रभाव डाला।

6. दार्शनिक तत्वों और स्पार्टन सरलता के आदर्शों को अपनाना: दियोग्नेटस से सीखना

डायोग्नेटस से मुझे यह सिख मिली कि मेरा समय तुच्छ मसलों पर बर्बाद नहीं करना चाहिए, झूठे दावों को खंडन करना चाहिए और टंगदन व जादू-टोने के दावेदारों को खंडत पानी करने की और अन्य अद्भुत कार्यों करने की शक्ति रखने का दावा करना चाहिए। मैंने युद्ध के लिए कौवों को पालन करने से त्याग किया और ऐसे मिथकों में संलग्न होने से बचा। इसके बजाय, मैंने स्वतंत्र विचार और दर्शन का समर्पण किया, पहले बाक्कियस, फिर तंदासिस और अंत में माशिर्यानस के छात्र होने की। मेरी जवानी में, मैंने कई संवाद लिखे और अस्पतालता की जीवन जीने की आकांक्षा रखी, केवल आवश्यकताओं का ही उपयोग करते हुए एक लकड़ी के ढंग के बिस्तर पर सोते हुए और प्राचीन यूनानी अद्भुत आदतों को बनाए रखा।

7. अनुशासन में सबक: मेरे चरित्र विकास पर रूस्तिकस का प्रभाव

रस्टिकस ने मुझे यह अनुभव दिलाया कि मेरे चरित्र को सुधार और अनुशासन की आवश्यकता है। उन्होंने मुझे समझाया कि मैंने डिग्रीशील संबोधन, आलोचनात्मक विषयों पर लेखन और महत्वहीन प्रवचनों को त्यागने का प्रयास करना चाहिए। उन्होंने मुझे सलाह दी कि मैं अपने अनुशासन या परोपकारी कार्यों को दिखाने के लिए अपना आप सजा न दूं और यूके, छंद लेखन और मखमल की तरह के लेखन से दूर रहूं। उन्होंने मुझे यह भी निराश कर दिया कि मैं घर के बाहरी कपड़ों में घूमने या इसी तरह की गतिविधियों में संलग्न न हो।

इसके अलावा, रस्टिकस ने मुझे सरलता के साथ पत्र लिखने की आदत डाली, उस पत्र की तरह जो उन्होंने सिनुएस्सा से मेरी माँ को लिखा था। उन्होंने मुझे बताया कि जिन लोगों ने मेरे साथ गलती की है, उनके साथ आसानी से मना और बिछुड़ाना का महत्व है।

इसके अतिरिक्त, रस्टिकस ने मुझे सुव्यवस्थित ढंग से पढ़ने की आदत डाली और पुस्तक की एकार्थी समझ को स्वीकारने की सलाह दी। उन्होंने मुझे चेतावनी दी कि जो ज़्यादा बोलते हैं, उनके साथ जल्दी सहमत न हो जाऊँ।

मैं रस्टिकस का धन्यवाद करता हूँ कि उन्होंने मुझे एपिक्टेटस के भाषणों का परिचय दिलाया, जिन्हें उन्होंने अपने व्यक्तिगत संग्रह से मुझसे साझा किया।

8. अपोलोनियस की प्रज्ञा: इच्छा की स्वतंत्रता और अटल संकल्प पर्याप्तक उपदेश

मैंने अपोलोनियस से स्वतंत्रता की इच्छा और हठहीन निश्चय के बारे में सीखा। उन्होंने मुझे केवल तर्क पर ध्यान केंद्रित करने और तेज दर्द, बच्चे की हानि और लंबी बीमारियों के समय में दृढ़ भाव से रहने की सिखाई। वे अपनी खुद की उदाहरण के द्वारा दिखाते हैं कि व्यक्ति संकल्पित और सहायक हो सकता है और ज्ञान देने में कभी चिढ़चिढ़ा नहीं होता। मैंने देखा कि अपोलोनियस ने अपने अनुभव और दार्शनिक सिद्धांतों की समझ व्याख्या के रूप में अपनी सबसे छोटी उपलब्धि मानी। उन्होंने मुझे यह सिखाया कि दोस्तों से भलाई स्वीकार करना, वे छोटा और उपेक्षित महसूस न करते हुए, कैसे करें।

9. सेक्स्टस की कृपालु और स्थिर प्रकृति: प्रकृति के साथ सान्त्वना में जीवन बिताना

सेक्स्टस अपने उदार स्वभाव और पितृभाव सहित परिवार के नेतृत्व के उदाहरण के रूप में याद किया जाता है। उन्होंने प्रकृति के साथ एकात्म का निर्माण करने की आशा की और उन्होंने किसी भी प्रकार के उद्दीपना के बिना प्राकृतिक गुरुत्व के साथ अपने आप को बांधे रखा। उन्होंने ध्यान दिया कि अपने दोस्तों की सुख-शांति के लिए ख्याल रखें और अनुभवहीन और जल्दबाज़ विचारों को सहने के लिए पर्याप्त धैर्य रखें। सेक्स्टस के पास किसी भी दी गई स्थिति को अनुकूल बनाने की अद्वितीय क्षमता

थी, जिसके कारण उनके साथ संवाद करना आनंददायक था - किसी भी प्रकार की खुशामद से बहुत अधिक मोहक। उन्हें जिन लोगों ने जाना, उन्हें उच्चतम मान्यता में रखा गया। उनके पास जीवन के प्रतिष्ठात्मक अंदाज़ के लिए बुद्धिमत्ता और व्यवस्थापिका प्राप्त हुई, अपनी दृष्टि का उपयोग करके जीवन के प्रमुख सिद्धांतों को खोजने और संगठित करने के लिए। सेक्स्टस हमेशा संयत और संतुलित रहे, कभी क्रोध या किसी अन्य प्रवृति में नहीं झुके। उनकी प्रेमभरी प्रकृति के लिए भी उन्होंने यहां वहां किसी प्रदर्शन या गर्व के बिना सहमति व्यक्त की। इसके अलावा, वे ज्ञानी भी थे बिना कभी दिखावा करने की जरूरत महसूस की।

10. व्यंग्यज्ञ अलेक्स: प्रभावशाली संचार के लिए कौशल संशोधन का स्वामित्व

अलेक्जेंडर, व्याकरणशास्त्री, गलतियों को ढूंढ़कर उन्हें पता करने के बजाए दोषारोपण में असमर्थ होते हैं जो अजीब या गलत अभिव्यक्ति का उपयोग करते हैं। वे यह सलाह देते हैं कि उन्हें विषय के बारे में सही अभिव्यक्ति की प्रस्तावना करनी चाहिए, पुष्टि देनी चाहिए, सवाल पूछना चाहिए और सुझाव देना चाहिए, शब्दों के बजाय।

11. फ्रोंटो के सबक: सूलीलता, ईर्ष्या, द्वैध, पाखंड और वरिष्ठ पेट्रिशियनों में माता-पिता की उपेक्षा का पर्दाफाश

मुझे फ्रॉट से यह सीख मिली है कि दुर्जय व्यक्ति में ईर्ष्या, कपट और नीचता की प्रकटियों का ध्यान रखना चाहिए। इसके अलावा, मैंने खोजा है कि वे व्यक्ति जिन्हें आमतौर पर पैट्रीशियों के रूप में संदर्भित किया जाता है, उनकी मातृभावना में अक्सर कमी होती है।

12. अलेक्ज़ांडर द प्लेटोनिक की निष्पक्ष नैतिकता: ज़िम्मेदारी और समय का संतुलन

अलेक्जेंडर, जो प्लेटो के अनुयायी है, बहुत कम बोलते या लिखते हैं क्योंकि उनके पास हमेशा खाली समय नहीं होता। वे भी अपने इच्छित

आग्रहों को ध्यान नहीं देकर अपनी ज़िम्मेदारियों से बचने का बहाना ढालते हैं।

13. कैटुलस, डोमिटियस, और एथेनोडोटस से मित्रता, सम्मान और पेरेंटिंग सीखें

कैटुलस ने मुझे सिखाया है कि मैं उदास नहीं होने देना चाहिए जब एक दोस्त गलती करता है, चाहे उसके कारण हो या न हो। इसके बदले में, मुझे उन्हें उनकी सामान्य धारणा में वापस लाने का प्रयास करना चाहिए। इसके अलावा, शिक्षकों की प्रशंसा करना महत्वपूर्ण है, जैसा कि दोमिटियस और एथनोडोटस ने किया। सभसे महत्वपूर्ण बात यह है कि मैं अपने बच्चों से दिल से प्यार करना चाहिए।

14. सिद्धांत और राजनीति में पाठ: मेरे भाई सेवेरस का मेरे आदर्शों पर प्रभाव

मेरे भाई सेवेरस ने मुझे अपने परिवार, सत्य और न्याय का प्यार करना सिखाया। उन्होंने मुझे थ्रैसीया, हेल्विडियस, कैटो, डियन और ब्रूतस को परिचय दिया, और उनके माध्यम से, मैंने एक समाज की धारणा विकसित की जहां कानून सभी के लिए समान रूप से लागू होता है, जहां सभी को समान अधिकार होते हैं, वाणी की स्वतंत्रता होती है और एक भारतीय नागरिक संविधान होता है जो अपने प्रजाओं की स्वतंत्रता कद्र करता है। उन्होंने मुझमें एक सुगमता और दृढ़ संकल्प की भावना जगाई, अच्छा करने और दूसरों की मदद करने की इच्छा, और जीवन में एक सकारात्मक दृष्टिकोण से संपन्न होने की क्षमता विकसित की। मैंने उनसे सिखा कि अपने विश्वासों में स्पष्ट रहने का महत्व, और उन्होंने कभी भी अपनी मतभेद छिपाने से इंकार नहीं किया, न ही अपनी इच्छाओं या विचारों को खुद में रखा। यह स्पष्ट था कि उन्हें क्या चाहिए, और उनके दोस्तों को कभी भी अनुमान नहीं लगाना पड़ा।

15. मैक्सिमस: आत्म-सरकार और अटल धर्मनिरपेक्षता की कला

मैक्सिमस से, मुझे आत्म-संयम की कला और बाहरी कारकों द्वारा अदालत करने की कला सीखी। उन्होंने मुझे हमेशा खुशमिजाज बनाए रखने की महत्वपूर्णता भी सिखाई, बाधाओं और बीमारी की चुनौतियों के सामने भी। उनके नैतिक चरित्र में एक मीठापन और गरिमा का कार्यभार था, और जब भी किसी कार्य का सामना किया जाता, तो वे कभी शिकायत नहीं करते थे।

मैक्सिमस में सबसे ज्यादा मुझे यह पसंद था कि वह हमेशा सच्चाई और ईमानदारी के साथ अपनी बात करते थे। उनके पास कभी कोई दुष्ट इरादे नहीं थे, और उनके कार्य ने उनकी पवित्र इरादों को प्रतिबिंबित किया। वे कभी हैरान नहीं होते, ना ही जल्दबाजी करते थे, और कभी वे काम को टालते नहीं थे। मैक्सिमस हमेशा हर स्थिति में संयमित रहते थे, और हंसी के माध्यम से अपनी चिढ़ को छिपाने का प्रयास नहीं करते थे। इसके बावजूद, वे कभी ज्यादा उत्साहित नहीं होते थे और संदेह का शिकार नहीं होते थे।

मैक्सिमस ने सच्ची भलाई और क्षमा की जीवन रक्षा की, और हमेशा सच्चे थे। उन्होंने विश्वास किया कि वे हमेशा सही जानते थे; उन्हें सुधार की आवश्यकता नहीं थी। उनका व्यवहार सदैव अटलता की भावना को प्रकट करता था, जिसने उन्हें सबसे अधिक सम्मान दिलाया।

उनकी प्रभावशाली गुणों के अलावा, मैक्सिमस में आनंदमय और हास्य का अद्यतन था, जिससे उनके आसपास के सभी लोग सुखी महसूस करते थे।

16. नम्र और धार्मिक: मेरे पिता का चित्र

मैंने अपने पिता की कोमल प्रवृत्ति, सोचविचार के बाद अपरिवर्तनीय निर्धारण और सम्मान के प्रति वास्तविक विनम्रता का अवलोकन किया। उनके पास मजबूत कार्य नीति और आत्मसमर्पण था, और वह जनहित के प्रस्तावों को सुनने के लिए तत्पर थे। उन्होंने सभी को जैसा वहाँ बनता

था है वैसे ही संभाला और उन्होंने अनुभवों से ज्ञान प्राप्त करके यह सिखाया कि यदि हिम्मत से कार्रवाई करनी हो या संयम बनाए रखना हो, तो वह कब कार्रवाई करे। उन्होंने छात्रों की ओर कोई आकर्षण नहीं बनाया था, और अन्य नागरिकों की तुलना में वे खुद को कहीं ज्यादा खास नहीं मानते थे। उन्होंने कभी भी अपने दोस्तों को रात्रि भोजन की आवश्यकता नहीं थी, और जो नहीं कर सकते थे, उनके साथी के साथ वह स्थिर रहे। उन्होंने सभी विचारधाराओं का सतत जाँच की थी और सतही दिखने से संतुष्ट नहीं होने को आमंत्रित किया। वह अपने दोस्तों के प्रति निष्ठापूर्वक थे लेकिन उनके प्रति अति मोहित नहीं थे, साथ ही हमेशा खुश और भविष्य की समस्याओं के लिए तैयार रहे, चाहे वो कितनी ही छोटी क्यों न हो

17. मेरी आशीर्वादों की गिनती: जीवन पर आभारभावना का एक दृष्टिकोण

मैं अपने जीवन में हुए कई आशीर्वादों के लिए देवताओं का आभारी हूँ। मेरे परिवार, शिक्षक, दोस्त और साथी सभी मेरे लिए अच्छे रहे हैं। मैं भी धन्यवादी हूँ कि मुझे कभी भी देवताओं की नाराजगी के लिए आकर्षित होने का अवसर नहीं मिला, हालांकि मेरे पास ऐसी प्रकृति है जो मुझे उस रास्ते पर ले जा सकती थी।

मैं देवताओं का ऋणग्रहण करता हूँ कि मुझे मेरे दादा की रंडी के साथ मिलने और मुझे योग्य समय से पहले किसी भी यौन गतिविधि में संलग्न नहीं होना पड़ा। मैं अपने पिता के मार्गदर्शन के लिए आभारी हूँ, जिन्होंने मुझे सिखाया कि एक मनोहारी जीवन बिना गार्ड, महंगे कपड़े या दिखावटी प्रदर्शन के जीवन की गुणवत्ता कर सकता है।

मैं अपने भाई के प्रभाव के लिए भी आभारी हूँ, जो मुझे अधिक स्वयंसेवक और सतर्क बनाने में मदद की। इसके अलावा, मुझे धन्यवाद है कि मेरे बच्चों को किसी भी शारीरिक या बौद्धिक चुनौतियों का सामना नहीं करना पड़ा।

हालांकि मैं कुछ विषयों में उत्कृष्टता नहीं प्राप्त कर सका, लेकिन मैं आभारी हूँ कि मुझे एपोलोनियस, रुस्तिकस और मैक्सिमस जैसे शिक्षकों

से सीखने का मौका मिला। उनके शिक्षण से मैंने प्रकृति के अनुसार जीने का एक गंभीर ज्ञान प्राप्त किया।

वर्षों से मेरे शरीर ठीक रहा है, मेरे सामने आई चुनौतियों के बावजूद। मैं आभारी हूँ कि मैंने कभी भी बेडिक्टा या थियोडोटस के प्रति किसी भी प्रेम भावना को कार्यरत नहीं किया और मैं उसे पार करने में सक्षम रहा।

मैं अपनी माता की अंतिम वर्षों में उपस्थिति के लिए आभारी हूँ, और जो उचित हुआ, वह मेरी मदद करने की क्षमता बड़ा दी। मैं अपनी प्रेयसी और प्रेमयुत पत्नी के लिए भी आभारी हूँ, साथ ही उन उत्कृष्ट शिक्षकों के लिए भी जिन्होंने मेरे बच्चों को मार्गदर्शन किया है।

अंत में, मैं धन्यवादी हूँ कि मैंने व्यर्थ खर्चों जैसे कि नौकरशाही, इतिहास या ज्योतिष अध्ययन पर अपना समय बर्बाद नहीं किया। बल्कि, मैंने देवताओं के आभार का अपने जीवन को पूर्णता और ईमानदारी से जीने के लिए ध्यान केंद्रित किया है।

पुस्तक 2

— एक अर्थपूर्ण अस्तित्व का खोज

हर क्षण का पूरे मायने में उपयोग करें और अपने जीवन को नियंत्रण में लें। आपको अधिकृत और सही रास्ता चुनने की आवश्यकता है, जिससे आप अनैतिकता से बच सकते हैं और अपने जीवन को ठीक से संचालित कर सकते हैं। मौत से डरने की बजाय आपको बेहतर होगा यदि आप अपनी ज़िंदगी पर नियंत्रण रखें। वर्तमान से हर एक क्षण को अपने अंदर बसाएं, ताकि आप जीवन का मज़ा ले सकें। दूसरों की समझ करने के लिए समय निकालें और उनकी विश्वास प्राप्त करने की कोशिश करें। इससे आप अनुभव और शांति प्राप्त कर सकते हैं। ये सिद्धांत अपनाने से आप अपने दैनिक जीवन में एक उद्देश्य और संतोष के साथ अधिकार पा सकेंगे।

1. सुन्दरता को अपनाकर और बुराई को परास्त करते हुए: सकारात्मक मानसिकता के साथ अपने दिन की शुरुआत कैसे करें

अपने दिन की शुरुआत करते हुए यह स्मरण करें कि आप ऐसे लोगों से मिल सकते हैं जो जिज्ञासु, अकृतज्ञ, अमर्यादित, बेईमान और ईर्ष्यापूर्ण हो सकते हैं। ये व्यक्तियां सही और गलत के बारे में उनकी अज्ञानता के कारण ऐसे व्यवहार कर सकती हैं। हालांकि, मुझे स्पष्ट है कि अच्छाई हमेशा सुंदर होती है और बुराई हमेशा अनकिया होती है। इसके साथ ही, जो गलत करते हैं वे मेरे जैसे ही होते हैं, मतलब उनमें रक्त या वंश के साथ-साथ बुद्धि और दिव्य उपलब्धि भी होती है। इसलिए, वे मेरे कोई हानि नहीं पहुंचा सकते, और मैं उन्हें घृणा या नफरत नहीं कर सकता हूँ। हमारी प्रकृति यही कहती है कि हम एक-दूसरे की मदद करें, पैर, हाथ, पलकें और दांत जैसे एक साथ मिलकर काम करें। उल्टा कार्य करना प्रकृति के खिलाफ है, जबकि परेशान होना या एक-दूसरे से दूरी बनाना उसका प्रतीक है।

2. मौत का विचार करना: चेतना को ग्रहण करना और शरीर को नजरअंदाज करना

मैं बस एक दाहिनी संयोजना हूँ, जो मांस और साँस के साथ जुड़ी हुई है, और मेरी शासकीय चेतना संग जुड़ी हुई है। अब समय आ गया है कि पुस्तकों और अन्य विमुद्रणों को अलग रखें। इसके बजाय, मृत्युभावना का विचार करें और जबानी माया को भूलें, क्योंकि यह केवल रक्त, हड्डियों, नर्वों, शिराओं और धमनियों के संयोग से बनी हुई एक साधारण संयोजन है। एक क्षण के लिए अपनी साँस को विचार करें, जो निरंतर बाहर निकल रही हवा की गति से मिलती है। अंत में, अपनी शासकीय चेतना पर ध्यान केंद्रित करें। अपनों को एक वृद्ध आदमी की तरह चित्रित करें, जो सामाजिक उम्मीदों और इच्छाओं के बंधनों से मुक्त है। अपनी वर्तमान स्थिति को स्वीकार करें और भविष्य के बारे में डर नहीं करें।

3. दिव्य नकशा: जोड़े हुए यूनिवर्स में कर्म और संतुलन को ग्रहण करना

जो कुछ भी सद्भाव से उत्पन्न होता है, वह पूर्व सोच से युक्त होता है। जो संयोग से उत्पन्न होता है, वह प्रकृति से शोषित नहीं होता है और नजदीकी रूप से दिव्य गणना द्वारा व्यवस्थित तत्वों से मोराचा बांधा होता है। सब कुछ इस संतुलन के द्वारा निपुणतापूर्वक निर्मित धातु में से उत्पन्न होता है, जो भाग्य और ब्रह्मांड के महान अच्छाई द्वारा मार्गदर्शित होती है, जिसका आप एक महत्वपूर्ण हिस्सा हैं। प्राकृतिक संघ के हर अंग का भलाई उसमें तय होता है, और जो इस संतुलन की रखरखाव को सुव्यवस्थित करने की सुविधा प्रदान करता है। ब्रह्मांड तत्वों और उनकी संरचनाओं का एक साथी खेल के द्वारा संभाला जाता है। इन सिद्धांतों को पर्याप्त मानिए, जो आपके विश्वास की आधार बनेंगे। बहुत ज्ञान के लिए तृष्णा न करें, नहीं तो आप इस दुनिया में असन्तुष्ट हो जाएंगे। हर क्षण को कृतज्ञता, ईमानदारी और आनंद के साथ नवांकित करें, दिव्य इच्छा को आलिंगित करते हुए।

4. समय के आगे चलते हुए अपने दिव्य अवसर को पकड़ें

याद रखिए कि आपने इन कार्यों को रोककर कितना समय बर्बाद किया है, और कितने अवसर भगवान द्वारा आपको प्रदान किए गए हैं, हालांकि आपने उन पर कार्रवाई नहीं की है। यह आपके लिए एक अवसर है कि आप इस विशाल ब्रह्मांड में अपनी जगह को महसूस करें और स्वीकार करें कि आपका अस्तित्व इस दिव्य व्यवस्था का प्रतिफल है। आपका समय सीमित है, और यदि आप मन को साफ करने के लिए आवश्यक कदम नहीं उठाते हैं, तो यह खो जाएगा और आप इसके साथ - कभी वापस नहीं आ सकेंगे।

5. शांतिपूर्ण जीवन के लिए रोमन गाइड: गरिमा, स्नेह और स्वतंत्रता की प्राप्ति

हर पल, पूर्ण गरिमायुक्तता, स्नेह, स्वतंत्रता और न्याय के साथ सोचो और करो, जो रोमन के समान हो। सिर्फ मौजूदा कार्य पर ध्यान केंद्रित करें

और सभी अन्य विचारों से बचें। अपनी स्थिति के पूर्णता से प्रसन्न रहने के लिए हर क्षण को ऐसे जियें जैसे यह आपकी अंतिम घड़ी हो, बिना किसी भी लापरवाही, समय के साथ झगड़े, दूषण, आत्मप्रेम या वर्तमान स्थिति से असंतुष्टि के साथ। आप देखेंगे कि शान्तिपूर्ण जीवन जीने के लिए कितनी कम चीजें आवश्यक हैं, जैसे देवताओं के जीवन के समान। इन सिद्धांतों का पालन करने पर, देवताओं को आपसे कुछ अधिक माँगना नहीं पड़ेगा।

6. अपनी आत्मा की सुरक्षा: बाह्य स्वीकृति के स्थान पर स्वामित्व को गले लगाएं

अपने आप को क्षति न पहुंचाएं, मेरी आत्मा। क्योंकि अगर आप गलत करें, तो आप खुद को सम्मानित करने की अवसर से महज़ वंचित कर देंगे। हर व्यक्ति का जीवन पूर्ण होता है, लेकिन आपका अंत करीब है। आपकी खुशियां आंतरिकता से नहीं, बल्कि दूसरों की प्रमाणिकता से प्राप्त होती हैं। यह समय है अपनी आत्मा को महत्वपूर्ण और स्नेही समझने का।

7. संतुलन खोज: विक्षिप्तियों से बचना और उत्पादक को गले लगाना

क्या आपको लगता है कि बाहरी बाधाएं आपके ध्यान को जब्त कर रही हैं? अपने आप को कुछ समय देने का सोचें, ताकि आप नई और सकारात्मक चीजें सीख सकें और भ्रम के चक्र से मुक्त हो सकें। हालांकि, सचेत रहें कि आप पूरी तरह प्रतिकूल दिशा में झूलने की गलती न करें; एक्सहेस्टिंग गतिविधाओं से अपनी ऊर्जा को बर्बाद करने वाले और अपने विचारों में स्पष्टता की कमी महसूस करने वाले लोग भी अपने जीवन को नुकसान पहुंचा रहे हैं।

8. अपने खुद के विचारों को नज़रअंदाज़ करने के खतरे: दुख की ओर एक मार्ग

दूसरों के विचारों को न जानने की वजह से एक व्यक्ति असंतुष्ट होना बहुत ही कम होता है। हालांकि, यदि हम अपने मानसिक विचारों और क्रियाओं पर ध्यान नहीं देते हैं, तो हमें असंतुष्टि हो सकती है।

9. अपने सच्चे स्वभाव को प्रकट करें: ब्रह्मांड के संगठन को समझें

ब्रह्माण्ड की प्रकृति और अपनी प्रकृति को सदैव ध्यान में रखें। विचार करें कि वे एक-दूसरे से कैसे संबंधित हैं और चीजों की बड़ी योजना में आप क्या भूमिका निभाते हैं। याद रखें कि आपको अपने वास्तविक स्वभाव के अनुसार कार्य करने और बोलने से कोई नहीं रोक सकता।

10. इच्छा बनाम क्रोध: थियोफ्रस्टस के दार्शनिक नजरिये पर अनुचित कार्य की निंदात्मकता

थियोफ्रस्टस विभिन्न प्रकार की गलतियों की तुलना करता है और, एक ज्ञानी दार्शनिक के रूप में, यह दावा करता है कि इच्छा से की गई गलतियाँ क्रोध से प्रेरित होने वाली गलतियों से अधिक दोषी होती हैं। जब कोई व्यक्ति क्रोध में कार्य करता है, तो उसे विचार अनदेखी कर रहे होते हैं, जबकि उसे असहजता महसूस होती है और वह अपना नियंत्रण खो देता है। हालांकि, जो व्यक्ति इच्छा से गलत कार्रवाई करता है, वह अत्यधिक व्यवहार के प्रवृत्त होने के लिए अधिक प्रवृत्त होता है और महिलाओं के साथ सामान्य रूप से जुड़े एक प्रकार की चरित्र कमजोरी प्रदर्शित करता है। इसलिए, उन्होंने सुझाव दिया है कि आनंद से की गई क्रियाएँ उससे पीड़ा से की गई क्रियाओं से अधिक निंदनीय होती हैं। समग्र रूप में, पहली क्रिया एक व्यक्ति के दर्द का प्रतिक्रिया है और क्रोध में हाथापाई करने के लिए मजबूर होता है, जबकि दूसरी क्रिया स्व-उत्पन्न प्रेम द्वारा होती है, जो उन्हें गलत करने की ओर प्रेरित करती है।

11. अविश्वास का स्वागत करना: अज्ञात का भय छोड़कर जीना

जैसा कि आप किसी भी क्षण अपनी जिंदगी से विदाई ले सकते हैं, तो हर क्रिया और सोच को उस अनुसार नियंत्रित करें। हालांकि, यदि देवता होते हैं और आप मनुष्यों के समूह से दूर होते हैं, तो आपको किसी भी चिंता करने की आवश्यकता नहीं है, क्योंकि देवता आपको कोई क्षति नहीं पहुंचाएंगे। और यदि वे मौजूद नहीं होते हैं या मनुष्य के मामलों की परवाह नहीं करते हैं, तो यह अहम नहीं है कि ब्रह्मांड में देवताओं या निदान की

कमी है या नहीं। हालांकि, सच में, वे मौजूद होते हैं और मनुष्यों के साथ सादा नहीं होते हैं। उन्होंने मनुष्यों को वास्तविक बुराइयों से बचने की शक्ति दी है। यदि कोई बुराई होती है, तो इसका सामना करने के तरीके उपलब्ध हैं। यदि कोई चीज़ किसी को बदतर नहीं बना रही है, तो वह किसी की जिंदगी को बदतर कैसे बना सकती है? ब्रह्मांड की प्रकृति आचार्य और बुराई को बुराई और खराब लोगों के साथ अनियमित रूप से होने नहीं दे सकती है। मृत्यु, जीवन, सम्मान, अपमान, दर्द और सुख अच्छे और बुरे लोगों दोनों के साथ होते हैं, लेकिन वे हमें बेहतर या बदतर नहीं बनाते हैं। इसलिए, वे न तो अच्छे हैं और न ही बुरे।

12. जीवन की संक्षेपिकता: ब्रह्मा में मृत्यु और दिव्यता पर एक विचार

कैसे तेजी से सब कुछ गायब हो जाता है - विशाल ब्रह्मांड में आत्माएं स्वयं हैं, लेकिन समय के साथ, उनकी याद भी मिटती जा रही है। सभी सूक्ष्म वस्तुओं की प्रकृति की निगरानी करना हमारी बुद्धिमान शक्तियों का कार्य है, खासकर उन वस्तुओं का जो हमें आनंद से प्रलोभित करती हैं, पीड़ा से डराती हैं, या फिर क्षणिक महिमा के साथ महानीय कही जाती हैं। हमें यह मान्य करना चाहिए कि वे कितने निरर्थक, दुर्जन और नीच हैं, जो समय के साथ नष्ट हो जाते हैं और आखिरकार मरते हैं।

हमें उन लोगों की जांच करनी चाहिए जिनकी राय और आवाज उन्हें प्रतिष्ठा और प्रभाव प्रदान करती हैं। इसके अलावा, हमें मृत्यु की सच्ची प्रकृति का ध्यान देना चाहिए; यदि हम इसे पूरी तरह से विचार करें, तो हम पाएंगे कि यह केवल एक प्राकृतिक प्रक्रिया है। जो कोई इससे डरता या अच्छा-बुरा व्यवहार करता है, वह एक ऐसे बच्चे की तरह है जो उसे समझ नहीं पाता है।

इसके अलावा, हमें मान्य करना चाहिए कि मृत्यु केवल एक प्राकृतिक प्रक्रिया नहीं है, बल्कि यह प्राकृतिक व्यवस्था का भी हिस्सा है, जो एक विशेष उद्देश्य के लिए सेवा करता है। अंतिम रूप में, हमें यह भी देखना

चाहिए कि मानव ईश्वर से समान हैं और हमारे जिन भाग से, और जब यह भाग ईश्वरीयता के साथ समर्थ बनता है।

13. एक जिज्ञासु पड़ोसी की धोखाधड़ीयाँ: अपनी अंतरात्मा का सम्मान करें और दूसरों का सम्मान करें

कुछ भी मनुष्य की तुलना में और निराशाजनक नहीं होता, जो हर चीज़ में घुसने की कोशिश करता है, अधार में चीज़ों की तलाश करता है, जैसा कि कवि कहता है। वह अपने पड़ोसियों के विचारों का अनुमान लगाने की कोशिश करता है, पर यह समझने के बजाय उसे ध्यान देना, अपनी अंतरात्मा की साम्प्रदायिकता को और सच्ची सम्मान देना पर्याप्त है। अपनी अंतरात्मा का सम्मान करना इसका मतलब होता है कि उसे भावनाओं और लापरवाही से मुक्त रखें, और देवताओं या लोगों से आने वाली बातों से असंतुष्ट न हों। हमें देवताओं के आने वाले कार्यों का सम्मान करना चाहिए क्योंकि वे श्रेष्ठ होते हैं, और हमें लोगों से आने वाले कार्यों की प्रियता करनी चाहिए क्योंकि हमारी साझी मानवता के कारण। कभी-कभी, लोगों की अच्छाई और बुराई की अज्ञानता हमारी दया को भी उत्प्रेरित कर सकती है, जो सफेद और काले को अलग करने की मात्राओं के न समझने के जितनी ही बुरी होती है।

14. फुर्तीली मोमेंट: हम क्यों नहीं खो सकते जो हमारे पास कभी नहीं था

यदि आप तीन हजार या दस हजार बार से भी लंबी जीवन जीने की क्षमता रखते हैं, तो याद रखें: किसी अन्य जीवन की हार करने की कोई आवश्यकता नहीं होती है जिसे आप अभी जी रहे हैं, और किसी अन्य जीवन को खो रहे हैं। सभी मनुष्यों को एक ही अंत मिलता है, बड़ी या छोटी भूमिका में। हालांकि, वर्तमान का क्षण सभी के लिए समान होता है, इसका अर्थ यह नहीं है कि नष्ट होते वक्त वे सभी एक समान तरह होते हैं। इसलिए, खो जाने को दिखाई देने वाला व्यक्ति सिर्फ एक क्षण होता है। व्यक्ति कभी वह नहीं खो सकता जिसे उसने कभी अपने पास नहीं रखा है, इसलिए वह अपना भूत या भविष्य नहीं खो सकता है। दो बातें

ध्यान में रखनी चाहिए: पहली, सब कुछ समान रूप से होता है और चक्र के अंत से सब कुछ समाप्त होता है। चाहे व्यक्ति सौ, दो सौ या अनंत वर्षों तक जीता हो, यह कोई बड़ी या छोटी बात नहीं होती। दूसरी, सबसे जीवित और जल्दी ही मरने वाले व्यक्ति को एक ही चीज़ खोनी पड़ती है। वह मौजूदा क्षण है जिसकी कमी हो सकती है अगर यह सच है कि यह वही चीज़ है जिसे आपके पास असली मतदाता होता है, और जो किसी को नहीं मिलता है, वह खोने का संभावना नहीं होता।

15. विषयवस्तु अनवेषण: राय से सत्य निकालना

ध्यान दें कि सब कुछ अनुभवात्मक होता है। Cynic Monimus के शब्दों से प्रमाणित होता है कि किसी भी मत की उपयोगिता उसमें से सत्य को निकालने और उसे उचित रूप से लागू करने की क्षमता होती है।

16. मानव आत्मा का आत्म-हानि: पांच तरीकों में हम अपने आप को कैसे नुक़सान पहुंचाते हैं

मनुष्य की आत्मा उसका सबसे बड़ा दुश्मन होती है। वह अपने आप को कई तरीकों से क्षति पहुंचाती है। पहले, जब उसे किसी घटना के कारण दुखी होने का अनुभव होता है, तब वह विश्व के लिए एक घाव या गांठ के रूप में हो जाती है। यह प्रकृति से अलग होने का एक तरीका है, जो सभी अन्य चीजों की प्रकृति को समाविष्ट करता है। दूसरे, जब वह दूसरों के साथ मिलकर मोहभंग या शत्रुतापूर्ण भाव से मिलने से इनकार करती है, जैसे कि क्रोध में घुसी हुई लोगों के मामले में। तीसरे, जब उसका आनंद या दुख में समाहित होने का प्रभाव होता है, तो यह उसे क्षति पहुंचाती है। चौथे, जब वह अनुचित रूप से व्यवहार करती है या बोलती है। पांचवे, जब वह योजना के बिना कार्य करती है या अचिंतन कार्य करती है, क्योंकि सबसे छोटी क्रिया में भी एक उद्देश्य होना चाहिए। योग्य शिक्षा प्राप्त करने वाले का उद्देश्य, आखिरकार, सबसे प्राचीन नगर और राज्य के कानूनों के अनुसार चलना होता है।

17. आंतरिक शांति की ओर: योगदान जीवन के निरंतर परिवर्तन को स्वीकार करना सिखाने वाली दर्शनशास्त्र

मानव जीवन मात्र एक क्षण है, एक सदैव बदलती हुई पदार्थ है, जिसकी थोड़ी सी पहचान है और जो अपचय के आधीन होता है। आत्मा एक तूफान है और भाग्य कठिनाई का भविष्य निर्णय करना है। प्रसिद्धि, एक निर्णय रहित गुण है। सारांश करने के लिए, शरीर से संबंधित सब कुछ एक धारा है, जबकि आत्मा से संबंधित सब कुछ एक सपना और बाष्प है; जीवन एक संघर्ष और पराया देश है, और प्रसिद्धि के बाद भूल चुका आता है। फिर, मनुष्य क्या लेता है? यहाँ केवल एक ही उत्तर है: दर्शनशास्त्र। इसमें अपनी आत्मा को हिंसा और क्षति से विमुक्त रखना शामिल है। दर्द और सुख दोनों से उत्कृष्ट होना, और हर कार्य के लिए एक उद्देश्य होना, कपट और नृदयता के बिना। एक व्यक्ति को किसी अन्य की वोलण के लिए निर्भर नहीं होना चाहिए, बल्कि उसे स्वीकार करना चाहिए जो उसके साथ होता है, क्योंकि वह उसी जगह से आता है जहाँ से वह आता है। समाप्ति में, एक व्यक्ति को खुश मन से मौत की प्रतीक्षा करनी चाहिए क्योंकि यह सिर्फ सभी जीवित प्राणियों में मौजूद तत्वों के प्रस्थान का प्रतीक है। यदि इस निरंतर परिवर्तन के माध्यम से तत्वों को किसी भी तरह का कोई हानि नहीं होती है, तो फिर एक व्यक्ति को इस परिवर्तन और सभी तत्वों के विलय से क्यों डर लगेगा? प्रकृति के अनुसार होने वाली हर चीज़ बुराई नहीं है।

पुस्तक 3

— अपने सर्वश्रेष्ठ जीवन को प्राप्त करें

तथ्यशील लोगों की मूल्यों को अपनाएं। अपने समय पर नियंत्रण बनाएं और उद्देश्य के साथ जीवित रहें, हर अवसर का सबसे अच्छा उपयोग करें। आपके चारों ओर की प्राकृतिक दुनिया को महसूस करें और अपनी दैनिक दिनचर्या में अर्थ ढूंढें। आत्मनिर्भर बनाएं और ईमानदारी रखें, हमेशा सत्य और धोखेबाजी से दूर रहें। अत्यधिकता से बचकर नियमित व्यायाम को प्राथमिकता देती हुई, आप जीवन के उद्देश्य में संतुष्टि पा सकते हैं और पर्यावरण के प्रबंधक के रूप में और चित्तवत्ता और ध्यानरखक।

1. दिन को ग्रहण करें: मृत्यु के हाथ में मानसिक स्पष्टता की तत्परता

हमें न सिर्फ यह स्वीकार करना चाहिए कि हमारा जीवन धीरे-धीरे घटता जा रहा है और इसमें कुछ और अवशेष है, बल्कि यह भी कि अगर हम ज्यादा देर तक जीते हैं, तो यह गारंटी नहीं है कि हमारी दिव्य और मानवीय बातों को समझने और विचार करने की क्षमता वही रहेगी। जब

हम बढ़ते हैं, तो हमारे मानसिक क्षमताओं में समय के साथ कमी हो सकती है, जिसमें शामिल हैं परिचय, पोषण, कल्पना, और भूख। यह संभव है कि यह बातें बरकरार रहें, लेकिन हमारे कर्तव्यों को पूरा करने, सत्य को भ्रम से अलग करने, और जीवन से हमेशा के लिए विदाई का समय पहचानने की शक्ति के लिए एक नियंत्रित मन की आवश्यकता होती है, जिसे हम खो सकते हैं। इसलिए, हमें आवश्यकता के साथ कार्रवाई करनी चाहिए, क्योंकि चीजों को समझने और जानने की क्षमता पहले ही दूर हो जाती है, न केवल क्योंकि हम अपने जीवन के अंत के पास जा रहे हैं।

2. प्रकृति के परे प्राकृतिक सौंदर्य: अपूर्णता में आनंद ढूंढना

यह ध्यान देने योग्य है कि प्रकृति के बाद आने वाली चीजों को भी प्रिय और आकर्षक माना जा सकता है। उदाहरण के लिए, रोटी लें। जब यह पका हो जाता है, तो कुछ हिस्से फट जाते हैं और इसमें एक अद्वितीय सौंदर्य होता है। ये शायद बेकर की इच्छा नहीं थी, लेकिन हमें और खाने की इच्छा दिलाते हैं। जब अंजीर पूरी तरह पक जाता है, तो वे तोड़ जाते हैं लेकिन इससे उनकी सम्मोहकता बढ़ जाती है। इसी तरह, अधोजात जैविक्यों की भी कुछ खूबसूरती होती है। मक्के के कानों की मुड़ने और जंगली सूअरों की मुंह में जो जमा होती है, वे व्यक्तिगत रूप से सुंदर नहीं होते हैं, लेकिन क्योंकि वे प्राकृतिक हैं, यह सुंदरता को और बढ़ाते हैं। जो व्यक्ति प्रकृति को गहराई से समझता है और मूल्यांकन करता है, वह यह समझता है कि जगत का हर हिस्सा आनंद दे सकता है। वह जंगली पशुओं की खुली जबड़ों को आकर्षक मान सकता है, और बुजुर्ग व्यक्ति में चार्म देख सकता है। उसे युवा की मोहकता को अनुचित नहीं समझना पड़ता। ये चीजें किसी के लिए सुंदर हो सकती हैं, लेकिन केवल वे ही लोग जो प्रकृति और जो वो बनाती है को गहराई से जानते हैं।

3. महान और बुद्धिमान की नियति का विध्वंसकारी अंत - मृत्यु और पिछले जन्म के बारे में विचार करना

बहुत सारी बीमारियों के इलाज करने के बाद, हिप्पोक्रेट्स खुद बीमार हो गए और अंत में मर गए। चाल्डाई ने कई लोगों की मृत्यु की पूर्वसूचना की थी, लेकिन किस्मत ने उनसे भी ली है। अलेक्जेंडर, पोम्पेयस और कैज़र ने सभी शहरों को नष्ट करके हज़ारों रथियों और पैदल सैनिकों को मार डाला, लेकिन अंत में वे अपने ही नसीब से मिले। हेराक्लिटस ने ज्वालामुखी की मौत के बारे में काफी समय बिताया, परंतु उसकी मौत पानी से भरे हुए और गंदे मिट्टी से चारों ओर घिरे हुए होते हुए हुई। दीमोक्रिटस की जूएं से मौत हुई, और सोक्रेट्स को दूसरी जू ने मार डाला। इसका क्या महत्व है? आपने यात्रा शुरू की है, अपने गंतव्य स्थान तक पहुँच गए हैं, और अब इसे छोड़ने का समय है। अगर सचमुच किसी और जीवन की अस्तित्व है, तो चिंता करने की कोई आवश्यकता नहीं है, क्योंकि देवताओं की अस्तित्व स्वर्ग में भी होती है। अगर इसके बजाय कुछ अन्य नहीं होता है, तो आप अब और दर्द या सुख के प्रभाव में बंधित नहीं रहेंगे, और न ही आप विनाशी होते हुए शरीर के गुलाम बने रहेंगे जो कीस्त और फटता है। क्योंकि शरीर पृथ्वी का है और विघटन के विषय में है, जबकि मन और आत्मा दिव्य हैं और सदैव बने रहते हैं।

4. श्रेष्ठ कारणों को विजेता बनाने के लिए अपने विचारों को प्रशिक्षित करें: विचलनों से उबरकर एक दिव्य आत्मा को गले लगाएं

अगर आपके विचार सामान्य भलाई के साथ मेल नहीं खाते हैं, तो अन्यों पर विचार करके अपने बचे हुए दिनों को बर्बाद न करें। "यह व्यक्ति क्या कर रहा है, क्या कह रहा है, क्या सोच रहा है या क्या योजना बना रहा है?" जैसे हिचक चोट से छुकाएँ हुए विचार हमें अपने आत्म-ज्ञान और यत्न से दूर ले जाते हैं। हमें अपने विचारों की निगरानी करनी चाहिए और उन्हें व्यर्थ बातों, विशेषतः जांचने और दुर्भविनापूर्ण विचारों से छुड़ाना चाहिए। खुद को सिखाएँ कि आप केवल उन मामलों पर विचार करें, जिन्हें आप

आपात भाव से साझा कर सकते हैं और जो सरलता, दयालुता और सामाजिक आदर्शकता का प्रदर्शन करते हैं। विश्राम और संयम, ईर्ष्या, संदेह या किसी ऐसी चीज़ से बचें, जिससे आपको लज्जा होगी यदि यह प्रकट हो। जो ऐसे विचारों से चिंतित नहीं होता, वह भगवान के नौकर और पुरोहित की तरह होता है। उनके अन्दर एक दिव्य आत्मा भी होती है जो उन्हें आनंद और दुख में अप्रभावित करती है, अपमान से भी प्रभावित नहीं होती है, किसी भी अन्याय से प्रभावित नहीं होती है और विद्वान् कार्यों के बहादुर होती है। उन्हें जज्बातों से आसानी से घायल नहीं होने का पता होता है, वह न्याय का महत्व देता है, और बहुत सोचने या सोच-विचार की कम करने के बिना उस जीवन को पूरी तरह स्वीकार करता है जो उसे आवंटित किया गया है। वह हर किसी का ख्याल रखता है, याद रखता है कि प्रत्येक बुद्धिमान आत्मा उसका परिवार है, और मानवीय स्वभाव की मांग करता है कि वह लोगों के कल्याण की देखभाल करे। वह सिर्फ़ उन लोगों की राय धारण करता है जो प्रकृति द्वारा यात्री जीवन जीते हैं, सभी राय रखने वाले व्यक्ति की नहीं। उसी तरह, वह याद दिलाता है, जो अपवित्र और अशुद्ध जीवन जीते हैं, घरों और दूर। वह ऐसे व्यक्ति की प्रशंसा पर कोई महत्व नहीं देता क्योंकि वे कभी खुद से संतुष्ट नहीं होते हैं।

5. अपने आंतरिक रोमन नेतृत्व को प्रकट करें: स्वायत्त ज़िम्मेदारी के लिए सुझाव।

अस्वीकार करें या सामान्य हित को ध्यान न देंगे, बिना कठिनाई या सामान्य हित की चिंता किए बिना काम न करें। इसके अलावा, अपने कर्मों को विचारशीलता के साथ प्रकाशित करें, भटकते हुए नहीं। अपने शब्दों में अत्यधिक सुंदरता का उपयोग न करें और ज्यादा बात न करें या अत्यधिक कामों में संलग्न न हों। इसके अलावा, त्यागपूर्वक अपनी जेब में होने वाली ईश्वर की मान्यता दें जो प्राणीत्व, राजनीतिक विचारों वाले रोमन स्थानकार नेता के रूप में आपके कार्य के लिए तैयार हो, जिसमें शपथ या दूसरों की गवाही की आवश्यकता न हो। अपनी जिम्मेदारियों के प्रति उत्साह के साथ

पास करें और बाहरी सहायता पर निर्भरता से बचें या उनसे मिलने वाली शांति की तलाश न करें। दूसरों को ताकतवर बनाने की बजाय अपने आप को संभालें और खड़े रहें।

6. अपनी कोटि राष्ट्रीयता को समर्थन दें: जीवन में सही संतुष्टि प्राप्त करने के लिए एक तार्किक परामर्श

यदि आप मानव जीवन में कुछ ऐसा प्राप्त करते हैं जो न्याय, सत्य, आत्मनियंत्रण, साहस और संक्षेप में, तो जो अपनी भूमिका को पूरा करने के बिना भी अपने मन की संतोष को प्राप्त करता है, और यदि वास्तविकता में आप इससे उंचतम कुछ देखते हैं, तो इसे हृदय से अपनाएं और जो भी आप प्राप्त करें, उसे अच्छी तरह समझें। हालांकि, जो भी भीतर हो जिस के द्वारा ईश्वर राज करता है, जो आपके आग्रहों को संचालित करता है, सभी अनुभवों को सत्यापित करता है, ज्ञानेन्द्रियों के प्रभाव से मुक्त है, जैसा कि सोक्रेटीज बताते हैं, देवताओं की प्रतीक्षा कर रहा है और मानवता का ध्यान रखता है, और आपको लगता है कि इससे अधिक कुछ नहीं है, तो किसी अन्य चीज के लिए जगह न बनाएं, क्योंकि जब आप किसी और की ओर मुड़ते हैं, तो आप अपने सही चीज को सही ढंग से ध्यान देने का अधिकारी नहीं रहेंगे। यह निश्चित है कि कोई अन्य चीज, जैसे समूह की प्रशंसा, शक्ति या आनंद का आनंद, सच्चाई में तर्कसंगत और अच्छी तरह से मिलने वाली चीज ही है। हालांकि, चीजें स्वभाविक रूप से मेल खाती हैं, इसलिए सीधी बात करें और सुनिश्चित करें कि वह चीज जो बेहतर है, लेकिन सुनिश्चित करें कि वास्तव में यह आपके लिए मानवीय अस्तित्व के रूप में उपयोगी है और इसे पकड़ें। यदि यह केवल एक जानवर के रूप में आपके लिए उपयोगी है, तो इसे स्पष्ट करें, घमंड के बिना अपने न्यायशास्त्र का उपयोग करें और यह सुनिश्चित करें कि आप विश्वसनीय तरीके से अपने निष्कर्ष तक पहुंचते हैं।

7. सद्भाव में रहना: वादों और इच्छाओं के बजाय बुद्धिमानी और उत्कृष्टता को प्राथमिकता देना

इसे अपने लिए लाभदायक मत समझिए, जिसे आपको अपने वादों को तोड़ने, अपनी आत्मा सम्मान को खोने, दूसरों से नफरत करने, संदेह करने, शाप देने, नाख़ुदा बनने की आवश्यकता हो, या उसके लिए दीवारों और पर्दों (अंतर्द्वारों और भीतरद्वारों) की आवश्यकता हो। इसके बजाय, अपनी बुद्धि और अपनी ज़मीर की सेवा में उत्कृष्टता की प्राथमिकता रखें। ऐसा करके, आपको कोई भी दुर्घटनाएं, कराहटें या तनहाई या अत्यधिक संगठन की ज़रूरत नहीं होगी। सबसे बढ़कर, आप मृत्यु के पीछे दौड़ना या भागना नहीं, हमेशा सामंजस्यपूर्ण जीवन जीएंगे। चाहे आपकी आत्मा लंबे समय तक आपके शरीर में बंद रहे या छोटे समय के लिए, यह मायने नहीं रखता है, क्योंकि आपको उससे उदासीनता होती है। यदि आपको तत्परता से तत्परता व व्यवस्था के साथ तत्काल विदाई देनी पड़े, तो आप इसे अन्य किसी काम की तरह ही शांति और व्यवस्था के साथ करेंगे। अपने जीवन के दौरान सुनिश्चित करें कि आपके विचार किसी बुद्धिमान व्यक्ति और एक नागरिक समुदाय के सदस्य के विचारों से भटकते नहीं हैं।

8. शुद्धता और पूर्णता: एक सच्चे विनम्र आत्मा का मन

वे व्यक्ति जिनका मन विनम्र और सुशोभित है, कभी किसी दूषण या घाव का सामना नहीं करते हैं जिसे ढक दिया गया हो। चाहे भाग्य उनके साथ कुछ गलत करें और उनके शो को कमजोर क़रार देने के लिए न चला जाए, उनका जीवन फिर भी पूर्ण और संपूर्ण होता है, ऐसा कभी नहीं होता है कि वे अपने अस्तित्व की रक्षा में धीमे पड़ जाएं। इसके अलावा उनमें कुछ भी ऐसा नहीं होता है जिसे नीच समझा जाए या दिखावटी साबित हो, और वे वस्तुओं से अधिकतर संबंधित या दूर नहीं होते हैं। उनमें कुछ भी संकीर्ण या छिपाने के लिए नहीं होता।

9. राय निर्माण की सम्मान की शक्ति

मतदान रचना के लिए जिम्मेदार शिक्षकों का सम्मान करें। यह आपके आंतरिकता पर निर्भर करेगा कि क्या आपके भावनात्मक पदार्थ विचारों के विपरीत विचार रहते हैं, जो तर्कसंगत प्राणियों की प्राकृतिक स्थिति और संविधान के विपरीत होते हैं। इस शक्ति को स्वीकार करने से बुद्धिमत्ता होती है जो आवेगात्मक निर्णयों को नष्ट करती है, अन्य मानवों के प्रति संबंध और ईश्वर के प्रति मान्यता का भाईचारा।

10. छोड़ने की कला: वर्तमान में जीना और वास्तविकता का महत्व स्वरुप कि प्रीति

अपनी संपत्ति को सरल बनाने के लिए और सिर्फ चुनिंदा कुछ बनाएं। साथ ही, याद रखें कि हर व्यक्ति केवल वर्तमान क्षण में जीता है - भूतकाल हमारे पीछे है, और भविष्य अज्ञात है। सबके लिए जीवन संक्षिप्त होता है, और हम केवल दुनिया के थोड़े से हिस्से में निवास करते हैं। मरने के बाद की प्रसिद्धि भी अविचलित होती है और केवल आगे के पीढ़ियों द्वारा बनाई जाती है, जो स्वयं मृत्यु भोगी होते हैं और उनके बाद जाने वालों की स्मृति करना असंभव है।

11. रूपरेखा का पर्दाफ़ाश: व्यवस्थित वस्तु परीक्षण की कला को मास्टर करना

इन दूसरों में यह सहायता जोड़ें: आपके सामने प्रस्तुत वस्तु का स्पष्ट-सा निर्धारण या विवरण बनाएं। इस तरह, आप वस्तु के मूल सिद्धांत, उसकी आवश्यकता, पूर्णता और उचित नाम, उसके घटकों के नाम और इसके पीछे क्या हो सकता है को पहचान सकते हैं। प्रगति करने में मदद करने के बजाय, जीवन में प्रस्तुत होने वाली हर वस्तु का व्यवस्थित और सत्यापित करने में ज्यादा मदद करेगा। हमेशा वस्तुएं ब्रह्माण्ड में उनके स्थान के संदर्भ से देखें, उनके उद्देश्य, महत्व और मानवता से कैसे संबंधित हैं। सर्वोच्च नगर के नागरिक के रूप में, सभी अन्य नगरों को परिवार की तरह समझें। पता लगाएं कि प्रत्येक वस्तु क्या है, उसका ढांचा, उसकी उम्र

क्या है और उसे इससे कौनसे गुणों की आवश्यकता होती है, जैसे सौम्यता, पुरुषत्व, सच्चाई, सत्यता, सादगी, संतोष और अन्य। इसलिए, हर मौके पर, स्वीकार करें कि कुछ चीजें उच्चतम शक्ति, भाग्य, योजना, या संयोग से, या किसी समान मानवता से आती हैं और ध्यान रखें कि उन्हें संबंधितता, मेल-जोल, करुणा और न्याय के नियमों के अनुसार कैसे व्यवहार करना चाहिए। इसके अलावा, निर्धारित करें कि उत्पादक वस्तुओं का मूल्य क्या होता है।

12. संतुष्टि की चाबी खोलना: मेहनत, ध्यान और पूरी सत्यता का मास्टरी करना

यदि आप आपके वर्तमान कार्य पर मेहनती और शांत रहकर कार्यरत रहते हैं, तर्क का पालन करते हुए और किसी भी प्रतिरोध के बिना केंद्रित रहते हुए कोई भी बाधा न होने देते हुए, और अपने सच्चे आपको पवित्र रखते हुए, तात्कालिक आपके स्रोत में लौटने के लिए, तो आप आनंदमय और पूर्णता पूर्ण जीवन जीने का आनंद लेंगे। इस दृष्टिकोण को बनाए रखें बिना कुछ भी खोजते हुए, किसी भी चीज से निडरता न दिखाते हुए, और यथार्थ बोलने से गौरव महसूस करते हुए। इस दृष्टिकोण के साथ आप सुख प्राप्त करने से कोई भी रोक नहीं सकती।

13. सिद्धांतपूर्ण सटीकता: मानव कार्यों के दिव्य संबंध

चिकित्सकों को विशेष रूप से आपातकालीन मामलों के लिए हमेशा तैयार रखे गए उपकरण और विभाग को ध्यान में रखा जाता है। ऐसी ही आपको अपने सिद्धांतों को ध्यान में रखना चाहिए ताकि आप दिव्य और मानवीय मुद्दों को समझ सकें और किसी भी कार्य को निष्पादित करने के लिए, चाहे वह कितना भी छोटा न हो, इस जागरूकता के साथ करें कि ये दो विभाग स्नेहपूर्ण रूप से जुड़े हुए हैं। आप मानवता संबंधी किसी भी कार्य को ईश्वरीय संदर्भ के बिना कुछ भी प्राप्त नहीं कर सकते हैं, और उल्टा भी।

14. वर्तमान में जियो और कार्य करो: अपनी जीवन कहानी पर सवाल मत उठाओ

अब लंगराते नहीं हैं। अब तुम उन इतिहासिक या महान प्राचीन रोमन और यूनानी कहानियों की गहराइयों में नहीं जा सकते, या फिर वे किताबें जिन्हें तुमने अपने बुढ़ापे के लिए संग्रहित किया हैं, तुम उन्हें अब नहीं पढ़ सकते। उसके बजाय मौजूदा पर ध्यान केंद्रित करो और क्रियान्वित करो। अवास्तविक आकांक्षाओं से छुटकारा पाने का प्रयास छोड़ो और अपनी देखभाल करना शुरू करो जब तुम्हारा मौका आता है।

15. दृश्यी संवेदना से परे छिपी अर्थों को अनलॉक करना

वे चोरी, बुवाई, खरीदारी, मौन रहने और जरूरत पहचानने के कई अर्थ समझने में अनभिज्ञ हैं। ऐसी समझ केवल दृश्य प्रतीति पर नहीं आधारित होती है, बल्कि इसके लिए एक अलग प्रकार की प्रभाविता की आवश्यकता होती है।

16. धार्मिक मार्ग: स्वीकृति, संतोष और अंतर्मुखी दिव्य ज्योति

शरीर संवेदना करता है, आत्मा की इच्छा होती है और बुद्धि कारण करती है। जानवर चीजों के रूप में बाहरी दिखावट से महसूस कर सकते हैं, और जंगली जानवरों समेत वे लोग भी हैं जो बुद्धि को छोड़कर इच्छाएं द्वारा चलाए जा सकते हैं। फिलारिस और नेरो की तरह तानाशाहों के पास भी यही गुण होता है। उसी तरह, ईश्वर की अस्तित्व को नकारने वालों और अश्लील व्यवहार करने वालों के पास भी वही योग्यता होती है जो यह समझने में सक्षम होता है कि क्या सही है। क्योंकि ये गुण सभी में सामान्य होते हैं, इसलिए परिप्यंक्त व्यक्ति को केवल यह अविलंब खुले दरवाजों के पीछे बुरे विचारों या तस्वीरों से प्रभावित करने वाले ख्यालात से भ्रष्ट नहीं करना होता, वह इसे स्वतंत्रता से एक ईश्वर की तरह पालती है, केवल सत्य बोलती है और धार्मिक ढंग से व्यवहार करती है। ऐसा व्यक्ति किसी भी अविश्वास से परेशान नहीं होता है जो उनके सरल, नम्र और संतुष्ट जीवन के माध्यम से उनका चलना है, और वह उस मार्ग को

धारण करता है जो उसे अंतिम प्राप्य स्थान तक ले जाएगा। यह अंतिम परिणाम उन्हें पवित्र, शांत, आत्मसमर्पित और अपने भाग्य के साथ शांति प्राप्त करनी चाहिए, कोई पछतावा और इस दुनिया से जाने के लिए कोई मजबूरी नहीं होती।

पुस्तक 4

— अंदर की ताकत को बढ़ावा देना

जीवन की चुनौतियों को पार करने के लिए, हमें पहले से ही एक मजबूत आंतरिक नींव का विकास करना चाहिए। इसका अर्थ है कि हमें अपनी और अपनी परिस्थितियों को स्वीकार करना होगा और आदीवासी के साथ मौसमिकता और सहनशीलता के साथ सामना करने की भीतरी शक्ति ढूंढ़नी होगी। अपने जीवन को सरलता से बनाते हुए और वर्तमान पर ध्यान केंद्रित करके, हम अपने लक्ष्यों को प्रभावी तरीके से पीछा कर सकते हैं और संतुष्टि प्राप्त कर सकते हैं। दूसरों के प्रति दया बढ़ाना और उद्यम के साथ अपनी प्रवृत्तियों का पीछा करना महत्वपूर्ण भी है। अंततः, हमें याद रखना होगा कि हमारे पास इस पृथ्वी पर कम समय है और इसे सबसे अधिक उपयोग करने में हम पर निर्भर करता है। ब्रह्मांड की व्यापिकता और हमारी इसमें स्थानीयता को अपनाकर, हम अपने सपनों की प्रेरणा पा सकते हैं और हमारे जीवन को पूर्णतया जीने के लिए।

1. आंतरिक ज्योति को नियंत्रण में लाना: कैसे समायोज्य स्वायत्तता हर कठिनाई को पार कर सकती है।

व्यक्ति को नियंत्रित करने वाली अंतर्मन की जो आन्तरिक शक्ति होती है, जब प्रकृति के साथ समरूप होती है, तो स्वतः ही बाह्य परिस्थितियों के प्रति अनुकूल हो जाती है। यह किसी भी विशेष स्रोत सामग्री पर निर्भर नहीं होती है, बल्कि यह निश्चित परिस्थितियों का सामना करते समय अपने लक्ष्यों की ओर धीरे-धीरे बढ़ती है। यह शक्ति विरोध से अपनी स्वयं की सामग्री भी बना सकती है, बहुत सारे वस्तुओं की तरह, जैसे कि एक मजबूत लौ उसके अंदर गिरने वाले किसी भी वस्तु को जबरदस्ती पकड़ लेती है और संग्रहण कर लेती है। मजबूत लौ उस वस्तु के संकेत में ढ़वल खा सकती है, लेकिन एक शक्तिशाली लौ उसे तेजी से ईंधन में परिवर्तित करके और ऊँचाई तक उठाने के लिए इसे प्रगति करा सकती है।

2. कर्मचारी क्रिया की कला को महारत हासिल करना: बेखतरीन परिणाम प्राप्त करने के लिए कैसे

सुनिश्चित करें कि हर क्रिया में एक निश्चित उद्देश्य हो और कला के फौलादी सिद्धांतों के अनुसार संपन्न की जाए।

3. अपनी शांति खोजें: हलचल और नाखुशी के बीच अपने मन को विश्राम दें और ताकत बढ़ाएं

मर्द अक्सर ऐसी छुट्टी की तलाश करते हैं जैसे देशी घरों, समुद्री क्षेत्रों और पर्वतों में। आप भी ऐसी वस्तुएं चाह सकते हैं। हालांकि, यह सबसे सामान्य लोगों की एक विशेषता है। जब चाहें, आपमें छुपने की शक्ति होती है। कहीं और आपको आपकी आत्मा से अधिक शांति और समस्यामुक्त स्थान नहीं मिलेगा, चाहे आप विचार करने पर परिश्रम सुख लाते हों। मुझे यह दावा है कि आंतरिक शांति केवल एक ठीक से संरचित मन है। इसलिए, स्थिर रूप से अपने आप को इस छुट्टी दें और खुद को ताजगी दें। अपने सिद्धांतों को संक्षेप में और मौलिक रूप से रखें। आप यह देखेंगे कि इन

सिद्धांतों के पुनर्गठन से आपका मन पूरी तरह से पवित्र हो जाएगा और आपके पास बाह्य दुनिया के साथ कोई असंतोष नहीं होगा। क्या आप किसी की गुस्ताखी से परेशान हैं? याद रखें, तर्कसंगत प्राणी एक दूसरे के लिए हैं, दूसरों की ग़लतियों को सहन करना न्याय का हिस्सा है और इंसान अकस्मात ग़लती करता है। सोचें कि कितने लोग म्यूच्युअल द्वेष, संदेह, नफ़रत और लड़ाई के बाद मरे हैं और वे शान्त हैं। लेकिन शायद आप खुश नहीं हैं जो ब्रह्मांड ने आपको सौंपा है? याद रखें, इसके दो विकल्प हैं। या तो प्रोविडेंस होती है, या सब कुछ बस एक संयोग की वजह से होता है, या उन तर्कों को याद रखें जो दुनिया को एक राजनीतिक समुदाय के रूप में प्रकट करते हैं। आखिर में संतुष्ट हो जाएं। क्या शारीरिक वस्तुएं अभी भी आपको पीछे खींचती हैं? याद रखें, जीवात्मा सांस के साथ मिलवट नहीं करती, चाहे वह हल्के से चल रही हो या जोरदार हो। याद रखें कि आपने दुख और सुख के बारे में जो कुछ सीखा है, और तब आप आराम करेंगे। क्या प्रसिद्धि की इच्छा अभी भी आपका पीछा करती है? याद रखें कि हर चीज़ तेज़ी से भूल जाती है, अनंत समय का अव्यवस्थित विघटन जो हमारे दोनों ओर मौजूद है, प्रशंसा की शून्यता और उनकी फिक्रवालापन और खराब मान्यता। याद रखें कि जीवन का स्तर कितना छोटा है, और हम किस तरह के अभिनेता हैं। यह सिर्फ अभिप्राय का एक बिंदु है, और इसके अंदर सब केवल राय का फल है। सबसे अधिक महत्वपूर्ण है जब आप विचारों के पीछे हिलते हैं जो नज़दीक हैं और जो आपको सुख या दुःख के लिए प्रेरित करते हैं, तो यह विचार मौजूद होना चाहिए: कि किसी बाहरी वस्तु को आप पर कोई सत्ता नहीं हो सकती।

4. बांटी हुई बुद्धिमता: कैसे एक सार्वभौमिक कानून मानवता को एकजुट करता है

यदि हमारी बुद्धि साझा होती है, तो हमारी तर्क-क्षमता भी साझा होती है, जो हमें तर्कसंगत प्राणियों बनाती हैं। बारीकी से कहें तो, जो हमें करना चाहिए और क्या नहीं करना चाहिए, वह हमें निर्देशित करने वाला सामान्य

तर्क भी साझा होता है। इससे एक सार्वभौमिक कानून की अस्तित्व होती है और यह हमें राजनीतिक समुदाय के अंतर्गत सहकार्य सहभागी बनाती है। हालांकि वास्तव में, हम सभी दुनिया की एक राज्य के सदस्य हैं, जो एक बड़े समुदाय को बनाता है। कौन सी और समुदाय है जिसमें सभी मानवता शामिल हो सकती है? हमारे साझा राजनीतिक समुदाय से ही हमारी बुद्धि और तर्क-क्षमता, साथ ही कानून के समझने की क्षमता उत्पन्न होती है। मेरे भौतिक शरीर के अलग-अलग तत्वों की तरह, मेरी बुद्धिमान आत्मा एक विशेष स्रोत से आती है। वस्तु किसी भी वस्तु से उत्पन्न नहीं हो सकती है और कुछ भी अधःपतन के माध्यम से वापस नहीं जा सकता है।

5. मृत्यु और प्रजनन के प्राकृतिक रहस्य का उजागर करना

मृत्यु, प्रजनन की तरह, एक प्राकृतिक रहस्य है। हम एक ही तत्वों से मिश्रित हैं और अंततः उनमें विघटित हो जाएँगे। इस बात को शर्म करने की कोई जरूरत नहीं है, क्योंकि इसमें किसी भी तर्कशील जीव या हमारे संघटन के कारण के विपरीतता नहीं है।

6. कर्तव्य का स्वरूप: क्यों कुछ कार्य कुछ विशिष्ट व्यक्तियों के लिए ही होते हैं

ऐसे प्रकृति के व्यक्तियों द्वारा ये कार्य स्वाभाविकता से कराए जाते हैं और इसका महत्वपूर्ण अस्तित्व होता है; अगर कोई इसके विपरीत करता है, तो उसे अच्छा ही होता है कि उसने अंजीर के पेड़ की रस के बहने से इनकार कर दिया। हालांकि, ध्यान दें कि बहुत जल्द ही, आप और वह व्यक्ति जीवित नहीं रहेंगे; अन्ततः, आपके और उसके नामों को कोई याद नहीं रखेगा।

7. अनुभूति की शक्ति: निजी दृष्टिकोण को हटाने से शिकायत करने की क्षमता और हानि मिटा सकती है

अपने व्यक्तिगत दृष्टिकोण को हटा दें, और हानि को उठाने की क्षमता गायब हो जाती है। हानि के बारे में शिकायत करने की प्रवृत्ति को छोड़ें, और हानि स्वयं में अब और मौजूद नहीं होती है।

8. गैर-हानि की शक्ति: कैसे जो हमें नुकसान नहीं पहुंचाता, वह हमें और मजबूत बना सकता है।

जो किसी व्यक्ति को बदतर नहीं बनाता, वह उनके जीवन को भला नहीं करता है और न ही उन्हें बाहरी या आंतरिक रूप से क्षति पहुंचाता है।

9. कर्तव्य से अवसर तक: सर्वसाधारण उपयोगी का परिवर्तन

समस्त विश्व में इसका उपयोग मजबूरी में किया जाना चाहिए।

10. सत्य की खोज: सब कुछ को बस देखने से कैसे आप एक बेहतर इंसान बन सकते हैं।

सोचें कि हर चीज़ जो होती है, वह न्याययुक्त होती है, और यदि आप सावधानी से देखें, तो आप यह सत्य मानेंगे। मैं सिर्फ इवेंट्स की ज़रिए नहीं, वरनंत इसके असली अर्थ में भी कह रहा हूँ जैसे कि यह न्याययुक्त और संतुलित होना है, जैसे कि हर चीज़ की अपनी सही मूल्यांकन की जाती है। इसलिए, जैसा कि आपने शुरुआत की है, आप निरंतर अवलोकन करें। और चाहे आप जो भी करें, इसे अपने लक्ष्य के साथ मिलाकर करें, मानवीय दृष्टियों में अच्छाई का अर्थ होने। हर कार्य में इस लक्ष्य की ओर सदैव प्रयास करें।

11. साइकिल तोड़ना: अपने प्रतिद्वंद्वी के दृष्टिकोण क्यों अपनाने से मदद नहीं होगी

उन्हीं विचारों को अपनाने से बचें, जैसे कि आपको गलती करने वाले व्यक्ति या आपसे बातचीत करने के लिए मजबूर करने वाले व्यक्ति के

विचार होते हैं, बल्कि उन्हें वस्तविकता के साथ और बिना किसी त्रुटि के विचार करें।

12. पुरुषों के लिए दो सोने के नियम: महान हित के लिए तर्कशक्ति और खुले दिमाग की आवश्यकता।

एक आदमी को हमेशा दो नियमों के साथ तैयार रहना चाहिए: पहला, केवल वही काम करना चाहिए जो तार्किक और सरकारी शक्ति से संबंधित होकर मानवता के लिए लाभदायक होगा। दूसरा, उसे अपनी राय बदल सकनी चाहिए जब कोई उसे गलत साबित कर दे और बेहतर विकल्प प्रदान करे। हालांकि, इस दर्शन में यह परिवर्तन केवल जब होना चाहिए जब आप्राधिकारिक यंत्र, सामुदाई लाभ और समान आकारक से संबंधित हो, जब एक ताक़तवर्धक ज़मीन हो, और केवल व्यक्तिगत सुख या लोकप्रियता के लिए नहीं।

13. तर्क की शक्ति को उजागर करें: आप खुद को क्यों रोक रहे हो?

क्या आपके पास कारण है? मेरे पास है। फिर भी आप उसे क्यों नहीं इस्तेमाल कर रहे हैं? अगर कारण अपने कार्य को पूरा कर सकता है, तो आप और क्या इच्छा कर रहे हैं?

REVISIONS:

क्या आपके पास कोई कारण है? मेरे पास है। फिर भी, आप उसे क्यों नहीं इस्तेमाल कर रहे हैं? अगर कारण अपने कार्य को पूरा कर सकता है, तो आप क्या और इच्छा कर रहें हैं?

14. अस्तित्व से सार तक: हमारे अस्तित्व का रूपांतरण

आप एक भाग के रूप में मौजूद रह चुके हैं और अंत में उस स्रोत में विलीन हो जाएँगे, जो आपको बनाया है। हालांकि, आप बदल जाएँगे और परिवर्तित होकर उसके मूल स्वरूप में लौट जाएँगे ज्यामिति के माध्यम से।

15. धूप का त्याग: विश्राम पर गिरते धान की कहानी

एक पीठ पर, कई अदों का आनदान होता है। वे एक दूसरे के सामने गिरते हैं, लेकिन अंत में उसका महत्व नहीं रखते।

16. दिव्यता के लिए 10 दिन: तार्किकता को अपनाकर ब्रूत से श्रद्धावान में परिवर्तित होना

सिर्फ दस दिनों में, आप एक साधारण जानवर और बंदर से बदलकर एक दिव्य प्राणी में परिवर्तित हो सकते हैं, यदि आप अपने मूल विश्वासों पर वापस आ जाते हैं और तर्कसंगतता को ग्रहण करते हैं।

17. कारपे दीम: मौत के पहले जीवन को गले लगाओ

ऐसे जीवित रहें जैसे आपके पास अनंतता हो। मृत्यु आपके सिर पर टिकी हुई है। इसलिए, अपने दिनों का सबसे अधिक लाभ उठाएं और फिर भी आप एक अच्छा इंसान बनने का प्रयास कर सकते हैं।

18. रास्ता बनाए रखना: मुसीबत से बचने की कुंजी है हमारे अपने कार्यों पर ध्यान केंद्रित करना

यह कितनी मुसीबतें बचा सकती हैं, जो सिर्फ अपने कार्यों पर ध्यान केंद्रित करके दूसरों के कार्यों या निरीक्षण करने या निर्धारित करने की चिंता किए बिना, माना जाता है। हमें अपने पड़ोसी के विचारों और कर्मों में झांकने की बजाय, अपने आचरण में शुद्धता और निष्पक्षता की कोशिश करनी चाहिए। जैसा कि अगाथॉन ने दर्शाया है, हमें दूसरों के नैतिक खोटों पर ध्यान केंद्रित करने की बजाय, अपने सिद्धांतों के प्रति सच्चे और अपनी प्रमाण-रेखा के प्रति स्थिर रहना चाहिए।

19. अमरता का अस्वीकार: अवांछित मरन के लिए प्रशंसायोग्यता की मूर्खता

वे लोग जो अंतिम स्मरण की लालसा करते हैं, उन्हें यह नहीं समझते हैं कि अंततः सभी की मृत्यु होनी है। और जो उनके बाद आते हैं, वे भी

नष्ट हो जाएंगे, केवल विचलित और मिटटी में ही उनकी याद रहेगी, जो मूर्ख अनुयायों के क्षणों से भीतर बसे हुए है। यदि यादगार अमर है और जो याद करते हैं वे स्वयं अमर हैं, तो तुम्हारे लिए इसका महत्व क्या है? और मैं इस बात का प्रश्न नहीं पूछ रहा हूँ कि मुर्दों के लिए यह क्या अर्थ रखता है, बल्कि जीवित व्यक्तियों के लिए यह क्या महत्व रखता है। प्रशंसा का मूल्य क्या है, केवल उसकी सीमित उपयोगिता के अलावा? प्रकृति द्वारा दिए गए वरदान को नकारकर, तुम अपने आप को जीवन की सच्ची खुशी से वंचित कर रहे हो।

20. आत्मनिर्भर सौंदर्य: सत्य सौंदर्य के लिए मान्यता और प्रशंसा अनावश्यक क्यों हैं

सभी चीजें जो सौंदर्य धारण करती हैं, मूलतः सुंदर होती हैं और उनकी महत्व सिद्ध करने के लिए किसी बाहरी मान्यता या प्रशंसा की आवश्यकता नहीं होती है। प्रशंसा या आलोचना किसी चीज की मूल सुंदरता को बढ़ाने या कम करने में सहायता नहीं कर सकती है। यह उचित है चाहे वह सामान्य रूप से स्वीकृत सौंदर्य के रूप में हो, जैसे संपत्ति कला, या विचारों की तरह अफ़सानगी और गुणों की जैसे नैतिकता और शिष्टाचार।

सच्चा सौंदर्य किसी आधार पर प्रत्यार्पण या पुष्टिकरण की आवश्यकता नहीं है, ऐसा ही होता है जैसे कानून, सत्य, उदारता, या शोभा के साथ। प्रशंसा या आलोचना के कारण कोई भी गुण सुंदर नहीं बनता है और न किसी आलोचना के कारण कोई गुण निंदित हो जाता है। उदाहरण के लिए, माणिक, सोना, हाथीदांत, जामनी, सीताराम यंत्र, एक छोटा चाकू, फूल या एक पौधा कवालिटीज को केवल बाहरी मतों पर आंका या कमाया नहीं जा सकता है। उनकी सुंदरता प्रासंगिक है और बाहरी मान्यता की आवश्यकता नहीं होती है।

21. परिवर्तन और परिवर्तन: मृत्यु के आगे आत्मा और शरीर की दृढ़ता का अन्वेषण

यदि आत्मा सचमुच मृत्यु के बावजूद अस्तित्व में है, तो वह वायु में अन्न्तकाल तक कैसे बनी रहती है? और हाँ, धरती कैसे उन लाशों को समेट सकती है जो लंबे समय से दफन हो चुकी हैं? इस प्रकार, जब शरीर परिवर्तन और विलोपन के बाद नया शरीर तैयार होता है, तो हम आत्माओं के विलोपन और वायु में समाये जाने के कारण आग्नेय प्रकृति और सभी जीवों में आत्मा विराम होती है। इस प्रकार पृथ्वी और वायु दोनों नए शरीर और आत्मा के लिए जगह प्रदान करती हैं। यह आत्मा के धीरे-धीरे अस्तित्व एक संभावित उत्तर है।

लेकिन हमें यह भी मानना चाहिए कि हम और अन्य प्राणियों द्वारा रोज़ाना सेवन किए जाने वाले बहुत सारे जानवरों की भी होती है, जो एक तरीके से हमारे भीतर भी रहते हैं। फिर भी, हमारे शरीर इन परिवर्तनों को सहजता से स्वीकार करते हैं, उन्हें रक्त में परिवर्तित करते हैं और अंत में वायु या अग्नि तत्व में रूपांतरित करते हैं।

इसलिए इस मसले की सच्चाई रूप, सामग्री और प्रारूपहेतु के बीच की भेद में स्थित है।

22. न्याय में स्थापित: कार्रवाई से पहले समझ

प्रत्येक कार्रवाई में सावधान रहें और न्याय को ध्यान में रखें। हमेशा उस स्थानतंत्र को समझने की कोशिश करें जिस पर पहले प्रतिक्रिया देने से पहले।

23. ब्रह्मांड के साथ संरेखित: प्रकृति की देवी और ज्यूस की प्रिय नगरी को आलोकित करना

सब कुछ मेरे साथ समन्वित होता है, वह मेरे साथ समन्वित होता है, हे ब्रह्मांड। अगर यह तुम्हारे लिए समयगुण हो तो कुछ भी मेरे लिए बहुत जल्दी या बहुत देर से हो तो भी सही है। प्रकृति के हर मौसम का फल मेरे धन है, हे प्रकृति। सब कुछ तुमसे ही आता है, तुम पर आराम करता है

और तुम्हीं में वापस जाता है। कवि कह सकता है,"मेरे प्यारे शहर सेक्रोप्स का शहर।" लेकिन क्या हम भी कह सकते हैं,"मेरे प्यारे ज़ूस का शहर?"

24. कम अधिक है: प्राथमिकता और उन्मूलन के माध्यम से शांति का खोज

दार्शनिक का सुझाव है कि शांति प्राप्त करने के लिए, व्यक्ति को कुछ चीजों पर ध्यान केंद्रित करना चाहिए। हालांकि, यह बेहतर हो सकता है कि हम वही करें जो आवश्यक है और प्राकृतिक सामाजिक आवश्यकताओं को पूरा करने में प्राथमिकता दें। इस दृष्टिकोण से न केवल यह सुनिश्चित होता है कि बेहतरीन कर्म करने से मन की शांति होती है, बल्कि कम कर्म करने से भी होती है। हमारे ज्यादातर कार्यों के लिए और कुछ भी आवश्यक नहीं होता है, और इसे हटाकर, हम अधिक आराम और कम तनाव का आनंद ले सकते हैं। इसलिए, हमें नियमित रूप से अपने कार्यों की जाँच करनी चाहिए और पूछना चाहिए, "क्या यह आवश्यक है?" न केवल अनावश्यक कार्रवाईयाँ हटाना महत्वपूर्ण है, बल्कि अनावश्यक विचारों को भी हटाना चाहिए ताकि अनावश्यक कार्रवाईयाँ रोकी जा सकें।

25. गुण की ताकत: संतोषमय और दयालु जीवन की स्वीकृति

कोशिश करें धार्मिक व्यक्ति के जीवन का अनुभव करने का, जो अपने दुनिया के हिस्से से संतुष्ट है और अपने न्यायपूर्ण कार्यों और सहानुभूति की स्वरूपता पर गर्व है।

26. जीवन के संक्षिप्त क्षणों को अनलॉक करना: तर्क, न्याय और समझदार जीवन का कुंजी

क्या आपने ये चीजें देखी हैं? एक और ज़रा नज़दीक से देखो। चिंता मत करो। सीधे बात करो। अगर कोई गलती करता है, तो उसे खुद को ही नुकसान पहुंचाता है। क्या कुछ हुआ है तुम्हारे साथ? ध्यान रखो कि समय-समय पर हुई हर घटना तुम्हारे लिए दी गई है, शुरुआत से ही। संक्षेप में कहें तो जीवन अत्यंत संक्षिप्त होता है। हर पल का अच्छा उपयोग करने के लिए तर्क और न्याय का प्रयोग करो। फुर्सत के समय भी सतर्क रहो।

27. अव्यवस्था में व्यवस्था: ब्रह्माण्ड की पराधीन स्वभाव के नेविगेट करना

क्या ब्रह्माण्ड सुव्यवस्थित है, या केवल अराजकता भरी पड़ी है? फिर भी, यह एक ब्रह्मांड बना हुआ है। लेकिन क्या व्यवस्था एक हिस्से में और अव्यवस्था पूरे हिस्से में मौजूद हो सकती है? खासकर जब सब कुछ अलग, फैला हुआ और जुड़ा हुआ हो।

28. तैयार हो परिपूर्णता के लिए? चलो, मैं तुम्हारी लेखन को चमका देता हूँ!

एक काला चरित्र, एक महिलायी चरित्र, एक जिद्दी चरित्र, पशुशील, बचकाना, पशुया, मूर्ख, नकली, अश्लील, धोखेबाज, तानाशाहियत्मक।

29. ब्रह्मांड से असंबद्ध: समझने का सामाजिक जिम्मेदारी

अगर कोई व्यक्ति ब्रह्मांड में हो रहे कार्यों को नहीं जानता है, तो वह उसी मात्रा में अजनबी है जितना कि वह नहीं जानता है कि इसमें क्या है। वे सामाजिक ज़िम्मेदारी से बच रहें हैं, समझ ने से खुद को बदबूदार रहे हैं और अपने जीवन के लिए ज़रूरतमंद चीज़ों के लिए दूसरों पर आश्रित हैं। वे उस सामान्य प्रकृति से हट रहे हैं क्योंकि उन्हें पसंद नहीं है कि क्या हो रहा है, वे ब्रह्मांड पर एक गांठ के समान हैं। लेकिन वही प्रकृति उन्हें और सबको उत्पन्न कर रही है, इसलिए इसकी संघर्ष करने का कोई मतलब नहीं है। जो जानवरों को एकजुट करने वाले मानवता के सामान्य बंधन से अलग करते हैं, वे राज्य में कटे हुए कपड़े की तरह हैं।

30. खुले दार्शनिक: सामग्रीवाद की बजाय तर्क का चयन करना

पहला वह एक दर्शनशास्त्री है, जिसके पास कोई दीवारपेश नहीं है, और दूसरा किताब के बिना है। और अब यहां एक और है जो आधे नंगे हैं। 'मेरे पास रोटी नहीं है,' वह कहता है, 'लेकिन मैं तर्क पर जीने का चुनाव करता हूँ। मैं अपनी जीविका के लिए अपनी शिक्षा पर नहीं, बल्कि अपने अपने निर्णय पर निर्भर नहीं हूँ।'

31. अपनी संगठी चरित्र और आज़ादी के साथ जीवन का निर्देशन करें

वह कला प्यार करें, जिसे आपने सीखा हो, चाहे वह कितनी ही नामुमकिन हो, और उसमें संतोष पाएं। जीवन के बाकी अंगों में ऐसे ढंग से चलें, जैसे कोई ऐसा व्यक्ति हो, जिसने अपनी ज़मीनदारी को किसी देवता को सौंप दिया हो, बिना किसी तानाशाह या नौकर बने।

32. भूत की दृष्टि से पुनर्विचार करते हुए और भविष्य के लिए सबकों पर विचार करते हुए

विश्लेषण करते हुए, विश्वेशियों के समय में, आप लोग विवाह करते, बच्चे पालते, बीमार पड़ते, मरते, युद्ध में शामिल रहते, भोजन करते, व्यापार करते, खेती करते, खुशामद करते, मानसिक असमर्थताओं के गर्व से स्वीकार करते, संदेह करते, कपट करते, दूसरों की मौत की इच्छा करते, वर्तमान का आलोचना करते, प्यार करते, संपत्ति इकट्ठा करते और राजनीतिक शक्ति की इच्छा रखते थे। हालांकि, जीवन का वह तरीका अब नहीं रह गया है। अब त्राजन के समय में आप आगे बढ़ें। यही कहा जा सकता है: वह तरीका अब विलोपित हो चुका है। इसी तरह, विभिन्न युगों और राष्ट्रों के बारे में विचार करें और आकर्षक प्रयासों के पश्चात देखें, बहुत से अंततः टूट गए और शून्यता में बिखर गए।

हालांकि, सबसे महत्वपूर्ण बात यह है कि आप उन लोगों के बारे में सोचें, जिनसे आपने व्यक्तिगत रूप से मिले हैं, जो मायावी भ्रम में खो गए हैं और अपने असली उद्देश्य को पूरा करने में लापरवाही की हैं, जबकि वे अपनी खुदी से संतुष्ट रह गए हैं। ध्यान दें कि हर कार्य का अपना महत्व और महत्व होता है। यदि आप अनुचित मुद्दों में सीमित होंगे, तो आप निराश नहीं होंगे।

33. हीरोज़ के बुरे छाप का मायान बढ़ती हुई प्रशस्ति: यादगारी की अस्थायित्व को गले लगाना

एक बार जाना जाने वाले शब्द अब पुराने हो चुके हैं, ठीक वैसे ही जैसे कामिलस, केसो, वोलेसस, लियोनाटस, स्किपियो, केटो, ऑगस्टस, हैड्रियानस और अंटोनिनस जैसे प्रसिद्ध लोग। सब कुछ समय के साथ चलता है और भूल जाता है। चमकते हुए भी, वे अनदेखे हो जाते हैं। जब वे मरते हैं, तो तुरंत भूल जाते हैं। अंत में, अमर स्मृति क्या होती है? कुछ नहीं। हमें बजाये मन केन्द्रित करने के लिए क्या करना चाहिए? न्याय के विचार, सामाजिक कार्य, सच्चे शब्दों की प्राथमिकता और सभी की स्वीकृति, जैसे कि वे हैं, प्राकृतिक जीवन का एक अभिन्न अंश है।

34. भाग्य के बुनावट को गले लगाओ: क्लोथो की दगरिया में अपने आप को समर्पित करो

स्वेच्छा से अपने आप को कपड़ों में, सभी नियतियों में से एक को समर्पित करें और उन्हें आपकी धागे को जैसा वह चाहते हैं सजाने की अनुमति दें।

35. लुब्धकालीन स्मृतियाँ: जीवन की स्मृति की अनित्यता

सभी कुछ क्षणिक होता है, सम्मेलन खुद में सम्मिलित होता है जो स्मृतियों के साथ।

36. परिवर्तन कला: ब्रह्मांड के परिवर्तन की प्रकृति को गले लगाना

लगातार ध्यान दें कि हर चीज़ परिवर्तन का अनुभव करती है, और अपने आप को प्रशिक्षित करें ताकि आप पहले बनी हुई चीज़ों के बदलाव के पक्ष में और उनसे मिलते-जुलते नए चीज़ों की पहचान कर सकें। वास्तव में, सभी मौजूदा वस्तुएँ एक मायने में, उन चीज़ों के बीज हैं जो आगे आने वाली हैं। हालांकि, आप ऐसे बीजों को ही ध्यान में लेने की सोच रहे हो जो मिट्टी में बोए जाते हैं या गर्भ में लिए जाते हैं - यह बहुत ही सरल दृष्टिकोण है।

37. मृत्यु को गले लगाएं: स्पष्टता, शांति और दया का प्राप्त करना जब आपका समय पूरा हो जाए

तुम जल्द ही मर जाओगे और अभी तक तुम सीधा, शांत, दुनिया के अभिशाप के प्रभाव के खिलाफ सुरक्षित, सभी की भलाई करने वाला, और तुम सत्य और नेक काम में ही बुद्धिमानी नहीं देखते हो।

38. शासन कला: पुरुषों के सिद्धांतों, प्राथमिकताओं और पीछा की पर्याप्तता का उजागर करना

मनुष्यों के शासक सिद्धांतों की जाँच करें, सम्मोहितों के समान ही शामिल होते हैं। उन चीजों की पहचान करें जिनसे वे बचते हैं और जिन्हें वे पीछा करते हैं।

39. अनुभूति की शक्ति: जहां बुराई वास करती है

जिसे आप बुरा मानते हैं वह किसी और के मार्गदर्शक सिद्धांत या आपके शरीर में होने वाले किसी भी शारीरिक परिवर्तन में निहित नहीं है। तो यह कहां है? यह आपके अंदर का हिस्सा है जिसमें यह तय करने की शक्ति है कि बुराई क्या है। उस हिस्से को ऐसी राय न बनाने दें, और सब ठीक हो जाएगा। भले ही उसके निकटतम भौतिक शरीर घायल हो, जल गया हो, सूजन हो और सड़ रहा हो, इन चीजों के बारे में राय बनाने वाले हिस्से को शांत रहने दें। उसे यह निर्णय लेने दीजिए कि जो कुछ भी अच्छे और बुरे दोनों प्रकार के लोगों के साथ हो सकता है वह स्वाभाविक रूप से अच्छा या बुरा नहीं हो सकता। न तो प्रकृति के विरुद्ध रहना और न ही प्रकृति के अनुसार रहना दोनों प्रकार के लोगों के लिए समान परिणाम उत्पन्न कर सकता है।

40. एकीकृत धागा: ब्रह्मांड की अद्वितीय संगठन और समग्र संबंध की खोज

ब्रह्माण्ड को हमेशा एक जीवित इकाई के रूप में देखें, जिसमें एक सार और एक चेतना हो। इस बात पर ध्यान दें कि कैसे सभी चीजें आपस में जुड़ी हुई हैं और इस विलक्षण धारणा से संबंधित हैं, और कैसे सब कुछ

एक साथ मिलकर चलता है। सभी चीजें अन्य सभी चीजों के अस्तित्व को लाने के लिए सामंजस्य के साथ काम करती हैं। साथ ही, ब्रह्मांड के ताने-बाने की निर्बाध बुनाई और उसके धागों के अंतहीन प्रवाह पर भी ध्यान दें।

41. एक छोटी आत्मा होने की बोझ: एपिक्टीटस से अन्वेषण

तुम एक छोटी आत्मा हो जो एक मरे हुए शरीर को लेकर घूम रही हो, जैसा कि Epictetus *ने कहा था।*

42. परिवर्तन की पराधीनतम स्वभाव: क्यों समाने रहना हमेशा अच्छा नहीं हो सकता है

चीजों को विभिन्नता में परिवर्तित करने के लिए अंतर्राष्ट्रीय खाता होना गलत नहीं है और चीजों के परिवर्तन के कारण सत्वहीन रहना भी अंतर्राष्ट्रीय खाता होने के लिए उचित नहीं है।

43. समय के दोश में सवार होना: जीवन के घटनाओं का अविरोधी प्रवाह

समय एक तेजगामी नदी की तरह हो सकता है जिसमें घटनाओं का समावेश होता है। जब भी कोई घटना देखी जाती है, तो वह त्वरित रूप से दूसरी घटना की जगह बनाने के लिए दूसरे द्वारा कथित होती है। यह निरंतर प्रवाह एक हिंसक धारा की तरह है जो कभी ठहरने का नहीं होती।

44. जीवन की घटनाओं की अब बचाव नहीं होने वाली पूर्वानुमानितता: फूलों के खिलने से धोखे के दर से तक

सभी घटनाएँ वसंत में गुलाबों की खिलने और गर्मियों में फलों के पकने के तरह पूर्वानुमित होती हैं। इसमें दुख, मौत, अपमान, धोखा और किसी अन्य परिस्थितियाँ शामिल हैं जो सीधे मन वाले को खुश कर सकती हैं या परेशान कर सकती हैं।

45. अनुक्रमिक घटनाओं के आश्चर्यजनक संबंध को खोलना

पश्चात्ता आयोजन में हमेशा पूर्व घटनाओं से उचित तरीक़े से जुड़ते हैं। यह केवल ऐसी वस्तुओं की सूची नहीं है जो आवश्यक क्रम का पालन करती हैं, बल्कि यह एक तार्किक संबंध है। सभी वस्तुएं सामंजस्य में मौजूद होती हैं और नई रचनाएँ साधारण अवधारणा से अधिक आश्चर्यजनक संबंध प्रदर्शित करती हैं।

46. अपने मन को जागृत करें: हेराक्लिटस का ज्ञान और स्वतंत्र सोच की महत्व

हमेशा हेराक्लिटस की बुद्धिमत्ता को याद रखें, जिन्होंने कहा कि पृथ्वी पानी में बदलती है, पानी हवा में बदलता है, और हवा आग में और इसके उल्टा भी बदल जाती हैं। इसके अलावा, याद रखें कि बहुत से लोग अपने अंतिम गंतव्य को भूल जाते हैं और लोगों के बीच झगड़ा करने लगते हैं, जो विश्व को कायम रखता है। हमारे द्वारा हर दिन मिलने वाली चीजें हमें अजीब लग सकती हैं। इसलिए, हमें यह कार्य या बोलना नहीं चाहिए कि हम सोते हुए हैं क्योंकि हमारे सोते हुए हालत में भी हम कार्य करते और बोलते हैं। बजाय इसके, हमें सोचना चाहिए और अपने लिए काम करना चाहिए बच्चों के पीछे अंधाधुंध अनुसरण करने वाले लोगों की अनुकरण करने से बचना चाहिए।

47. भविष्य में मरने और पूरे जीवन के बाद मरने के बीच तत्कालिक अंतर

यदि ईश्वर आपको बताए कि आप कल या परसों में मर रहे हैं, तो आपको इसके लिए पर्याप्त चिंता नहीं होगी, जोस कि यदि यह तीसरे दिन के बजाय आए, और आपमें साहस की कमी नहीं है। इस अंतर को आँखों के समर्थन में तेजी से गिना जा सकता है। इसलिए, एकाधिक वर्षा तक जीने के बाद कल मरने के मुकाबले इसे नगण्य माना जा सकता है।

48. मानव अस्तित्व की हल्की उड़ान: प्रकृति के अनुसार जीने का एक स्मरण

हमेशा खुद को याद दिलाते रहें कि कितने सारे वैद्य मर चुके हैं, जो बीमारों की देखभाल करते समय अपने मुँह से शिकंजे बनाते थे। सोचें, ज्योतिषियों की संख्या को जो अन्य लोगों की मौत की भविष्यवाणियाँ करते हैं, वे खुद नष्ट हो गए हैं। विचार करें वो दार्शनिक जोने मृत्यु और अमरता के बारे में अनगिनत पाठ दिए गए हैं, और वीरों के बारे में जो हज़ारों को मार चुके हैं। चिन्तन करें वो दबंग अंहकार के साथ दूसरों के जीवनों पर नियंत्रण चलाने वाले नरपिशाच के बारे में। और सोचें ऐसे कई शहरों के बारे में जो संसारभ्रम में डूब गए हैं - हेलीस, पॉम्पेय, हैक्यूलेनियम और बेशुमार अन्य।

इस सूची में उन सभी लोगों को भी जो आपने जाना है और एक के बाद एक चले गए हैं, जोड़ें। हर एक दफन किए जाने वाले व्यक्ति के बाद, दूसरा तुरंत आता है, जब तक आप भी मर नहीं जाते हैं। इसलिए, हमेशा मानव अस्तित्व की क्षणिकता और तुच्छता को याद रखें। जो कील कल अब धूल या राख होने वाली हैगी।

इसलिए, प्रकृति के अनुसार अपने जीवन को जियें, और अपनी संक्षेप में यात्रा करके संतुष्ट रहें। जैसे कि एक पके हुए जैतून एक पेड़ से गिरता है, प्रकृति को आशीर्वाद दें जो आपको पैदा करने आई हैं और अपने जीवन के लिए आभारी रहें।

49. जीवन की लहरों पर सवारी: प्रतिकूलता के सामने सहनशीलता और भाग्य

स्थिर बनो, एक चट्टान की तरह जो ऊबट रहे लहरों के बावजूद और अड़ से खड़ा रहे और उठले पानी को नियंत्रित करें।

क्या मैं इस पर दुखी हूँ कि यह मेरे साथ घटा: नहीं। बल्कि, मैं संतुष्ट हूँ, क्योंकि मैं कष्ट से छूटा हूँ, न तो वर्तमान से पहुंचता हूँ, और न ही भविष्य से डरता हूँ। यह किसी भी आदमी के साथ हो सकता था, लेकिन

हर किसी आदमी को ऐसी धैर्य से सहन की तरह उठाना नहीं होगा। तो फिर क्यों इसे दुर्भाग्य मानें जबकि मैं इसे धन्यता के रूप में देख सकता हूँ? और क्या आप हर एक ऐसी चीज़ को दुर्भाग्य कहते हैं जो मनुष्य की प्रकृति के बहार होती है? और क्या कुछ अनैतिक प्रतीत होता है अगर इसके साथ मनुष्य की प्रकृति की इच्छा के खिलाफ नहीं जाता है? आप प्रकृति की इच्छा को जानते हैं। क्या यह घटना आपको न्यायपूर्ण, साहसी, संतुलित, बुद्धिमान, जल्दबाज़ी और झूठ के विरुद्ध असक्षम कर देगी? क्या यह आपकी संगदिता, स्वतंत्रता या किसी अन्य गुण को छीन लेगी जो मनुष्य की प्रकृति का हिस्सा है? जितनी बार भी आपको परेशान करने वाला हर प्रकरण आए, इस सिद्धांत को याद रखो: यह दुःख नहीं, बल्कि महान सौभाग्य का एक मौका है जिसे महिमा के साथ सहन करके प्रदर्शित किया जा सकता है।

50. अमरता की मोहमाया: क्यों एक लंबी जिंदगी हर सब कुछ नहीं है

यह कठोर तो हो सकता है, लेकिन मौत के सामने यह दृष्टिकोण उपयोगी होता है कि हमें जीवन में कितनी कठिनाइयों का सामना करना पड़ता है और जिन लोगों ने उस कठोरता को स्वीकार करके जीने का फैसला किया है, उनका मूल्यांकन करना चाहिए। हालांकि, उन लोगों के मुकाबले जो जल्दी ही मर चुके हैं, वे क्या हासिल कर चुके हैं? संभवतः वे कहीं कब्रों में आराम कर रहे होंगे, जैसे कि कैडियन्स, फेबियस, जूलियनस, लेपिड्स या दूसरों की तरहीं जो संगठित रूप में दफनाए गए हैं और खुदको अब बाहर निकलाने के लिए नहीं। यह तथ्य है कि जन्म और मृत्यु के बीच की जीवन-स्पन्द मात्र कुछ ही दिन की होती है, जब हम देखते हैं कि इसमें कितनी संघर्ष होती है, हम किस प्रकार के लोगों से मिलते हैं और मनुष्य शरीर की कमजोरियां होती हैं। इसलिए, हमें जीवन को अत्यधिक महत्व देने की बजाय छोड़ना चाहिए। इसके बजाय, हमें उन असीम काल और अनंत काल के बारे में सोचना चाहिए जो हमारे पीछे छूट गए हैं। इस

अनंतता में, क्या किसी व्यक्ति जो सिर्फ तीन दिन तक जीता है, किसी व्यक्ति से जो तीन पीढ़ियों तक जीता है, में कोई अंतर होता है?

51. सरलता की शक्ति: जीवन में संघर्ष मुक्तता के लिए आवाजाहीन तर्क स्वीकार करना

हमेशा सबसे छोटा मार्ग चुनें, जो कि आमतौर पर सबसे प्राकृतिक होता है। ध्यान से विचार करें और उसी के अनुसार बोलें और कार्य करें। इससे आपको अनावश्यक संघर्षों, टकरावों और किसी प्रकार के धोखे या दहेज़ से मुक्ति मिलेगी।

पुस्तक 5

— पूर्णता के लिए प्राचीन ज्ञान को खोलें

अपने जीवन का नियंत्रण लो! पुराने दार्शनिकों की सलाह पर नज़र डालो और देखो कि वे एक मकसदमय और संतुष्ट जीवन जीने के लिए क्या कहते थे। दर्शनशास्त्र के मान्यता का समर्थन करो और देखो कि यह कैसे आराम, आशा और उद्देश्य प्रदान करता है। तर्क, भावनात्मक नियंत्रण और समानुभूति को विकसित करो। सृष्टि के सबसे उच्च अधिकार का सम्मान करो और प्राकृतिक दुनिया के साथ काम करो। इन उपकरणों के माध्यम से, कठिनाइयों के बावजूद आप एक संतोषजनक जीवन जी सकते हो और अपने लक्ष्यों तक पहुंच सकते हो। अब तुम्हारा सर्वोत्तम जीवन की शुरुआत का समय हुआ है और दुनिया पर सकारात्मक प्रभाव डालने का समय आ गया है।

1. अपने उद्देश्य को जागृत करें: अपने स्वभाव के साथ संगत काम को ग्रहण करना

जब आप सुबह आनचाहे में जागते हैं, तो खुद को याद दिलाएं कि आप एक मानव बनने के रूप में उठने के लिए हैं। तो, क्या कारण है कि जब आप दुनिया में लाए गए काम कर रहे हो, तो आप असंतुष्ट क्यों होने की इच्छा रखते हैं? क्या आप पलंग पर आराम करने और गर्म रहने के लिए बनाए गए हैं? यह शायद अधिक सुविधाजनक हो सकता है, लेकिन क्या यह आपका उद्देश्य है? क्या आप सुख की खोज करने और परिश्रम से बचने के लिए मौजूद हैं? अपने चारों ओर छोटे जीवों, पौधों, पक्षियों, चींटियों, मकड़ी और मधुमक्खियों को देखें, जो सभी मिलकर ब्रह्मांड में संतुलन बनाए रखने के लिए काम कर रहे हैं। क्या आप अपने स्वभाव के साथ जुड़ा काम करने के लिए इच्छुक नहीं हैं? बेशक, आराम भी आवश्यक है, लेकिन उसकी भी सीमाएं होती हैं। जैसे ही खाने-पीने की बात आती है, आप अक्सर पर्याप्त से ज्यादा करते हैं, लेकिन जब बात आपके कर्मा की आती है, आप अपनी क्षमताओं से कम रह जाते हैं। यह इस बात का संकेत करता है कि आप वास्तव में खुद को प्यार नहीं करते हैं क्योंकि अगर ऐसा होता, तो आप अपने स्वभाव को प्यार करते और उसकी इच्छा के अनुसार काम करते। उन लोगों को जो अपने कर्म प्यार करते हैं, वह भोजन और आराम के बिना अनवरत मेहनत करेंगे, लेकिन आप अपने स्वभाव को उन कारिगरों के समान महत्व नहीं देते, जो बनाने वाला अपने कर्म, नृत्यशिल्पी अपनी कला, धनभक्त अपनी संपत्ति और अहंकारी व्यक्ति अपनी प्रतिष्ठा को महत्व देते हैं। जब इन लोगों के पास किसी चीज़ के प्रति आकर्षण होता है, तो वे वो चीज़ करने के लिए भोजन और आराम को भी बाद में छोड़ देते हैं। तो, क्यों आप समाज के लाभकारी कार्यों को अपने प्रयास और समय के लायक कम मानते हैं?

2. आसानी से कुल शांति प्राप्त करें: नकारात्मक प्रभावों को तत्पर रखें!

यह बहुत सरल है कि आप किसी भी तंग करने वाली या अनुचित प्रतिभास को रोकें और समाप्ति तक मौजूदा शांति को तुरंत प्राप्त करें।

3. प्रकृति के प्रति सच्चा रहें: अपने अद्वितीय पथ को ग्रहण करें और रास्ते में आलोचना को नज़रअंदाज़ करें

प्रकृति के साथ मेल खाती हर बात और क्रिया का मूल्यांकन करें और यह निर्धारित करें कि क्या यह आपके लिए उपयुक्त है। दूसरे लोगों या उनके शब्दों की आलोचना से प्रभावित न हों। अगर कुछ कहने या करने के लायक है, तो उसे अमान्य करके अपने आप को नीचा मत दिखाओ। हर किसी के पास अपने विशिष्ट मार्गदर्शन सिद्धांत होता है और वे अपनी अनुयायी पथ पर चलते हैं। उनके तरीकों से अपनी चिंता न करो। बजाय इसके, अपने स्वभाविक मार्ग पर आगे बढ़ो जबकि सर्वसामान्य प्रकृति का पालन करो, क्योंकि दोनों मार्ग मिलते-जुलते हैं।

4. बीज से मिट्टी तक: जीवन और मृत्यु के प्राकृतिक चक्र को गले लगाना

मैं गति की स्वाभाविक प्रक्रिया का अनुभव करने वाला हूँ, जो मुझे सब कुछ चले जाने और उसी तत्व में श्वास छोड़ने वाले मेरे प्राण को छोड़ने तक ले जाएगी। मैं धरती में भी वापस आऊंगा, जहां मेरे पिता ने बीज इकट्ठा किए, मेरी मां ने रक्त प्राप्त किया और मेरी दाई ने मुझे दूध प्रदान किया। यह पृथ्वी असंख्य वर्षों से मुझे भोजन और पेय पदार्थों से पोषण करती आई है, और मेरे निरंतर उपयोग और दुर्व्यय का भी सामर्थ्य रखती आई है।

5. शानदारता से परे: अपने नियंत्रण में आवश्यकताओं को गले लगाना

तुम दावा करते हो कि पुरुष तुम्हारे मन की उत्कृष्टता का महसूस नहीं कर सकते। ठीक है, लेकिन तुम उन गुणों को इन्हें नहीं अस्वीकार कर सकते जो तुम्हारे कंट्रोल में हैं। इन गुणों को प्रदर्शित करो: ईमानदारी, गंभीरता, सतत परिश्रम, अतिरिक्तता से संघर्ष, वही जो तुम्हारे पास है, उसे

स्वीकारना, दयालुता, सरलता, महानत्व। यहां बहुत सारी विशेषताएँ हैं जो तुम आसानी से प्रदर्शित कर सकते हो, अपनी बाहरी क्षमताओं को दोषी ठहराने के बिना। फिर भी, तुम अपनी संभावनाओं के नीचे जीने का चुनाव करते रहते हो। क्या तुम प्रकृति को दोषी ठहराते हो अपनी शिकायतों के, अपनी संपत्तियों को पकड़ने के, खुशामद करने के, अपने शरीर की आलोचना करने के, और दूसरों की स्वीकृति की तलाश करने के लिए? नहीं, तुम्हारे पास बदलने की शक्ति है। अगर तुम्हें बौद्धिक मंदता की कष्ट हो रही हो, तो अपने प्रयासों को सुधारने के लिए अधिक प्रयास करो। मुद्दे को नजरअंदाज न करो और अपनी कमियों में सुख प्राप्त करो।

6. एक सामाजिक होने का हो जाना: कृपालूता को पहचानने और कर्ज से बचने की महत्व

एक व्यक्ति, दूसरे की मदद करने के बाद, इसे एक कृपा मान सकता है और अपने खाते में जोड़ सकता है। कोई दूसरा इसे कृपा नहीं बता सकता है, लेकिन फिर भी वह यह अपने मन में उनके ऋणी के रूप में देखता है। फिर और भी, जैसे कि एक अंगूरदान अपने फलों को लेता है, ऐसे ही अच्छे काम को भी करने वाले के मन में वह अपनी छवि नहीं स्थापित करता है। जैसे कि घोड़ा दौड़ता है और शहद उत्पन्न करती है, वैसे ही एक व्यक्ति, एक छोटा सा अच्छा काम करने के बाद, अपनी पहचान की तलाश नहीं करता है, बल्कि यह चाहता है कि दूसरे भी उसे देखें। हालांकि, यह महत्वपूर्ण है कि कर्मों पर ध्यान दिया जाए और सामाजिक स्वरूप को मान्यता दी जाए, और चाहें तब भी देखने की आशा की जाए कि दूसरे भी उसे देख सकें। हालांकि, आप इसको पूरी तरह से समझ नहीं रहे हैं, और यदि आप इसे समझ नहीं रहे हैं, तो आप पहले जितने ही चिंतित हो सकते हैं, चाहे आपको लगे कि आपके पास अच्छा कारण है। लेकिन अगर आप समय निकालकर इस विचार को समझने की कोशिश करेंगे, तो किसी सामाजिक व्यक्ति के न होने की चिंता करने की आवश्यकता नहीं है।

7. ज्यूपिटर, बारिश बरसाओ: प्रचुर फसल के लिए यूनानी प्रार्थना

ऐथेंस की खेतिहरी और मैदानों पर वर्षा हो रही है, लेकिन ज्युपिटर अब हमारे बीच नहीं है। हमें अत्यधिक प्रार्थना नहीं करनी चाहिए, बल्कि इसे सीधे-सादे और गरिमापूर्ण ढंग से करनी चाहिए।

8. हमारे भाग्य को स्वीकार करना: निर्धारित क्रियाओं और घटनाओं के पीछे छिपी अर्थ को समझना

हमें स्वास्थ्य के लाभ के लिए किसी व्यक्ति के लिए सिर्फ औलाद एवं ताजगी नहीं बल्क स्वास्थ में सुधार के आशा में उन्होंने 'एस्कुलैपियस ने इस आदमी को घोड़ा - व्यायाम, ठंडे स्नान या बिना जूतों के निर्देशित किया, जैसे कि 'निर्देशित शब्द के संदर्भ में व्यक्ति को एक सिफारिश की क्रिया के रूप में दिखा रहा है। दूसरे मामले में, इसका अर्थ है कि जो कुछ एक व्यक्ति को होता है, वह उनकी भाग्यवानी से मेल खाते हुए पहले से निश्चित है।

जैसे कि करिगर द्वारा दीवार या मकबरे में प्रस्तुत वर्गाकार पत्थरों को आपस में मचाने पर "उपयुक्त" शब्द का प्रयोग किया जाता है, हमारी भाग्यवानी के साथ मेल खानेवाली चीजें हमारे भाग्य से मेल खाती हैं। ब्रह्मांड सभी शरीरों की मिश्रण है, प्रत्येक का एक निश्चित भाग्य होता है, जो एक संगठित एकीकरण बनाता है। जो भी ज्ञानवान न हो, वह समझता है कि हम कभी-कभी कहते हैं "आवश्यकता" या "भाग्य" व्यक्ति के पास कुछ लाती है - उसने उनके लिए निश्चित किया था। इसलिए, हमें जो कुछ हमारे साथ होता है और हमारी भाग्यवानी से मेल खाता है, हमें उसे स्वीकार करना चाहिए, ठीक वैसे ही जैसे हम आशा करते हैं कि एस्कुलैपियस से अस्वीकार्य उपचार को बेहतर की आशा में स्वीकार करते हैं।

हमें स्वीकार करना चाहिए कि प्राकृतिक रूप से अच्छे और वांछनीय माने जाने वाली चीजें हमारे स्वास्थ्य के साथ ही महत्वपूर्ण हैं, और हमें उनके पूरा होने का प्रयास करना चाहिए। यद्यपि कोई अप्रिय घटना होती है, तब भी हमें इसे स्वीकार करना चाहिए, क्योंकि यह आखिरकार ब्रह्मांड

की वृद्धि और सुख की ओर ले जाएगी। ब्रह्मा, जो ब्रह्मांड का प्रतिष्ठान है, हमें क्षति नहीं पहुंचाएंगे अगर यह हमारे और ब्रह्मांड के लाभ के लिए नहीं होते।

हमें अपनी हमारे वांछित तरीके से जुड़े होने के कारण होनेवाली घटनाओं से असंतुष्ट होना गलत है क्योंकि उसे हमारे और हमारी भाग्यवानी से मेल खाते हैं। इसके अतिरिक्त, हमें समझना चाहिए कि हमारे अलग-अलग होने वाले घटनाक्रम ब्रह्मांड की समग्रता और नियमितता में योगदान करते हैं। यदि हम वापस कर देते हैं जो हमारे साथ होता है, तो हम ब्रह्मांड के संगठन और क्रम को खराब कर देते हैं। इसलिए, हमें हमें हमारे साथ जो कुछ होता है, चाहे वह कितना ही अप्रिय लगे, स्वीकार करना चाहिए।

9. दर्शनशास्त्र की यात्रा को अपनाएं: ढलते हुए में ज्ञान खोजों और मानव प्रकृति के साथ समरूपता पाएं

अगर आप सही सिद्धांतों का पालन नहीं कर पा रहे हैं तो कृपया नफरत न करें, मना न करें और न असंतोषित हों। बल्कि, जब भी आप टिक पर हों, वापस आएं और यह जानकर संतुष्ट रहें कि आपके कार्यों में बहुत सारे अंग क्रमित हो जाते हैं। उस मार्ग को प्यार करें जिस पर आप वापस आ रहे हों और दरअसल, दार्शनिक की तरह नहीं इसे आदर्श की तरह हंसते हों। बल्कि, एक बीसी गुदा या एक प्लास्टर की तरह इसकी शिक्षाएं लागू करें। ऐसा करके, आप तर्क के साथ सत्य रहेंगे और इसमें सुख पाएंगे। याद रखें कि दार्शनिक केवल वे चीजें मांगता है जो आपकी प्राकृतिकता के साथ संगत होती हैं, लेकिन आप उसके विपरीत कुछ इच्छित कर सकते हैं। आप कह सकतें हैं कि जो कुछ आप कर रहें हैं वह आपको प्रसन्न करता है, लेकिन क्या यह प्रसन्नता धोखादारी के कारण नहीं है? क्या ज्ञान और बुद्धि के समझ से प्राप्त होने वाली सुरक्षा और सुख के विचार करते समय ज्ञान स्वयं से अधिक आनंददायक नहीं है?

10. अंधकार और परिवर्तन की दुनिया में अर्थ की खोज: स्वीकृति और आत्म-चिंतन पर स्तोयिक ज्ञान

दर्शनशास्त्रों ने कई ऐसी चीजें खोजी हैं जो रहस्यमय और समझने में कठिन होती हैं, और समझदार स्टोएयकों को भी उनमें से कुछ मुश्किलें होती हैं। हमारे विचारों में बदलाव करना स्वाभाविक है, क्योंकि कोई भी हमेशा समान नहीं रहता। लेकिन जब हम हमारे मूल्य की अस्थायी और महत्वहीन प्रकृति को ध्यान में रखते हैं, जो कि किसी भी नीच अपराधी या अनैतिक व्यक्ति के पास हो सकती है, तो उन्हें उच्च सम्मान में रखना बेतुका लगता है। हमारे साथी मानव भी, एक बार गहनतापूर्वक छांटने पर, अविश्वसनीय और दुःखदायी सिद्ध होते हैं। इससंसार में अंधकार, गंदगी और लगातार बदलती हुई दुनिया में, किसी भी चीज को ढंढस प्राप्त होने के पात्र नहीं पाना कठिन होता है।

इसके बजाय, हमें जीवन के प्राकृतिक अभिप्राय को स्वीकार करने में सुख मिलेगा और हमें देरी या बाधाओं से छिड़ने पर रुष्ट नहीं होना चाहिए। हमें दो मार्गदर्शिका सिद्ध करनी चाहिए: पहला, कि हमारे साथ होने वाली हर घटना ब्रह्मांड के प्राकृतिक आदेश के अनुसार होती है; और दूसरा, कि हमारे पास ईश्वरीय स्वभाव और अंतरात्मा के साथ सहमतता में कार्य करने की शक्ति है। कोई भी हमें इन मूलभूत सिद्धांतों को धोखा नहीं दे सकता है, और केवल यह सोच ही हमें शांति दिला सकती है।

11. मेरी आत्मा की स्थिति पर विचार करते हुए: क्या मैं बालक, एक खलनायक या जंगली जानवर हूँ?

क्या मेरी आत्मा वर्तमान में आपरित रहती है? क्या मैं हमेशा खुद से यह सवाल पूछना चाहिए और अपने शासक तत्व की स्थिति का मूल्यांकन करना चाहिए? मैं वर्तमान में किसकी आत्मा प्रतिष्ठित कर रहा हूँ - बच्चे की, युवा की, कमजोर महिला की, तानाशाह की, घरेलू पशु की या जंगली पशु की?

12. बड़ी हिस्सेदारी बनाम व्यक्तिगत संवेदनशीलता: 'अच्छा' की सच्ची परिभाषा क्या है

हम केवल अवलोकन करके सीख सकते हैं कि बहुमत द्वारा किन चीजों को अच्छा माना जाता है। यदि कोई विवेक, संयम, न्याय, धैर्य जैसे कुछ गुणों में विश्वास करता है, तो वे उन विचारों पर विचार नहीं करेंगे जो इन मान्यताओं का खंडन करते हैं। हालाँकि, अगर कोई शुरू में उस बात पर विश्वास करता है जिसे बहुसंख्यक लोग अच्छा मानते हैं, तो वे उसके अनुरूप किसी भी विचार को आसानी से स्वीकार कर लेंगे। यह लोगों के बीच धारणा में अंतर को उजागर करता है। यदि ऐसा नहीं होता, तो हम इस कहावत को अस्वीकार नहीं करते कि धन और विलासिता खुशी की ओर ले जाती है, जबकि इसे मजाकिया और उपयुक्त मानते हुए भी। तो, आइए विचार करें कि क्या हमें उन चीजों को महत्व देना चाहिए जिनका हास्य लेखक के शब्द उपयुक्त रूप से वर्णन कर सकते हैं - कि जिनके पास ये हैं उनके पास शुद्ध अधिकता के कारण खुद को राहत देने के लिए कोई जगह नहीं है।

13. अटल: रूप और पदार्थ का अनन्त विकास

मैं रूप और पदार्थ दोनों से मिलकर बना हुआ हूँ, जो नीरसता में नहीं घुलेंगे क्योंकि वे खोखलापन से नहीं बने हैं। परिवर्तन के परिणामस्वरूप, मेरा हर एक हिस्सा धीरे-धीरे ब्रह्मांड के किसी अन्य पहलू में परिवर्तित हो जाएगा और यह भी निरंतरता से किसी दूसरी चीज़ में विकसित होगा, कभी न कभी। इस निरंतर चक्र के परिणामस्वरूप, मेरे पूर्वज और मैं मौजूद हैं और सब समय के लिए मौजूद रहेंगे। इस कथन में सत्य बना रहता है, भले ही ब्रह्मांड के द्वारा विशेष समयानुसार चल रहा हो।

14. तर्क और दर्शन की शक्ति को खोलना: कैटरथोसिस और सही क्रियाएँ की कला

कारण और दर्शन खुद में शक्तिशाली हैं, जो अपने इच्छित लक्ष्यों को प्राप्त करने के कार्यसाध्य हैं। वे अपने स्वयं के मूलभूत सिद्धांतों से शुरू

होते हैं और अपने उद्देश्यों की ओर बढ़ते हैं, इसलिए सही कार्यों की उमेदवार "कैटर्थोसीस" या सही कार्यों का नाम प्रचारित किया गया है, जो व्यक्त करता है कि वे सही मार्ग का पालन करते हैं।

15. मनुष्य की सच्ची प्रकृति: सफलता के लिए सामग्री स्वामित्व महत्वपूर्ण नहीं है

किसी भी व्यक्ति को कुछ भी उसकी सच्ची प्रकृति के अनुरूप मानना चाहिए नहीं, अगर वह उसमें है। ऐसे चीजें उसकी प्रकृति द्वारा चाहिए नहीं होतीं, न ही उसकी प्रकृति द्वारा प्रमाणित की जातीं हैं, और न ही उसके अंतिम उद्देश्य को प्राप्त करने के लिए आवश्यक हैं। इस प्रकार, मनुष्य का उद्देश्य इन चीज़ों में नहीं होता है, और सच्चा अच्छा उसे समर्थन करने वाली वस्तुएँ ही होती हैं। इसके अलावा, यदि इन चीज़ों में से कुछ मनुष्य को सम्प्रदायों से संबंधित हैं, तो उसे उनका घृणा करना और उनके विरुद्ध काम करना गलत होगा। एक मनुष्य की प्रशंसा मनचाहे रूप से इन चीज़ों को स्वयंसेवक रूप से त्याग देने के लिए नहीं की जा सकती है, और न ही उसे बुरा समझा जा सकता है अगर वह इनसे त्याग करता है। हालांकि, जितना अधिक कोई मनुष्य इन चीज़ों या समान चीज़ों से अपने आप को अलग करता है, और संयम और सहनशीलता से नुकसान को सहता है, उतना ही उत्कृष्ट एक मनुष्य होता है।

16. अपने मस्तिष्क को सकारात्मकता से रंगें: आपकी आदतें आपके आंतरिक हस्ति को कैसे आकार देती हैं

आपके आदतन विचार आपके मन की प्रकृति को आकार देते हैं, जैसे आत्मा उनके द्वारा रंगी होती हैं। इसलिए, अपने मन को सकारात्मक विचारों की एक निरंतर धारा से रंगें, जैसे यदि कोई व्यक्ति कहीं रह सकता है, तो उन्हें वहीं अच्छी तरह से रहने की भी क्षमता होती है। यदि कोई व्यक्ति महल में रहता है और वहां अच्छी तरह से रह सकता है, तो वह कम आभूषण से भी अच्छी तरह से रह सकता है।

इसके अलावा, याद रखें कि हर चीज़ को जिस के लिए वह सृजित हुई है, उसका एक उद्देश्य होता है, और वह उस उद्देश्य की ओर बढ़ रही है। अंतिम लक्ष्य वही है जहां हर चीज़ की लाभ और अच्छाई स्थित होती है। एक युक्तिसंगत जीव के लिए, जैसे मानवों के लिए, समाज अंतिम लक्ष्य है क्योंकि हम उसके लिए बनाए गए हैं, जैसा पहले चर्चा किया गया है।

आखिरकार, स्पष्ट है कि ताकतहीन वस्तुएं मजबूत वस्तुओं के लिए मौजूद हैं। जीवित पदार्थों का कम-जीवित पदार्थों से ऊपर होता हैं, और जीवित पदार्थों में, तर्क के साथ वाले पदार्थ सबसे श्रेष्ठ होते हैं।

17. असंभव की पीछा करने की मूर्खता: नास्तिक का अनिवार्य पीछाव क्रम

मुमकिन की तलाश करना मूर्खता होती है, और इस तरह के व्यवहार में दुष्ट लोगों के लिए इससे बचना अवश्यक होता है।

18. अटल: जीवन के चुनौतियों का सामर्थ्य सहन करने में साहस की शक्ति

उस व्यक्ति के साथ कुछ नहीं हो सकता है जिसे उसकी प्राकृतिक क्षमता के बाहर होने की जरूरत नहीं हो। दूसरे लोगों को भी एक ही घटनाओं का अनुभव हो सकता है, परन्तु वे अविप्लवी हो सकते हैं, या तो उन्हें उनकी पहचान नहीं होती है या फिर उनमें उन्हें सहन करने की प्रबलता होती है। यह सचमुच एक शर्मनाक बात है कि आत्ममहत्व और ज्ञान की कमी अक्सर सुनिश्चित निर्णय को हटा देती है।

19. अविनाशी आत्मा: जीवन की परिस्थितियों के प्रभावों से सुरक्षित बनाया गया

आत्मा वस्तुओं द्वारा प्रभावित नहीं होती, न ही थोड़ी सी भी। वस्तुएं आत्मा में प्रवेश नहीं कर सकती हैं और उसे प्रभावित नहीं कर सकती हैं, न ही वे आत्मा को तोड़ सकती हैं या प्रभावित कर सकती हैं। आत्मा को अपने ही ज्ञान के आधार पर घुमाने और चलाने की शक्ति होती है, और जो भी निर्णय उसे उचित माने जाते हैं, वे उसे प्रदर्शित की गई वस्तुओं की दृष्टि से ही होते हैं।

20. संघर्षों को दूर करना: इंसान और प्रकृति कैसे सफलता को आकार देते हैं

एक पहलू में, मनुष्य मेरे सबसे करीबी होते हैं क्योंकि मुझे अच्छा करना होता है और उन्हें सहना होता है। हालांकि, यदि कुछ व्यक्ति मेरे धार्मिक कार्यों को बाधित करते हैं, तो वे सूर्य, हवा या जंगली जानवर की तरह तटस्थ एकांत पुरुष बन जाते हैं। हालांकि, ये तत्व मेरे कर्मों में बाधा डाल सकते हैं, लेकिन वे मेरी भावनाओं या चरित्र को प्रभावित नहीं करते हैं, जिनमें सक्रिय रूप से कार्य करने और समायोजित करने की क्षमता होती है। दिमाग हर बाधा को लाभकारी कार्यों के लिए बदलता है और इसका अनुकरण करता है। इसलिए, बाधाएं प्रगति के द्वार बन जाती हैं और राह में बाधाएं सफलता के लिए एक मार्ग बन जाती हैं।

21. अंदर की शक्ति: जीवन का मार्गदर्शन और निर्देश करने वाली उच्चतम गुणवत्ता का सम्मान

ब्रह्मांड में सर्वोच्च गुण का सम्मान करें, जो सभी चीजों का उपयोग और मार्गदर्शन करता है। इसी तरह, अपने भीतर के सर्वोच्च गुण का सम्मान करें, जो उसी प्रकृति का है। आपके अंदर भी, यही वह शक्ति है जो बाकी सभी चीज़ों को नियोजित करती है और आपके जीवन को निर्देशित करती है।

22. सकारात्मक प्रभाव सुनिश्चित करना: दिशानिर्देश की शक्ति नागरिकों और राज्य की सुरक्षा के लिए।

यदि कोई चीज राज्य पर नकारात्मक प्रभाव नहीं डालती है, तो इससे राज्य के नागरिकों पर नकारात्मक प्रभाव नहीं पड़ेगा। जब भी कोई क्षति घटित होती है, इस दिशा-निर्देश का प्रयोग करें: अगर यह चीज राज्य को क्षति नहीं पहुंचाती है, तो यह मुझे नुकसान नहीं पहुंचाएगी। हालांकि, अगर राज्य को हानि होती है, तो जिम्मेदार व्यक्ति पर गुस्सा न करें। बल्कि, उन्हें मदद करें यह समझने में कि वे कहां गलती कर गए हैं।

23. स्थायित्व की कल्पना: क्यों हमें अस्थायी चीजों से त्रासित होना बंद कर देना चाहिए

अक्सर सोचिए कि कितनी तेजी से और गायब हो जाती हैं चीजें चाहे वे मौजूद हों या उत्पन्न हों. पदार्थ एक नदी की तरह है जो निरंतर बहती है और चीजों की गतिविधियाँ सदैव बदलती रहती हैं कारण अनगिनत रूपों में काम करते हैं. कोई ऐसी वस्तु मुख्यतः नहीं है जो स्थिर रहती है. याद कीजिए भूतकाल और भविष्य की विशालतम परिधि को जिसमें सभी चीजें अंत में लापता हो जाती हैं बिल्कुल आपके पास ही. क्या यह मूढ़ता नहीं है कि आप इन विलुप्तिशील चीजों से घमंडी या पीड़ित रहें, खुद को दुःखी बना रहें? वे सिर्फ आपको थोड़ी सी देर के लिए परेशान करती हैं.

24. ब्रह्मांड में हमारी अदम्यता का अद्भुत साक्षात्कार

जगत की पदार्थ के बारे में सोचिए, जिसमें आपका अपना छोटा सा हिस्सा है; और समय की अनंतता, जिसमें आपको एक छोटे और सामयिक पल की स्वीकृति मिलती है, और प्रबल प्रकृति की अविचल शक्ति, और आपके उससे जुड़े अनगिनत रिश्तों की अनंतता।

25. ब्रह्मांड को व्हील पकड़ने देना: नियंत्रण को गले लगाना और पष्टावों को छोड़ना

अगर कोई दूसरा मुझसे गलती करता है, तो वह खुद इससे निपट सकता है। उनका अपना व्यक्तित्व होता है, उनका अपना उद्देश्य होता है। मैं वर्तमान में केवल वही ग्रहण कर रहा हूँ जो ब्रह्मांड मेरे लिए चाहता है और मैं अपनी इच्छाओं के अनुसार कार्यवाही कर रहा हूँ।

26. आत्मा की महारी: शारीरिक अनुभूतियों को नियंत्रित करने और प्राकृतिक संबंधों को अविचारित रूप से स्वीकार करने का तरीका

वह आत्मा का भाग जो नेतृत्व करता है और नियंत्रण करता है, वे भोग या दुख के शारीरिक अनुभवों से प्रभावित नहीं होने चाहिए। इसके बजाय, उन्हें नियंत्रित करें और अपनी सीमाओं में रखें। हालांकि, जब ये अनुभव

आपके मन को प्रभावित करें, तो उनका सामर्थ्य से मुकाबला करने की कोशिश न करें, क्योंकि यह प्राकृतिक होते हैं। लेकिन, आपको आत्मा के शासनकारी भाग को इन अनुभवों को अच्छा या बुरा मानने की अनुमति नहीं देनी चाहिए।

27. देवताओं के साथ जीवन बिताना: समझ और तर्क को अपने गार्डियन और मार्गदर्शक के रूप में ढूंढ़ना

देवताओं के साथ जीवन का अनुभव करें। जब हम निरंतर निर्धारित मार्ग पर चलते हुए संतुष्टि प्रदर्शित करते हैं और आत्मा की इच्छाओं को पूरा करते हैं, तभी हम देवताओं के साथ निवास करते हैं। जुईस ने प्रत्येक व्यक्ति को अपना एक हिस्सा दिया है, जिसे वे दैवी रखवाले और मार्गदर्शक के रूप में सेवा कर सकते हैं, और इसे समझ और तर्क के रूप में जाना जाता है।

28. बदबू से निपटना: बिना विवाद के व्यक्तिगत स्वच्छता समस्याओं को कैसे हल करें

क्या आप किसी ऐसे व्यक्ति से परेशान हैं जिनकी बगलों से एक अप्रिय गंध आती है? या किसी ऐसे व्यक्ति से जिनकी साँसों की गंध बहुत बुरी होती है? खुद से पूछें कि क्रोध से क्या लाभ होगा? ऐसे शारीरिक भागों से ऐसी वासनाएं आना अवितरित है। हालांकि, व्यक्ति में तर्क होता है। यह विचार किया जा सकता है कि अगर वह प्रयास करता है, तो वह मुद्दे के स्रोत को समझ सकता है। मुझे आशा है कि आप एक समाधान ढूंढ सकेंगे। उसके साथ तर्क करके, आप उसके तर्क को सक्षम कर सकते हैं और उसे उसकी गलती को स्वीकार करने में मदद कर सकते हैं। उसे सलाह देकर, आप क्रोध के बिना मुद्दे को समाप्त कर सकते हैं।

29. खुद के शर्तों पर रहें: जीवन को नियंत्रण में लें, जब यह बहुत देर न हो जाए।

जब आप इस पृथ्वी पर मौजूद नहीं होंगे तो आप कहाँ रहेंगे। जब आप इस योजना को बना रहे हों, तो यह आपके नियंत्रण में होगा कि आप वैसा ही जीवन जीना चुनें। हालांकि, अगर दूसरे लोग इसे नहीं स्वीकार करते हैं, तो आप थोड़ा दूर जाएँ, लेकिन इसे एक ऐसे तरीके से करें जिससे आपको कोई क्षति नहीं हो। अगर घर में धुआँ है, तो मैं उसे छोड़ देता हूँ। आप इसे क्यों परेशानी समझेंगे? यदि यह कोई जबरदस्ती नहीं है जो मुझसे छूटवा सकती है, तो मैं स्वतंत्र मन से यहाँ ठहर जाता हूँ और किसी नहीं हो ताकि जो मुझे करना है, वह सम्पन्न करूँ, जो कि तार्किक और सामाजिक अस्तित्व के अनुरूप हो।

30. बुद्धिमान और सामाजिक ब्रह्मांड: उसके पूरक घटकों को सुनिश्चित करेंगी महान संगठनीय योजना

ब्रह्मांड बुद्धिमान है, और यह सामाजिक रूप से संचालित होता है। इसने कम महत्वपूर्ण चीज़ों को अधिक अच्छे के लिए बनाया है, और अधिक महत्वपूर्ण चीज़ों को एक-दूसरे के पूरक के रूप में डिज़ाइन किया है। आप देख सकते हैं कि इसने हर चीज़ को उसके उचित स्थान पर कैसे व्यवस्थित, व्यवस्थित और वितरित किया है और सर्वोत्तम चीज़ों को एक-दूसरे के साथ सामंजस्य स्थापित किया है।

31. आदर और दया की एक जीवन पर विचार करते हुए: क्या आपने एक दोषरहित जीवन जीया है?

क्या आपने ईश्वर, अपने माता-पिता, भाई-बहन, बच्चों, शिक्षकों, देखभालकर्ताओं, दोस्तों, रिश्तेदारों और गुलामों के साथ सम्मानपूर्वक व्यवहार किया है? ध्यान दें कि क्या आपने हर किसी के साथ ऐसा व्यवहार किया है जिससे दूसरों को आपके बारे में कहें, "उन्होंने किसी को भी बातों या कार्यों में नुकसान नहीं पहुंचाया है।" याद रखें कि आपने कितने संघर्ष का

सामना किया है और आपने कितनी सदैवता दिखाई है। आपकी जीवन की कहानी पूरी हो गई है और आपकी सेवा समाप्त हो गई है। सोचें आपने कितनी सुंदर चीजें देखी हैं, कितने आनंद और दुःख सहें हैं और कितनी नेकियों को आपने अस्वीकार किया है। विचार करें कि आपने कितने अकर्मण्य लोगों की दया दिखाई है।

32. ज्ञान का युद्ध: ज्ञानहीनता क्यों विशेषज्ञों के साथ टकरा रही है

विशेषज्ञता और समझ के साथ व्यक्तियों को क्यों परेशानी होती है, जबकि अनुभवहीन और निर्ज व्यक्तियों को नहीं होती? ऐसी कौन सी आत्मा होती है जो ऐसी योग्यता और ज्ञान रखती है? वह ऐसा जो समग्रता कारण को समझता है, जो प्रारंभिक और अंतिम को समझता है और स्थापित समय अवधियों के माध्यम से शासन करता है।

33. एक खोखला पीछा: मौत के सामने हमारे मूल्यों का कोई महत्व नहीं है

जल्द ही, बहुत जल्दी, तुम राख या एक हड्डी बन जाओगे, शायद केवल नाम रह जाएगा या शायद उससे भी कम। नाम सिर्फ ध्वनियों और गूंज होते हैं। हमारे जीवन में महत्वपूर्ण चीजें बेमानस और तुच्छ होती हैं - छोटी चीजों में जैसे कि छोटे कुत्तों के बीच दांत से मुतेमारी करना, बच्चों की झगड़ालूत, हँसना और फिर रोना। निष्ठा, शिष्टाचार, न्याय और सत्य सब लापता हो गए हैं।

तो अभी भी तुम यहां क्यों टिके हो, जबकि तुम छू सकते हो और देख सकते होने के कारण स्थिर नहीं हो, और तुम्हारे जोश का अपार्थकर्मस्वरूप है? इस तरह की दुनिया में अच्छी प्रतिष्ठा पाना खोखला होता है। तो क्यों नहीं आप शांति में अपने समय की प्रतीक्षा करते हो, या फिर अस्तित्व होने के बाद किसी अन्य स्थान के लिए चले जाते हो? उससे पहले, आपको और क्या चाहिए? क्या आप देवताओं की पूजा और धन्यवाद नहीं करना चाहिए, अपने साथियों के लिए अच्छे कार्य करना चाहिए और धैर्य और स्वाधीनता को विकसित करना चाहिए? और जो भी नाजुक मांसपेशी और सांस आपके पास हैं, वह आपकी नहीं है और आपके नियंत्रण में नहीं है।

34. एक निरंतर सुखपूर्ण जीवन की ओर: मनोयोगी चुनाव और भगवान और मनुष्यों के सम्मिलित सिद्धांतों की

आप सही मार्ग का पालन करके और सतर्कता के साथ चुनाव और कार्यों का आचरण करके एक स्थिर और खुशहाल जीवन जी सकते हैं। यह सिद्धान्त ईश्वर की आत्मा, मनुष्यों, और सभी तर्कसंगत प्राणियों के साझा करीबी बातों का प्रतिष्ठान है। इसमें दूसरों द्वारा बाधाएँ प्राप्त करने से बचने की क्षमता होती है और यह विश्वास है कि न्याय और उसके उद्देश्यों का पालन अच्छाई के मूल सिद्धांतों में शामिल है। आपकी इच्छाएं इस नैतिक संहिता के साथ मेल खानी चाहिए।

35. आपको क्यों परेशान होना चाहिए: सामान्य हित पर व्यक्तिगत दोष के प्रभाव की समझ

यदि यह मेरे अपराध से नहीं है और इससे सामान्य कल्याण को कोई हानि नहीं होती है, तो मुझे क्यों परेशान महसूस होना चाहिए? क्या यहां सामान्य अच्छे के लिए कोई नुकसान हो सकता है?

36. रूप के परे: दूसरों की मदद और शुभ भाग्य की खेती

सुनिश्चित करें कि आप दिखावे पर आधारित जल्दबाज़ी से कार्यवाही नहीं करते हैं। इसके बजाय, अपनी सामर्थ्य के अनुसार और उनकी आवश्यकताओं के अनुसार दूसरों की सहायता करें। और यदि उन्हें छोटी महत्वता के मामलों में हानि हुई है, तो उसे वास्तविक हानि के रूप में न देखें; यह एक खराब मानसिकता है।

जब आप रोड़ों पर खड़े होते हैं, क्या आप भूल गए हैं कि क्या महत्व है? यकीनन, यह इन लोगों के लिए महत्वपूर्ण हो सकता है, लेकिन क्या यह अपने आप को मूर्ख दिखाने के लिए लायक है? मैं एक बार भाग्यशाली व्यक्ति था, लेकिन मुझे अब वही भाग्य नहीं है। मुझे यह नहीं पता कि यह कैसे हुआ। लेकिन सौभाग्यशाली होना यह माना जाता है कि व्यक्ति ने एक अच्छे भाग्य को संचालित किया है: सकारात्मक दृष्टिकोण, आशावादी भावनाएं और धार्मिक कर्म।

पुस्तक 6

— पूर्णता की ओर अपने मार्ग को खोलें

ब्रह्मांड की परोपकारिता को अपनाएं! चीजों के प्राकृतिक क्रम को स्वीकार करें और वर्तमान क्षण में संतुष्ट रहें। याद रखें कि जीवन क्षणभंगुर है, इसलिए हर पल को गिनें। उद्देश्य और अर्थ के साथ जिएं; जीवन की चुनौतियों का सामना सदाचार और दयालुता से करें। सभी चीजों के अंतर्संबंध को पहचानें और प्राकृतिक दुनिया के प्रति सराहना पैदा करें! पर्यावरण और हर उस चीज़ का सम्मान करें जो इसे घर कहती है। ज्ञान, तर्क और बौद्धिक खोज को प्राथमिकता दें। महान दार्शनिकों और नेताओं का ज्ञान प्राप्त करें और उनकी शिक्षाओं को अपने दैनिक जीवन में लागू करें। आपमें दुनिया पर सकारात्मक प्रभाव डालने की शक्ति है। उस शक्ति का बुद्धिमानी से उपयोग करें और ऐसा जीवन जिएं जिस पर आप गर्व कर सकें!

1. ब्रह्मांड में सद्भाव: कैसे आज्ञानुसारता और तार्किकता बिना किसी द्वेष के शासन करती हैं।

ब्रह्माण्ड का पदार्थ आज्ञाकारी एवं आज्ञाकारी है। शासक कारण का बुराई करने का कोई उद्देश्य नहीं है, क्योंकि इसका कोई दुर्भावनापूर्ण इरादा नहीं है और यह किसी को नुकसान नहीं पहुँचाता है। सभी चीजें इसी तर्कसंगतता के अनुसार बनाई और परिपूर्ण की जाती हैं।

2. अब पर ध्यान केंद्रित करें: विघ्नों को छोड़ें और अपने पर्याप्त प्रयास करें

चिंता न करनी चाहिए कि तुम अपने कर्तव्य के दौरान ठंड या गर्म महसूस कर रहे हो, और चिंता न करो अगर तुम्हें नींद आ रही है या तुम अच्छे आराम में हो। इस बात का ध्यान न दो कि लोग तुम्हारे बारे में बुरी तरह बात कर रहे हैं या तुम्हें प्रशंसा कर रहें हैं। चाहे तुम मर रहे हो या कुछ और कर रहे हो, यह वास्तव में महत्व नहीं रखता। क्योंकि मरना जीवन में करने वाली अनेक चीजों में से एक है। इसलिए, तुम अपनी सर्वोत्तमता पर ध्यान केंद्रित करके उसके साथ वह कर रहे हो।

3. अपनी आंतरिक क्षमता को खोलें: खुद और अन्यों की विशेषता का स्वागत करना

अपने अंदर खोजें और किसी भी वस्तु की विशेषता या महत्व को छोड़ न दें।

4. अपरिहार्य विनाश: कैसे परिवर्तन विघटन और परिवर्तन की ओर ले जाता है

विद्यमान प्रत्येक चीज़ में अनिवार्य रूप से परिवर्तन होता है, जिससे अंततः उनका विनाश हो जाता है क्योंकि वे या तो विघटित हो जाते हैं या वाष्प में परिवर्तित हो जाते हैं - यह मानते हुए कि सभी पदार्थ मूल रूप से एक ही हैं।

5. शासन करने का कारण समझना: प्रवृत्ति, कार्रवाई और सामग्री के अनुमान लगाना

प्रबंधन कारण अपनी खुद की स्थिति, क्रियाएं और उपयोग को समझता है और सामग्री का उपयोग करता है।

6. चक्र तोड़ना: क्यों प्रतिशोध सही नहीं है

प्रतिशोध लेने का सबसे प्रभावी तरीका है कि आप आपराधी पक्ष का अनुकरण न करें।

7. अंतरात्मा की खोज: सामाजिक परिवर्तन के दौरान ईश्वर को मन में रखने से आनंद आ सकता है

किसी चीज़ का आनंद लें और उसमें शांति पाएं। सामाजिक गतिविधियों के बीच यात्रा करते समय, भगवान को ध्यान में रखें।

8. बदलाव के माध्यम से सशक्तिकरण: दिशा निर्देश अवलोकन पर प्रभाव डालने और आकर्षित करने वाले मूल तत्व

मार्गनिर्देशक तत्व वह है जो सक्रिय रूप से खुद को उत्पन्न करता है और बदलता है। जैसे ही यह अपनी इच्छित रूप में आकार बनाता है, वह अपनी इच्छानुसार सभी घटनाओं को भी प्राप्त करता है।

9. प्रकृति की उत्तम योजना: ब्रह्माण्ड में सब कुछ कैसे प्राप्त होता है

ब्रह्माण्ड में प्रत्येक वस्तु अपनी प्रकृति के अनुसार ही प्राप्त होती है। प्रत्येक चीज़ को इस तरह से पूरा किया जाता है जो किसी भी अन्य प्रकृति के अनुरूप नहीं है, चाहे वह एक ऐसी प्रकृति हो जो बाहरी रूप से समझी जाती है, या एक ऐसी प्रकृति है जो इस प्रकृति के भीतर समझी जाती है, या एक प्रकृति है जो बाहरी और इससे स्वतंत्र है।

10. ब्रह्मांड: अराजकता या व्यवस्था? आपके विश्वासों के लिए क्यों महत्वपूर्ण है

यदि इस जगत को प्रतीत हो कि वह अस्तव्यस्त है, जहां वस्तुओं को जलमग्न और विचित्र दिखाया जाता है, तो यह समझना चाहिए कि क्यों मुझे इतने भ्रमित वस्त्रीत सामग्री के बारे में परेशान होना चाहिए? क्यों मुझे धरती से ज्यादा किसी और चीज के बारे में चिंतित होना चाहिए? और यदि मैं जो भी कार्य करूँ, मेरे तत्वों का वितरण अटल रहने के लिए अवैध हो जाता है, तो मुझे चिंता करने की क्या जरूरत है? दूसरे हाथ, यदि इस जगत को प्रतीत हो कि वह सत्य है, तो मैं उस एक व्यक्ति में विश्वास और आदर रखता हूँ जो इसे नियंत्रित करता है, और मैं अपने विश्वास में मजबूत हो जाता हूँ।

11. अधिकार पुनः प्राप्ति: कठिन समयों में खुद के साथ संपर्क स्थापित करने के लिए कैसे

जब परिस्थितियाँ आपको बेचैन करने पर मजबूर करती हैं, तो कोई देर न बिताएं और तुरंत अपने आप के साथ जुड़ जाएं। अपनी अयोग्यता की अवधि से परे अपनी असामंजस्यता को छोड़ न दें। समर्थन की सुविधा को बहाल करने के लिए नियमित प्रयास के माध्यम से, आप उस पर अधिक नियंत्रण प्राप्त करेंगे।

12. दर्शनशास्त्र: आपकी सौतेली माता कोर्ट में, आपकी मां जीवन में

यदि आपके पास एक सौतेली मां और एक असली मां दोनों हों, तो आपको सौतेली मां के प्रति सम्मान करना चाहिए, लेकिन फिर भी आप हमेशा अपनी मां के पास लौटेंगे। सोचें, दरबार और तात्विकता दोनों को सौतेली मां और असली मां के रूप में। तात्विकता में यात्रा करें और उसमें शांति पाएं, ताकि जो कुछ आप दरबार में सामना करते हैं, वह सहनीय लगे और आप दरबार की दृष्टि में प्रशंसा पाएं।

13. बहकावे का पर्दाफाश: वस्तुओं के सतह पर से आगे की दृष्टि

जब हमें मांस या अन्य भोजन प्रस्तुत किया जाता है, हम उन्हें आमतौर पर सिर्फ जानवरों के अनिष्ट शव रेखाएं मात्र मानते हैं। उसी तरह, हम दरवाज़े को केवल अंगूर का रस और कपड़ों को मार्जिनेलस कूज के रक्त से रंग दिए गए भेड़ की तरह देखते हैं। ये धारणाएं वस्त्रीय वस्तुओं तक प्रवेश करती हैं, जिनसे हम उन्हें वास्तविक रूप में देख पाते हैं।

अपने जीवन के दौरान, हमें सब कुछ इसी स्तर की छानबीन के साथ देखने का प्रयास करना चाहिए। हमारी प्रशंसा और ध्यान के अधिकांश हक़दार लगने वाली वस्तुओं को भी, उनके सभी प्रशंसा पत्रों को हटाकर उनकी असली निकृष्टता को प्रकट करने के लिए, निकट से जांचना चाहिए। प्रतीत भवनों से धोखा देना बहुत आसान होता है और सबसे महत्वपूर्ण यात्राएँ भी अंततः हमें भ्रमित कर सकती हैं।

उदाहरण के रूप में, जब क्रेट्स ने जेनोक्रेट्स के बारे में बोलते हुए बुद्धिमानी की विचारशक्ति को विचार किया गया।

14. प्रशंसा की श्रेणीबद्धता: पत्थरों से तर्कहीन आत्माओं तक

अधिकांश चीजें जो जनसाधारण के प्रशंसा प्राप्त करती हैं, वे सर्वमान्य प्रकृति की होती हैं, जैसे कि पत्थर, लकड़ी, गोलदार फल, आंगूर, और जैतून, जो एकता या प्राकृतिक संगठन के द्वारा संगठित रहती हैं। हालांकि, वे जिनके पास थोड़ा ज्ञान है, वे झुंड और पशुओं की तरह जीवित प्राणियों की प्रशंसा करने के रूप में उत्कृष्ट होते हैं। इसके अतिरिक्त, वे जो उच्च ज्ञानी हैं, वे उन चीजों की प्रशंसा करते हैं जो एक बुद्धिमान आत्मा द्वारा संगठित रहती हैं, लेकिन केवल ऐसी आत्मा नहीं, जो किसी कला या विशेषज्ञता में निपुण हो, अथवा एक गुलामों के समूह के रूप में सरल हो। फिर भी, वे जो तात्कालिक जीवन के लिए योग्य एक बुद्धिमान, सार्वभौमिक आत्मा महत्वपूर्ण मानते हैं, वे इसके अलावा कुछ और नहीं चाहते। वे अपनी आत्मा की रचना और प्रदर्शन को तार्किकता और सामाजिक मानदंडों के अनुरूप

रखने को प्राथमिकता देते हैं, और वे ऐसे व्यक्तियों के साथ काम करते हैं जो समान मान्यताओं को साझा करते हैं।

15. जीवन की अस्थायित्व को गले लगाते हुए: नितांत परिवर्तन में मूल्य खोजना

कई चीजें जन्म लेती हैं, जबकि कुछ और मर जाती हैं, और ताजा जन्म लेने वाली चीजों में से कुछ पहले से ही गयी होती हैं। दुनिया एक लगातार बदलती है और गति में होती है, जैसे ही समय अंत बिना रुके हमेशा बहता है और अपने आपको नवीन करता है। इस निरंतर बहती धारा में, क्या है जिसे एक व्यक्ति उच्च मूल्य देता होगा? यह एक ऐसी बात होगी जैसे बसों से भागकर छूट जाने वाले एक क्षणिक गौरैयां से प्यार हो जाता है। यह जीवन का स्वभाव हर व्यक्ति के लिए है, सांस की उछाल और वायु का स्वास जैसे। जैसे ही हम प्रत्येक क्षण में सांस लेते हैं और छोड़ते हैं, वैसे ही हम जन्म पर श्वास ग्रहण करते हैं, बस इसे अंत में उस तत्व को लौटाना होता है जिससे हमने पहले उठाया था।

16. महिमा और सामग्रियों से परे: शिक्षा और सीखने की असली मूल्य

पौधों में पानी का फव्वारा और जानवरों में श्वासनी, चाहे घरेलू हों या जंगली, को कोई महत्व नहीं दिया जाता है, ना ही सेंसरी प्रवृतियों की केवल प्राप्ति या स्रोतों की अभिलाषा से हिला दिया जाता है, जैसे तारों पर पुतला या झुंडों में इकट्ठा होना, या फिर आहार से पोषण करना - क्योंकि यह मल को छोड़ देने के समान है। फिर वाकई जीवन में क्या सचमुच मूल्यवान है? क्या यह दूसरों के तालियों की प्रशंसा है? उत्तर है नहीं। अधिकांश लोगों की प्रशंसा, शब्दों की दाद के समान ही होती है। तो, यदि प्रसिद्धि की ख्वाहिश मेहनत नहीं है, तो वास्तव में क्या मूल्यवान है? मेरी राय में, यह अपनी सच्ची प्रकृति के अनुसार खुद को चलाना और नियंत्रित करना सीखना चाहिए, जो सभी क्षेत्रों और व्यापारों के माध्यम से प्राप्त किया जा सकता है। हर शिल्प और व्यापार अपने निर्माण को उसके उद्देश्य के लिए सबसे उपयुक्त बनाने का लक्ष्य रखते हैं, जिन्नस दाल होंठ अच्छी शराब

बनाने के लिए बगीचा खेती करते हैं; घोड़ा प्रशिक्षक मेहनती पशुओं को वजन करना सिखाते हैं; और कुत्ता प्रशिक्षक कुछ विशिष्ट कार्यों का प्रदर्शन करने के लिए कुत्तों को प्रशिक्षित करते हैं। खुद की संपन्नता को प्राप्त करने की यह धारणा, अपनी खुद की प्रकृति के अनुरूप खास करने की आधारभूतता है, शिक्षा और शिक्षा का आधार भी है। इसे पहचानना शिक्षा और सीखने का सच्चा मूल्य है, और इससे अपनी आवश्यकताओं को पूरा करने के लिए पर्याप्त है। इस आदर्श पर ध्यान केंद्रित करके, व्यक्ति स्वयं को दूसरों की गर्वान्वित इच्छा से मुक्त कर सकता है जो सच्ची खुशी के लिए सार्वभौमिक रूप से आवश्यक नहीं हैं। आप दूसरों की संपत्तियों के प्रति ईर्ष्या, ईर्ष्या या असुरक्षित महसूस होने से भी बचेंगे। अपने मन का सम्मान और सम्मान करके, व्यक्ति संतोष, समाज की सद्भावना और देवताओं से सहमति, और उनसे आने वाले सभी उपहारों और आदेशों को शिकायत के बिना स्वीकार कर सकता है।

17. अभिव्यक्ति का अपरिपक्वता में दिव्य उन्नति का प्रकटीकरण अशांत गति के बीच।

हर जगह चारों ओर, तत्वों में निरंतर गति होती है, ऊपर, नीचे और सब ओर। हालांकि, गुण की मूल स्थिति किसी भी इस गति में नहीं पाई जाती है। गुण एक अधिक दिव्य स्वभाव का होता है, जो शांतिपूर्वक एक मार्ग पर आगे बढ़ता है जो अकस्मात दिखाई नहीं देता है, फिर भी कृपा और सुविधा के साथ प्रगति करता है।

18. विचित्र अवगुणवत्ता: भविष्य की पीढ़ियों से मान्यता की तलाश।

मर्दों का व्यवहार काफी विचित्र होता है। उनके समकालीनों के प्रति कृतज्ञता दिखाने की बजाय, वे वे अचानक उन भविष्य की पीढ़ी के प्रति आदर्श प्राप्त करने की कोशिश करते हैं, जिनसे वे कभी मिलने का मौका नहीं पाएंगे। वे उन लोगों की प्रशंसा करते हैं, जिन्हें वह कभी नहीं देखा हैं और जिन्हें वह कभी देखने वाले नहीं होंगे। हालांकि, इससे हमें वह सच्चाई पता चलती है, जिसमें समझे जाने का संकेत नहीं था।

19. अपनी क्षमता में विश्वास रखें: चुनौतियों का सामना करके सफलता प्राप्त करें

यदि कुछ आपके लिए अकेले करने में कठिनाई हो, तो मान लें कि यह मानवता के लिए असंभव नहीं है। दूसरी ओर, यदि कुछ लोगों द्वारा साध्य हो सकता है और हमारी लक्षणिक गुणों से मेल खाता है, तो आपको विश्वास रखें कि आप भी इसे संभव कर सकते हैं।

20. तुम्हारे जिमनास्टिक साथियों को माफ करना: कैसे छोटे दुर्घटनाएं हमें क्रोध और टालमटोल से बचते हुए माफ करना सिखा सकती हैं

जिम्नास्टिक में, किसी व्यक्ति ने आपको कलाई या सिर पर मारने से या इंशाने से या यातना पहुंचाई हो तो भी, हमें गुस्सा नहीं दिखाना चाहिए, आपत्ति नहीं लेनी चाहिए, या उसे कपटी मानना चाहिए। बजाय इसके, हमें उसके आस-पास सतर्क रहना चाहिए, उसे दुश्मन के रूप में या संदेह के साथ नहीं, बल्कि उससे सीधे तालमेल से बचकर। इसी तरह, यह रवैया आपके व्यवहार को जीवन के सभी अन्य पहलुओं में मार्गदर्शित करना चाहिए। हम जिम में हुई छोटी दुर्घटनाओं को अपने ट्रेनिंग साथियों के साथ नजरअंदाज करते हैं, हमें उन लोगों में जो हमारे विरोधी की तरह होते हैं, कई चीजों को क्षमा करना और नजरअंदाज करना सीखना चाहिए। याद रखें, हमारे पास उनके प्रति किसी भी नकारात्मक भावनाओं को दूर करने और बचने की शक्ति होती है।

21. खुले-मन कोशिषशीलता: सीखने और सत्य को स्वीकार करने की तत्परता

यदि कोई मुझे समझ सके और दिखा सके कि मैं सही सोच रहा हूँ या कार्यवाही नहीं कर रहा हूँ, तो मैं बदलने के लिए तैयार हूँ। मेरा लक्ष्य सत्य का पता लगाना है, क्योंकि यह किसी को नुकसान नहीं पहुंचाता। हालांकि, जो अपनी गलतियों और ज्ञान की कमी में ठहरे रहते हैं, वे ही सदमे में होते हैं।

22. कर्तव्य-बद्ध: जीवन के उद्देश्य के प्रति अटल संकल्प

मैं अपना कर्तव्य पूरा करता हूँ और किसी अन्य चीज की चिंता नहीं करता। जीवन या तर्क की अभावित या विचारहीनता मुझे परेशान नहीं करती है, ना ही मुझे इधर उधर भटकने देती है।

23. उदारता और सामाजिक ग्रेस के बीच संतुलन का पता लगा: पशुओं, वस्तों और मानवों के साथ बातचीत

जानवरों और अचेत पदार्थों के संबंध में, उन्हें व्यायमय और मुक्तिजनक भावना के साथ उपयोग करें, क्योंकि उनमें तर्क की कमी होती है। हालांकि, मानवों के साथ संवाद करते समय, जो तर्क के धारक होते हैं, सामाजिक दृष्टिकोण अपनाएं। हर स्थिति में देवताओं की स्मरण करें और चिंता न करें कि आप कितनी देर तक ऐसा करते हैं; तीन घंटे भी पर्याप्त होते हैं।

24. एक सामान्य भाग्य: मृत्यु में अलेक्जेंडर ऑफ़ मैसेडोन और उनके बर्तनधारी का संगठित भाग्य

मृत्यु ने अलेक्जेंडर ऑफ मैसेडोन और उनके ग्रूम को एक ही भाग्य से लाया था। वे या तो ब्रह्मांड के एक ही मौलिक सिद्धांतों में स्वागत कर चुके थे या उनके अणु परमाणुओं में समान रूप से वितरित हो चुके थे।

25. ब्रह्मांड का समवर्ती निर्माण: शरीर, आत्मा और ब्रह्मांड के बीच संबंध खोज

हमारे शरीर और आत्मा के भीतर हमेशा की तरह संयुक्त रूप से होने वाली सभी चीजों के बारे में सोचें। इस बात को ध्यान में रखते हुए, यह कहना कोई आश्चर्य नहीं है कि जो भी ब्रह्मांड में मौजूद है, जिसे हम कॉस्मोस कहते हैं, सब एक साथ ही उत्पन्न होता है।

26. शांति साधक है: बिना अस्तित्व हिलाए कर्तव्यों को पूरा करने का तरीका

अगर कोई आपसे पूछे कि नाम अंटोनिनस को ठीक से कैसे वर्ण लिखें, क्या आप हर अक्षर को अपने-अपने आवाज में मेहनत के साथ बताएंगे?

और अगर वे गुस्सा हुए, क्या आप भी गुस्सा हो जाएंगे? या क्या आप शांत रहेंगे और हर अक्षर को धीरे-धीरे बताएंगे? इसी तरह, जीवन में, याद रखें कि हर जिम्मेदारी किसी निश्चित क्रिया से मिलकर बनती है, जिसे पूरा करना आपका कर्तव्य है। आपको धीरे-धीरे इन क्रियाओं का पालन करना होगा, बिना परेशान हुए और उन लोगों के प्रति क्रोध का प्रदर्शन किए बिना, जो आपसे गुस्सा कर सकते हैं। आगे बढ़ते रहें और आपके सामने रखे गए कार्य को पूरा करें।

27. उन्हें सीखने दें: मर्दों को उनके सर्वश्रेष्ठ आत्मा की पुरस्कार करने की मौक़े देने से होने वाले खतरों को त्यागने के

कितना क्रूर होता है मर्दों को जब वह उन चीजों को जो उन्हें उचित और लाभदायक लगते हैं और जो उनकी प्रकृति के विपरीत होते हैं, प्राप्त करने से रोकते हैं! धर्म संशोधन करने पर उन्हें नाराज़ करने की वजह से, आप उनकी इस साधना से वंचित करते हैं। वे स्वाभाविक रूप से उन चीजों के प्रति आकर्षित होते हैं जिन पर वे विश्वास करते हैं कि वह उनके लिए उपयोगी होगी, लेकिन उनकी संज्ञाना वास्तविकता के साथ जुड़ी हो सकती है। बजाय उन्हें भड़काने के, उन्हें सिखाएं और मार्गदर्शन करें, उनकी समझ को प्रगाढ़ करें।

28. मृत्यु के परे: पदार्थिक दुनिया से प्रत्येक स्वतंत्रता को गले लगाना

मृत्यु संवेदनाओं के समाप्त होने, इच्छाओं की समाप्ति, मस्तिष्क की तर्कसंगत क्रियाओं की संपूर्णता के कारण और इसके अलावा लोकी आसाक्तियों के छोड़ाव के रूप में भी, यह एक निश्चित प्रतीक है।

29. आत्मा की अर्पण: क्यों शरीर हमें पलतकारी होता है

जबकि शरीर सतत रहने के लिए अट्रूट होता है, जीवन में आत्मा को पहले हार मान लेना एक शर्मनाक बात है।

30. साधु शिष्य बनें: न्याय और भक्ति को अपनाएँ, सीज़र के भ्रष्टाचार से बचें

सीजर बनने से बचने के लिए सतर्क रहें, या उसके भ्रष्ट तरीकों से प्रभावित न हों। क्योंकि यह बहुत ही आम बात होती है। इसके बजाय, सच्चे, भले और असली बनने का प्रयास करें। किसी भी प्रभावित व्यवहार को छोड़ दें, न्याय और देवीय समर्पण को अपनाएं। सभी श्रेष्ठ बातों में दयालु, प्यारी और मेहनती रहें। दर्शनशास्त्र ने आपको सिखाया है, उसे अपने पीछे छोड़ने की कोशिश न करें, और हमेशा देवताओं और साथी मनुष्यों की सेवा करने का प्रयास करें। हमेशा याद रखें कि आप एक शिष्य के रूप में जीवन बिताएं, अण्डनियस की उदाहरणकारी चरित्र गुणों को धारण करें: उनकी दृढ़ता, तर्क, आध्यात्मिकता, कोमल चेहरा और आचरण, सामर्थ्य भूमिका में दौड़ने का इच्छा, सतर्कता और पूर्ण मूल्यांकन, अविश्वसनीय आलोचना को सहन करने की क्षमता और दूसरों के मतों का सम्मान करने की क्षमता, लापरवाही की अनिच्छा, चुगलखोरी के बजाय आंतरिकता, व्यवहार और शिष्टाचार की सतर्कता, दूसरों की आलोचना या जानकारी की इच्छा का अभाव, साहस और धैर्य, अपनी मांगों में मामूलीता की भावना, और बाहरी सहारे के बिना अपने को रोकने की क्षमता। उनकी पांवधरना का अनुसरण करने का प्रयास करें ताकि जब आपके अंतिम क्षण आएगा, तो आप भी उसी स्पष्ट विवेक के साथ उनकी सामर्थ्य से सामना कर सकें।

31. वास्तविकता को जागृत करें: सपने और जीवन को अलग करने में परिप्रेक्ष्य की शक्ति

वापस असलियत में लौट आइए और इससे छुटकारा पाइए। जब आप जागते हैं और महसूस करते हैं कि वह सिर्फ मेरे सपने थे जिन्होंने आपको परेशान किया था, तो आपने आसपास को देखें वैसे ही जैसा आपने वह सपने देखे थे।

32. नियंत्रण का विरोधाभास: आत्मा और शरीर की सीमाओं का नेविगेट करना

मैं एक शारीरिक शरीर और आत्मा से बना हूँ। मेरे शारीर में चीजों के बीच अंतर समझ नहीं आता, लेकिन मेरी समझ सकती है। जो कुछ मैंने कर्मों द्वारा नहीं बनाया है, वह मेरी समझ द्वारा उदासीन माना जाता है। हालांकि, मेरे कर्मों के परिणाम के कारण जो कुछ होता है, वह मेरे नियंत्रण में होता है। हालांकि, सच्चाई यह है कि केवल वह कार्रवाई जो वर्तमान में होती है, मेरे नियंत्रण में हो जाती है। मेरे मन की कार्रवाई पूर्व में और भविष्य में उदासीन मानी जाती है।

33. हमारी प्रकृति में काम स्वीकार करना: मजदूरी और मानव होने के बीच समंजस को समझना

हाथों या पैरों के काम में कुछ अनोखा नहीं है, अगर प्रत्येक अपने निर्धारित कार्य को करता है। उसी तरह, अगर किसी व्यक्ति का काम उनकी क्षमताओं और कर्तव्यों के साथ मेल खाता है तो इसमें कुछ प्राकृतिक रूप से गलत नहीं है। अगर किसी के काम के स्वभाव के साथ कोई विरोध नहीं है, तो वह आपातकालीन रूप से बुरा या हानिकारक माना नहीं जा सकता।

34. आनंद के अंधकार का अन्वेषण: डकैतों, पितृहत्या करनेवालों और तानाशाहों का आनंद

चोरों, पितृहत्यारी और तानाशाहों द्वारा कितनी आनंदों को मनचलाया गया है।

35. मानव तर्क का विशेषता: कुशल हस्तशिल्प के समान तुलना

क्या आप नहीं देखते कि शिल्पकार कैसे उन लोगों के लिए अपने काम को समायोजित करते हैं जो अपने व्यापार में कुशलता से कमी रखते हैं, फिर भी अपने शिल्प के सिद्धांतों का पालन करते हैं और उससे भटकते नहीं हैं? क्या यह अजीब नहीं है कि वास्तुकार और चिकित्सक अपने अपने

व्यावसायिक मंच के सिद्धांतों के प्रति अधिक सम्मान प्रदर्शित करते हैं जबकि मानव अपने खुद के तर्क के लिए जो देवताओं के साथ साझा किया जाता है, उसके लिए यह नहीं करते हैं?

36. ब्रह्माण्ड में दृष्टिकोण: एथोस पर्वत से विषैले सर्पों तक

एशिया और यूरोप विशाल ब्रह्मांड के केवल कोने हैं, जबकि सभी समुद्र उसकी अनंत व्याप्ति में बसी हुई बूंदें हैं। महान एथॉस पर्वत भर वस्तुओं की महान योजनाओं में केवल एक छोटी-सी रेत की या कहें उसकी योजनाओं में एक छोटी-सी रेत की भूमिका निभाता है। जैसा कि आज के काल में कहा जाता है, इसका मतलब यह नहीं कि वह केवल शांतिपूर्ण पल है, बल्कि विशालता के समय के मुकाबले अल्प झोन है।

सभी वस्तुएं, चाहे वे महान हों या छोटी, परिवर्तन और अस्थायीता की आपातकाल के नियंत्रण में होती हैं। वे सब शक्तिशाली और उज्ज्वल मार्गों की सीधी या अप्रत्यक्षगति के द्वारा उत्पन्न होती हैं। इसलिए, सिंह की तेज़ दांत, सांप की विष, और खर और कीचड़ की तरह हानिकारक वस्तुएं भी केवल आश्चर्यजनकता और विलासिता के परिणाम होती हैं।

इसलिए, इन्हें आपकी श्रद्धा में अलग या नम्र मानना गलत नहीं है। बल्कि, इस ब्रह्मांड में हर वस्तु के स्रोत के बारे में एक ही और न्यायपूर्ण विचार बनाएं।

37. अंतिम सत्य: वर्तमान की गवाही, अनंतता के रहस्यों को खोलती है।

जो कोई वर्तमान को देखता है, वह सब कुछ देखता है, सभी चीज़ों को जो सदैवता के साथ घटित हुई है और जो समय के लिए घटित होगी। इसका मतलब है कि सभी चीजें संबंधित हैं और एक साझा स्वरूप में हैं।

38. अन्योन्य संबंधों का समरस नृत्य: ब्रह्मांड में एकता द्वारा मित्रतापूर्ण पर्यावरण की रचना

ब्रह्माण्ड में मौजूद हर चीज़ के अंतर्संबंध और एक-दूसरे के साथ उनके संबंधों पर विचार करें। सभी चीजें संबंधित और एक दूसरे से जुड़ी हुई हैं,

और इससे एक मैत्रीपूर्ण वातावरण बनता है। सक्रिय आंदोलन, आपसी सहमति और पदार्थ की एकता इस मैत्रीपूर्ण सद्भाव का कारण है।

39. परिवर्तन को गले लगाना: अपने जीवन में लोगों के प्रति सच्चा प्यार

उन परिस्थितियों को अपने आप के हिसाब से समायोजित करें जो आपके पथ में आयी हैं और उन लोगों को गले लगाएँ जो आपके जीवन का हिस्सा बन गए हैं। उन्हें सच्ची और प्रामाणिकता के साथ प्यार करें।

40. भीतरी शक्ति: ब्रह्मांड में तर्कसंगतता को अपनाना

प्रत्येक वस्तु, उपकरण या संग्राहक अपने उद्देश्य को पूरा करती है और यह मान्य है कि इसके सृजन की अनुपस्थिति के बावजूद यह अच्छा होता है। हालांकि, प्राकृतिक वस्तुओं में एक प्राकृतिक शक्ति रहती है जो उन्हें साथ में रखने की क्षमता देती है और यह शक्ति उनमें बरकरार रहती है। इसलिए, इस शक्ति का सम्मान करना और यह विश्वास करना महत्वपूर्ण है कि यदि आप इसकी इच्छानुसार जीवन जीते हैं और कार्यवाही करें, तो आपके कार्यतत्परता तर्कसंगत होती है। यह सिद्धांत ब्रह्मांड पर भी लागू होता है क्योंकि इसमें सब कुछ तर्कसंगत होता है।

41. अपने निर्णय को नियंत्रित करें: दोषारोपण और ईश्वर और दूसरों के प्रति द्वेष को समाप्त करने का रहस्य

अगर आपको लगता है कि आपके नियंत्रण से बाहर की चीजें आपके लिए या तो अच्छी होती हैं या बुरी, तो आप अनिवार्य रूप से देवताओं को दोषी ठहराएंगे और उन लोगों से नफरत करेंगे, जिनके कारण कोई विपत्ति या हानि होती है। यह न्यायसंगत नहीं है, क्योंकि हमें निर्विचार चीजों में अंतर करना नहीं चाहिए। हालांकि, अगर हम केवल अपने नियंत्रण में आने वाली चीजों को अच्छी या बुरी ठहराते हैं, तो ईश्वर को दोष देने या दूसरों के प्रति शत्रुता बनाए रखने का कोई कारण नहीं होता है।

42. संगठन से काम करना एक सामान्य लक्ष्य के लिए: विश्व में अपने स्थान की खोज

हम सभी एक साथ मिलकर एक सामान्य लक्ष्य की ओर काम कर रहे हैं, कुछ जानबूझकर और कुछ अनजाने में। हेराक्लाइटस ने कहा है, हम सोते समय भी अपने अंदर के विश्व के लिए योगदान देते हैं। हालांकि, हमारे योगदान करने के तरीके अलग-अलग हो सकते हैं। हमारे बीच कुछ लोग संघर्ष करने और विरोध करने के लिए अथकतापूर्वक काम करते हैं, लेकिन ये व्यक्तियों का भी एक महत्वपूर्ण स्थान होता है इस विश्व में। यह आप पर निर्भर करता है कि आप किस श्रेणी के कर्मचारी हैं, यदि आप अपने आप को अच्छे काम के साथ संगत करते हैं, तो सब कुछ के मालिक आपका सही इस्तेमाल करेंगे और आपको मूल्यवान सहकारी के रूप में शामिल करेंगे। चरित्र की नाटक में तुच्छता और हंसीये की तरह नहीं बनें।

43. मौसम युद्ध: पृथ्वी की धनप्राप्ति के बीच आकाशीय शरीरों के बीच युद्ध

क्या सूर्य और एस्क्युलेपियस वर्षा और फल संबंधी ज़िम्मेदारियों को संभालने की कोशिश करते हैं? इसके अलावा, क्या वे यथार्थतः साझा लक्ष्य की ओर योगदान देते हैं और क्या वे साथ मिलकर काम करते हैं?

44. भाग्य का पराधोस: देवताओं पर विश्वास या हमारे जीवन पर नियंत्रण स्वीकार करना?

यदि भगवान ने मेरे भाग्य और मेरे जीवन के घटनाओं को पहले से ही निर्धारित कर दिया है, तो मैं उनकी पूर्वदर्शन में विश्वास करता हूँ। क्योंकि एक ऐसा देवता को समझना मुश्किल होता है जो योजना नहीं बनाता। और उससे ज्यादा, वे मुझे क्यों नुकसान पहुंचाएंगे? क्या वे किसी लाभ का हिस्सा होंगे या कोई उद्देश्य पूरा करेंगे, जो उन्हें चिंता है?

हालांकि, यदि भगवान ने मेरे जीवन की पूर्वनिर्धारित कीमत नहीं रखी है, तो कम से कम वे महान योजना स्थापित कर चुके हैं। जो कुछ भी इस सार्वभौमिक योजना का हिस्सा है, उसे मैं गर्व से स्वीकार करना और संतुष्ट रहना चाहिए। लेकिन यदि हम मान लें कि भगवान हमारे भाग्य पर कोई

नियंत्रण नहीं रखते - एक नैतिक रुष्टिपूर्ण विचार - तो हमें उनकी पूजा-अर्चा नहीं करनी चाहिए, उनके लिए प्रार्थना नहीं करनी चाहिए और उनकी शपथ नहीं लेनी चाहिए। हमें वही करना चाहिए जो हमारे जीवन में उनकी मौजूदगी और संलग्नता पर विश्वास दिखाता है।

लेकिन यदि भगवान हमारा भाग्य निर्धारित नहीं करते हैं, तो मैं अपने जीवन को निर्धारित कर सकता हूँ। मैं वह कर सकता हूँ जो मेरे लिए व्यावहारिक और लाभदायक है। और जो मुझे लाभ पहुंचाता है, वह मेरे तार्किक और सामाजिक स्वभाव के साथ मेल खाता है। मैं रोम के नागरिक के रूप में गर्व महसूस करता हूं कि मैं अपने शहर और अपने देश के लिए उपयोगी कार्य करता हूं। लेकिन मानवता के सदस्य के रूप में, मैं स्वीकार करता हूं कि दुनिया के लाभ को प्राप्त कराने के लिए ही आवश्यक कर्म करने चाहिए।

45. लाभ का लहर प्रभाव: कैसे एक व्यक्ति का लाभ समस्त की मदद कर सकता है

चाहे किसी व्यक्ति के साथ कुछ भी हो जाए, यह अंततः ब्रह्मांड के लिए महत्वपूर्ण है। यह पर्याप्त होना चाहिए कि जो एक व्यक्ति के लिए लाभदायक है, वह अन्यों के लिए भी लाभदायक होने की संभावना है। यह ध्यान देना चाहिए कि इस संदर्भ में "लाभदायक" शब्द का अर्थ है कि चीजें न तो स्वाभाविक रूप से अच्छी होती हैं और न ही बुरी।

46. जीवन के एककोलापता को तोड़ना: नवीनता और विविधता की एक अपील

अंफीथियेटर और समान जगहों में, बार-बार एक ही चीजों को देखना शक्ति को उबाऊ बना सकता है। जीवन के लिए यह भी सच है क्योंकि हमारे चारों ओर कुछ अनुरूप ही है और एक ही मूल से उत्पन्न होता है। यह कितना और चलेगा?

47. मेमेंटो मोरी: महापुरुषों के जीवन पर चिंतन और गुणों के महत्व पर विचार

खुद को याद दिलाने की कोशिश करें कि सभी व्यक्ति जीवन के हर क्षेत्र, हर राष्ट्र और हर प्रकार की गतिविधियों में लिए गए हैं। सोचें कि फिलिशन, फोबस और ओरिजिनेटर जैसे लोग भी इस दुनिया को छोड़ चुके हैं। अब, अपना ध्यान दूसरे समूहों पर ले जाएँ। चलें, वहां जाएँ जहां महान वक्ता और प्रसिद्ध दार्शनिक निवास करते हैं - हेराकलिटस, पिथागोरस, सोक्रेटीज़। इसके अलावा, महान योद्धा, सेनापति और तानाशाह और फिर एकदमदार वैज्ञानिकों जैसे यूडोक्सस, हिप्पार्कस, आर्किमीडीज़ और अन्य हैं जिनके पास तेज़ प्राकृतिक क्षमताएँ, निरोध्य मस्तिष्क, कड़ी मेहनत के प्रेम और मानव जीवन की अस्थायी और क्षणिक प्रकृति को ठहराने की प्रवृति होती है, जैसे कि मेनिपस और अन्य। सोचें कि ये सभी दिनों पहले ही चले गए हैं। लेकिन इसका कोई महत्व है? क्या हम जिनके नाम कोई मान्यता नहीं देते हैं, उनके बारे में क्या है? एक बात बहुत महत्वपूर्ण है - सत्य और न्याय के जीवन जीना, भ्रामक और अन्यायी के प्रति सहानुभूति रखना।

48. उत्कृष्टता के आचरण को अनुकरण करना: हमारे आसपास वालों में खुशी ढूंढना

यदि आप एक आनंद की भावना महसूस करना चाहते हैं, तो आपको चारों ओर के लोगों की गुणों पर ध्यान केंद्रित करना होगा। किसी व्यक्ति की उत्पादकता, किसी अन्य की विनम्रता, तीसरे व्यक्ति की दानशीलता या चौथे व्यक्ति की सकारात्मक गुणों का ध्यान रखें। जो लोग हमारे साथ रहते हैं, उनके व्यवहार में गुणों का उदाहरण देखकर अधिक संतोषजनक कुछ नहीं होता है। इसलिए, हमें उन्हें ध्यान में रखना चाहिए और उनका अनुकरण करने का प्रयास करना चाहिए।

49. संतोष को गले लगाओ: हमारे पास है उस सीमित समय के लिए आभारी होने का कारण खुशी की चाबी।

तुम खुश नहीं हो, मुझे यह लगता है क्योंकि तुम्हारे पास केवल एक निश्चित राशि का पैसा है और नहीं तीन सौ। इसी तरह, चिंतित न हो कि तुम केवल एक सीमित संख्या के वर्षों तक ही जी सकते हो, जैसे तुम्हें अपने धन की मात्रा से संतुष्ट होने का आवंटन किया गया है, उसी तरह संतुष्ट रहो उसी मात्रा के समय के साथ।

50. न्याय के लिए इच्छा के खिलाफ जाना: बाधाओं के बीच सफलता की खोज

चलिए उन्हें मनाने की कोशिश करें, चाहे यह उनकी इच्छा के विरुद्ध जाना हो, जब न्याय के सिद्धांतों के साथ मेल खाता हो। हालांकि, यदि कोई बल प्रयोग करके आपका रास्ता बाधित कर रहा हो, तो संतुष्टि और शांति में आराम ढूंढें। बाधा का उपयोग एक और गुण का अभ्यास करने के लिए करें। ध्यान देना महत्वपूर्ण है कि आपका प्रयास शर्तांधिक होता है, और आप असंभव को हासिल करने का प्रयास नहीं कर रहे हैं। फिर आपका लक्ष्य क्या था? कुछ इसी तरह का। लेकिन आप अपने उद्देश्य को हासिल करते हैं अगर वे चीजें जो आपको प्रेरित करती हैं, नहीं हो पाती हैं।

51. प्रसिद्धि से बुद्धिमता तक: व्यक्तिगत लाभ की परस्परविद्या

व्यक्ति जो प्रसिद्धि का इच्छुक होता है, वह किसी अन्य के कर्मों को अपने लाभ के रूप में देखता है, और व्यक्ति जो आनंद की तलाश में होता है, वह केवल अपने अनुभवों को महत्व देता है। हालांकि, विचारशीलता धारण करने वाले व्यक्ति अपने कर्मों को अपने व्यक्तिगत भलाई के स्रोत के रूप में स्वीकार करते हैं।

52. एकमत से दूर रहने की शक्ति को व्यक्त करना: मतरहित रहने का महत्व, जो खेल को बदल देता है।

हमारे पास अपने मतदान से बचने और अपनी आत्मा में निर्विकार रहने की शक्ति है। सही कहा जा सकता है कि चीजें हमारे निर्धारणों को स्वभाव से आकार देने की क्षमता नहीं रखती हैं।

53. समवेदनशीलता क्रियाशीलता में: सक्रिय सुनने की कला का परिपूर्ण ज्ञान

दूसरों को सक्रिय रूप से सुनने की आदत डालें और उनकी जगह पर पहुंचने की कोशिश करें।

54. व्यक्तिगत कार्रवाई का खतरा: कैसे यह पूरे मधुमक्खी समूह को प्रभावित करता है

सामूहिकता के लिए हानिकारक होने वाला हर व्यक्ति व्यक्तिगत मधुमक्खी के लिए भी हानिकारक होता है।

55. आदर का महत्व: अनुशासन न मानने से सामुद्रिकी और चिकित्सा में जीवनों को खतरा

यदि जहाज के नाविकों ने दरबंद हेलमेट का अनादर किया हो या अशांत रोगी ने चिकित्सक को अनादर किया हो, क्या वे किसी अन्य प्राधिकरण का ध्यान देंगे? हेलमेट किस तरीके से सुनिश्चित कर सकता है कि जहाज में सवार लोगों की सुरक्षा सुनिश्चित हो या क्या चिकित्सक अपने मरीजों का कल्याण बना सकते हैं अगर उन्हें सम्मान और सुना नहीं जाता?

56. समय का सामना करना: उन लोगों के सोचने पर जो हमने अपने रास्ते में खो दिया है

मेरे साथ दुनिया में आने वाले बहुत से लोग अब यहाँ नहीं हैं।

57. झूठी राय की शक्ति: इसे कड़वे शहद और पानी से तुलना करते हुए

मधु का तिरस्कार करने वालों के लिए, मधु का कड़वा स्वाद और पागल कुत्ते द्वारा काटे जाने वालों में पानी काटने का ख़ौफ़, एक गेंद में छोटे बच्चों को प्राप्त होने वाली ख़ुशी के समान कही जा सकती है। तो, मैं क्यों गुस्से में हूं? क्या आपको लगता है कि एक गलत राय किसी त्वचा रोगी या पागल कुत्ते द्वारा काटे जाने वाले व्यक्ति में पायी जाने वाली पित्त की से कम शक्ति रखती है?

58. अपनी तार्किक प्रकृति को मुक्त करें: बाधाओं के बिना असीमितता के साथ ब्रह्मांड के साथ समरस में जीना

कोई आपको खुद की तार्किक प्रकृति के अनुसार जीने से रोकने नहीं आएगा, और आपके साथ कुछ ऐसा नहीं होगा जो ब्रह्मांड की तार्किकता के खिलाफ हो।

59. आकर्षक संगति का पीछा करना: पुरुषों की महत्वाकांक्षाएं और समय के चलते

पुरुष किस प्रकार के व्यक्ति को संतुष्ट करने की इच्छा रखते हैं और इसका कारण क्या है? इस लक्ष्य को प्राप्त करने के लिए वे कौन-कौन से कार्य करते हैं? इसके अलावा, क्या समय सभी घटनाओं को छिपा देता है और अब तक कितनी घटनाएँ छिप चुकी हैं?

पुस्तक 7

— मैत्री रखें, गुणी रहें, शांति में रहें

अपने विश्वास के प्रति सच्चा रहें, क्योंकि बुराई हमेशा उपस्थित होती है। आपका मूल्य आपकी संवेदनाओं में है, इसलिए सोच के साथ बातचीत करें। जो कुछ आपके पास है, उसे बेहतर बनाने का प्रयास करें, और आत्मविश्वास और अज्ञात भविष्य के संगरोध में शांति बनाए रखें। ध्यान दें, हर भौतिक चीज़ लुप्त हो जाएगी, लेकिन अज्ञात चीज़ें ब्रह्मांड में मिल जाएँगी। कार्यों को प्राकृतिक बनाएँ या समझें, क्योंकि सब कुछ अस्थायी है। दयालुता फैलाएँ और अपने आप को बदलने से रोकें, क्योंकि समझाने से सुख मिलता है। खुशी जानने और धार्मिकता से आती है। मौत और परिवर्तन प्राकृतिक हैं, इसलिए सीखें छोड़ने और क्षमा करने का। वर्तमान पर ध्यान केंद्रित करें, दयालु रहें और अब जीने का आनंद लें। धर्म के साथ कृत्य करना उच्चस्तरीय है, इसलिए सही के लिए लड़ें और सौंदर्य को अनुभव करें। सब कुछ चक्रवाती है, और हम भले ही दुनिया को बेहतर

बनाने के लिए योग्य हैं। सकारात्मक और दृढ़तापूर्वक रहें, और उत्कृष्टता की ओर प्रतिष्ठा करें।

1. मान्य 'बुराई' का कभी खत्म न होने वाला चक्र: मध्ययुग से हमारी आधुनिक दुनिया तक

"बुराई" का क्या मतलब होता है? यह वही होती है जिससे आपने पहले कई बार मुलाकात की हैं। इसलिए, मैं यह मानता हूँ कि जो कुछ भी घटित होता है, उसे याद रखें कि यह वही है जिसे आपने पहले देखा है। वे चीजें जो स्थानों पर प्राप्त होती हैं, वहीं पर सभी जगह पाई जाएंगी, ठीक वैसे ही जैसे मध्यकालीन इतिहास पुस्तकों में थीं और आज भी हैं। ये चीजें शहरों और घरों में भी देखी जा सकती हैं, एक बार फिर। कोई भी नया और नवीनतम नहीं है; सभी चीजें पहचानी जा सकती हैं और अस्थायी हैं।

2. नियंत्रण को वापस लेना: अपने सिद्धांतों को जलाए रखें और अपने मनोवृत्ति में उच्च पैर रखें

हमारे सिद्धांत कैसे मर सकते हैं जब तक उनके साथ मेल खाने वाले विचार मरकर नहीं बुझ जाते? आपके अधीन में है उन विचारों को जलाते रहने का नियंत्रण। मैं किसी भी चीज़ के बारे में उचित राय रख सकता हूँ, फिर क्यों किसी चीज़ ने मेरा मतलब बदल दिया? बाहरी चीज़ों का मेरे मनस्थिति पर कोई प्रभाव नहीं होता। यदि आप यह मानहणन बनाए रखते हैं, तो आप ऊँचा खड़े होंगे। आपको अपने जीवन को वापस प्राप्त करने की शक्ति है। पहले उसी दृष्टि के साथ चीजों को देखकर शुरू करें जैसे आप पहले करते थे। यही है कि आप अपने जीवन का नियंत्रण पुनः प्राप्त करेंगे।

3. विक्षिप्तियों, हास्य और महत्व: जीवन के तुच्छ पीछें स्वीकार करना

मनोरंजन की छोटी-मोटी खोखले छात्रावस्थाओं, नाटकीय प्रदर्शनों, भेड़ बकरियों की बड़ी-बड़ी समूहों, स्पियर ड्रिल्स, छोटे कुत्तों को हड्डियां मिलाना, मछली कूदने के ताले में रोटियां छिड़कना, एंट और बोझ के जानवरों की

मेहनती गतिविधियों, डर की मार खाने वाले माउस की चाल और डोरीयों पर पुतले के प्रबंधन - ये सब एक ही हैं। इसलिए, ऐसे विमुख बहिष्कार की बजाय इन मनोरंजनों के दौरान अच्छी हंसी प्रदर्शित करना आपका कर्तव्य है, साथ ही यह भी मान्य करना है कि किसी की महत्वता उनके चुनी गई अवकाशों की मान्यता के समान होती है।

4. सक्रिय अवलोकन और सुनने की कला को स्वामित्व करना: उद्देश्यों और प्रतिनिधियों की समझ के लिए कुंजी

बातचीत में जुड़ते समय, उसे ध्यान से सुनें। किसी क्रिया को देखते समय, ध्यान में रखें कि उसे किया जा रहा है। पहले, सोची-समझी कोशिश करें उद्देश्य को समझने के लिए। दूसरे, वह अंश ध्यान केंद्रित करें जो दिखाए जा रहा है।

5. वैश्विक प्रकृति का उपयोग करना: कार्य सफलता के चुनौती का संचालन

क्या मेरे पास इस कार्य के लिए आवश्यक समझ है? अगर हाँ, तो मैं इसे वैश्विक प्रकृति द्वारा मुझे दिए गए एक उपकरण के रूप में उपयोग करूंगा। हालांकि, अगर मेरी समझ पर्याप्त नहीं है, तो मैं कार्य से पीछे हट जाऊंगा और किसी और समर्थ व्यक्ति को कमान दे दूंगा, यदि कोई प्रभावशाली कारण हो तो मैं यह नहीं करूंगा। वैकल्पिक रूप से, मैं अपनी मूल्यों के मार्गदर्शन के साथ किसी की सहायता से कार्य पूरा करने का प्रयास करूंगा, जो समाज के लिए लाभदायक प्रकार से इसे पूरा कर सकता है। अंततः, मैं या कोई और व्यक्ति, जो कुछ भी कर सकते हैं सिर्फ समाज के लिए उपयोगी और संबंधित होने पर ही ध्यान केंद्रित करेंगे।

6. प्रसिद्धि से अनजानीता तक: भूले हुए और खो गए मशहूर लोगों की अनकही कहानियाँ

कितने व्यक्ति, एक बार मान्यता से प्रसिद्ध, समय के साथ भूल गए हैं? अलटे, कितने व्यक्ति ने अन्यों की मान्यता का आदर किया है और उसके बाद मर गए हैं?

7. हेल्प के साथ अपनी लड़ाइयों को जीतना: सहायता क्यों लाज नहीं लानी चाहिए

अपनी मदद प्राप्त करने में बेशर्म महसूस न करें, क्योंकि आपका कर्तव्य एक नगर को हमला करने वाले सैनिक की तरह है। यदि आपको शारीरिक बाधा की वजह से बातचीत संप्रेषण करने में असमर्थता है, तो फिर भी किसी दूसरे की सहायता से यह संभव हो सकता है।

8. बहादुरी से भविष्य का स्वागत करें: अनजाने से मुकाबले के लिए युक्तियुक्त दृष्टिकोण

अनजाने भविष्य को आपको अस्थिर न करने दें, क्योंकि जब आवश्यक होगा, आप उससे निपटेंगे और वर्तमान परिस्थितियों के लिए आपका उपयुक्त तर्कसंगत दृष्टिकोण होगा।

9. पवित्र बंधन: यह कैसे सब कुछ ब्रह्मांड में जुड़ा है

सभी कुछ एक-दूसरे से जुड़ा हुआ है, और यह बंधन पवित्र है। आमतौर पर, किसी एक वस्तु को पूरी तरह से किसी और वस्तु से अलग नहीं किया जा सकता। सभी वस्तुएं समन्वय में जुड़ी हुई हैं और एक ही ब्रह्मांड के आदेश को बनाने में मिलकर काम करती हैं। सभी जीवन तंत्र की संयुक्त सिद्धि में एक ब्रह्मांड है, और एक ईश्वर सभी प्राणियों में समाहित है। इसके अलावा, एक पदार्थ, एक कानून और सभी बुद्धिमान प्राणियों के लिए एक संयुक्त कारण है, और एक सत्य है। अगर सचमुच में एक उत्कृष्टता है जो इस साझा कारण को साझा करने वाली सभी पशुओं के लिए है जो एक ही गोत्र में होते हैं।

10. अनंत में ढलते हुए: शारीरिक, कारणात्मक और स्मृति प्रदेशों की अस्थायी प्रकृति

सभी भौतिक वस्तुएं पूर्णता में विलीन हो जाती हैं, और सभी कारण-निर्णय वृद्धि से विलीन हो जाते हैं, और सभी स्मृतियाँ समय के साथ तेजी से डूब जाती हैं।

11. तार्किकता और प्रवृत्ति को संतुलित करना: प्राकृतिक और योग्य क्रियाएँ अन्वेषण

एक तर्कशील अस्तित्व के लिए, एक ही क्रिया को प्राकृतिक और उचित दोनों माना जा सकता है।

12. ईमानदारी का चुनाव: एक पूर्ण जीवन की चाबी

तुम सीधे रहो या सीधा बनो।

13. सहयोग की शक्ति: मानव प्रणाली के सदस्य के रूप में अपनी भूमिका को गले लगाना

जैसा कि एक एकीकृत शरीर के सदस्यों के साथ होता है, व्यक्तिगत तर्कसंगत अस्तित्व भी सहयोग के लिए डिज़ाइन किए गए होते हैं। आप इसे अच्छी तरह समझ सकते हैं जब आप स्मरण करते हैं कि आप तर्कसंगठित संगठन का एक हिस्सा हैं। लेकिन, अगर आप केवल अपने आप को इस सिस्टम के एक घटक के रूप में देखते हैं, तो आप अब तक वास्तविक रूप से दूसरों से प्यार नहीं करते हैं। आप अपने लिए अच्छा करने की बजाय दया की खुशी का अनुभव नहीं करते हैं और इसे सिवाय में समझते हैं, बल्कि आप यह केवल अपने लिए अच्छा करने के रूप में देखते हैं।

14. प्रतिष्ठान की शक्ति: बाहरी घटनाओं की अलग दृष्टि से देखने से आपके विचारों पर नियंत्रण करने में कैसे मदद मिल सकती है

बाहरी घटनाएं उस भाग को प्रभावित कर सकती हैं जिसे मैं महसूस कर सकता हूँ, और यदि वह भाग प्रभावित होता है, तो मैं उनकी शिकायत करने का चयन कर सकता हूँ। हालांकि, यदि मैं इन घटनाओं को नकारात्मक नहीं मानता हूँ तो मेरे कोई क्षति नहीं पहुंचती है और मेरे पास अपने विचारों को नियंत्रित करने की शक्ति होती है।

15. निर्दोष रहना: हीरे का रास्ता

चाहे कोई भी कुछ करे या कहे, मुझे योग्य बने रहना होगा। यह ऐसा ही होता है जैसे कि सोने, पन्ने या नीलम सदैव उन्हें पुष्टि करते हैं। मैं पन्ने के समान होना चाहिए और अपना पवित्र रंग बनाये रखना होगा, चाहे वो दूसरों के कार्यों या शब्दों की प्रेरणा हो।

16. अटुट मन: शांति के लिए बहादुर आत्मा का गोपनीय रहस्य

मन अपने आप चिंता नहीं करता; यह न तो खुद को घबराता है और न ही खुद को दर्द पहुंचाता है। हालांकि, यदि कोई व्यक्ति इसे डरा सकता है या यह चोट पहुंचा सकता है, तो कृपया उसे डराइए या दर्द पहुंचाइए। क्योंकि मन बाहरी प्रभाव के बिना उसे शांत और अवरुद्ध बनाने का कोई सामर्थ्य नहीं होगा। यदि आवश्यक हो, तो शरीर खुद को सुरक्षित और संचारशील रखने का क्षमता रखता है। हालांकि, आत्मा, जो भय और दर्द का अनुभव कर सकती है और इन बातों पर राय बना सकती है, ऐसी सोच में लगकर कभी कष्ट नहीं पाएगी। मन को शांत और अवरुद्ध रखने के लिए उसे किसी सिद्धांत की आवश्यकता नहीं होती है, जब तक उसे इच्छा नहीं होती है और यदि वह खुद को परेशान या बाधित नहीं करता।

17. कल्पना का अवरोध: अशुद्धता-मुक्त सुख की साधना

खुशी, या यूदैमोनिया, एक सकारात्मक शक्ति है। इसलिए, आपके यहां होने का कारण भविष्य क्या है, कल्पना? कृपया जैसा आप आए थे, देवताओं की कृपा से, ऐसे ही जाइये, क्योंकि मुझे अब आपकी जरूरत नहीं है। फिर भी, आप अपने पुराने तरीकों पर धीरे-धीरे कायम रहते हैं। मैं आपके साथ नाराज नहीं हूँ, लेकिन कृपया जाइये।

18. परिवर्तन को ग्रहण करने की आवश्यकता: स्नान से लाभदायक परिणामों तक

क्या कोई व्यक्ति परिवर्तन से डरता है? बिना परिवर्तन किये क्या हो सकता है? क्या कोई अन्य बात प्राकृतिक क्रम के अनुरूप या सहमत हो

सकती है? क्या आप बिना लकड़ी के स्नान कर सकते हैं? क्या आप खाना बदलाव के बिना अपने आप को संभाल सकते हैं? क्या कोई अन्य लाभदायक परिणाम प्राप्त करने की संभावना होगी बिना परिवर्तन के? क्या आप देखने में नहीं सकते कि यह आपके लिए बदलाव को ग्रहण करना अत्यावश्यक है, जैसा कि संपूर्ण ब्रह्मांड के लिए है?

19. वैश्विक बहाव: समय की खप्प और उसका सेवन करना - पद 23, अध्याय 6, पद 15 से विचारधारा

सभी शरीर एक क्रूर धारा के साथ ले जाए जाते हैं, जो सार्वभौमिक पदार्थ की प्रकृतिक एकता और सहयोग के साथ संयुक्त हैं, हमारे शरीर के अंगों की तरह। ऐसा समय से पहले से ही असंख्य दार्शनिकों ने निगल लिया है, जैसे कि क्रिसिपस, सोक्रेटीज़ और एपिक्टेटस। हर व्यक्ति और वस्तु के साथ इसी अनिवार्यता को विचार करें।

20. मानविकी बनाए रखना: अनुचित कार्य और समय से बचना

मेरे लिए केवल एक चीज ही चिंता करती है, और वह है मानव प्रकृति के संविधान के खिलाफ काम करने की संभावना, चाहे वह अनुचित तरीके से हो या अयोग्य समय में।

21. भाषा का पुनर्कारण: आसन्न स्मृति को संशोधित करना

तुम्हारी सब चीजों को भूलने की आदत तो नजदीक है, बदले में हर कोई तुम्हारी यह आदत भी भूल जाता है।

22. अनशर्त प्यार: परिवार की गलतियों को माफ करना

यह अजीब है की मानव अपराध करने वाले लोगों से भी प्यार कर सकते हैं। ऐसा होता है जब आप मानते हैं की वे आपका परिवार हैं और उन्होंने बिना ज्ञान के या अनजाने में कार्रवाई की है। हम सभी एक दिन मर जाएँगे, फिर इसलिए क्यों सिर दर्द को पकड़ें? सबसे महत्वपूर्ण यह है कि आपको गलती करने वाले व्यक्ति ने आपकी शिक्षा क्षमता पर कोई हानि नहीं पहुंचाई।

23. प्राकृति के सर्वव्यापी पदार्थ की परिवर्तनात्मक शक्ति

सभी ग्रस्त पदार्थों में प्राकृतिक शक्ति विभिन्न रूपों में आकारण करती है, मोम की तरह, जो घोड़े से पेड़ तक पहुंचती है, फिर मनुष्य तक और अंततः दूसरे पदार्थों तक. प्रत्येक पदार्थ की अस्तित्व वीलुप्त हो जाती है। हालांकि, वाहन का विघटन दुखद नहीं होता है, जैसा कि उसका प्रारंभिक आकार कष्टदायी नहीं था।

24. सुंदरता से अधिक: बार-बार मुड़ने और जीने के लिए प्रत्यारोपण के खतरों के परे

एक बदमिजाज अभिव्यक्ति पूरी तरह से अन्यायपूर्ण होती है; जब यह अक्सर अपनाया जाता है, तो यह सुंदरता की सभी हार ले जाती है, अंततः इसे पूर्णतः बुझा दिया जाता है, कभी फिर से नहीं जलने दिया जाता है। इसी तथ्य से प्रतीत होता है कि यह अयोग्य है। यदि बुरे कार्य की जागरूकता मिट जाती है, तो जीवित रहने के लिए कोई आवश्यकता क्या होती है?

25. प्रकृति की अनंत नवीनीकरण: विश्व का संचालन और परिवर्तन

प्रकृति सबको नियंत्रित करती है और हम जो देखते हैं, उसे निरंतर बदलती रहती है। इससे नई चीजें मौजूदा पदार्थों से बनाई जाती हैं ताकि हमेशा नवीनीकृत दुनिया बनी रहे।

26. दृष्टिकोण की शक्ति: कैसे दूसरों को समझना आपको क्षमा करने और सहानुभूति करने में मदद कर सकता है।

जब कोई आपके साथ गलती करता है, तो एक क्षण उनकी दृष्टिकोण पर विचार करें जो सही या गलत हो सकता है। इससे आपको आश्चर्य या क्रोध की बजाय संवेदनशीलता का अनुभव होगा। अंततः, या तो आपकी एकमात्र संभव राय उनकी दृष्टि पर अच्छी या बुरी का होगा, या फिर आपकी दूसरी समान संभव दृष्टि। उस मामले में, आपको उन्हें माफ कर देना चाहिए। लेकिन यदि आप उनके विचारों से असहमत हैं, तो आप फिर

भी समझदार और नम्र रह सकते हैं विचारों के प्रति जो गलत हो सकते हैं।

27. जो है उसे गले लगाएं: अपने का۝ अभिरूपण की कला, आसक्ति के बिना सराहना।

उन चीजों पर ध्यान मत केंद्रित करें जिनकी आपमें कमी होती है, बल्कि इसके बजाय उन पर ध्यान केंद्रित करें जिनके पास आपकी होती है। उनमें से सबसे उत्कृष्ट चीजें चुनें और सोचें कि आप उन्हें कितनी इच्छा करेंगे यदि आपके पास पहले से ही न होतीं। हालांकि, सावधान रहें कि आप इनसे बहुत आकर्षित न हो जाएं, क्योंकि इससे आप उनका महत्व अधिक मान सकते हैं और अगर आप उन्हें खोते हैं, तो आपकी स्थिति अस्थिर हो सकती है।

28. आंतरिक शांति का खोज: आपके अंदर तर्करूपी शक्ति को जगाना

अपने भीतर जाएँ। जो विचारशक्ति से सिद्ध होने वाले सिद्धांत शाश्वत शांति प्राप्त करने के लिए न्यायपूर्ण कार्यों में संतुष्टि का खोजने का प्राकृतिक आवेश रखते हैं, वह आंतरिक शांति प्राप्त करने का उपाय है।

29. हाथ छोड़ने की कला को जानना: वर्तमान क्षण का स्वागत करना और जो हमारे रंग में है को नियंत्रित करना।

ख्वाबों और विचारों को समाप्त करें। अपने अधिकार से परे स्थितियों को नियंत्रित करने की प्रयास को बंद करें। केवल वर्तमान क्षण पर ध्यान केंद्रित करें। खुद को और दूसरों को प्रभावित करने वाली घटनाओं की स्पष्ट समझ प्राप्त करें। सभी वस्तुओं को उनके कारण या सामग्री संरचना में श्रेणीबद्ध करें। अपनी मृत्यु को सोचें। एक व्यक्ति के दुष्कर्म के प्रभाव को हानि के हुए स्थान में ही रहने दें।

30. इरादों का परदाफाश: शब्दों और कर्मों का महत्व

ध्यान दें बोले गए शब्दों पर। कार्यवाही और उसके पीछे वाले अभिनेताओं को समझें।

31. सर्वोच्चता की शक्ति: भगवान का अनुसरण करना और एक जटिल दुनिया में कानून का पालन करना

सरलता और मामूल्यता को स्वीकार करें, परंतु दया और बुराई के मध्य स्थिति में उदासीन रहें। सभी मानवों को प्यार करें और ईश्वर का अनुसरण सत्यनिष्ठा से करें। जैसा कि कवि ने कहा है, विधि सभी को नियंत्रित करती है, लेकिन इसे ध्यान में रखें कि विधि ऊपरवाली होती है।

32. मृत्यु या कर्म: अपरिहार्य परिणाम

मौत के संबंध में, चाहे यह विसर्जन, परमाणुकरण या विनाश के साथ जुड़ी हो, उसका अंततः समाप्ति या परिवर्तन में होने का परिणाम होता है।

33. दुख सहन करना: मन की शांति और शरीर की विद्रोह

दर्द एक अजीब चीज़ है। हालांकि, असहनीय दर्द हमें कमजोर और पराजित कर सकता है, एक लंबे समय तक तकलीफ सहना सहनीय हो सकती है। इन समयों में, हमारा मन आत्म-विश्राम करके, शांति बनाए रखकर और हमारी इच्छाशक्ति की सम्पूर्णता को संरक्षित करके आराम पा सकता है। हालांकि, दर्द से प्रभावित होने वाले हमारे शरीर के अंग को यदि वे ऐसा चुनें तो अपनी बात रखने का हकदार हो सकते हैं।

34. मशहूरी की कीमत: जो उसे खोजते हैं, उनके मस्तिक खोलना

ख्याति के संबंध में, उन लोगों की मानसिकता का परीक्षण करें जो इसे प्राप्त करने के लिए प्रयास करते हैं। उनकी विशेषताओं के साथ-साथ उन चीजों पर ध्यान दें जिनसे वे घबराहट महसूस करते हैं, और उन चीजों के बारे में ध्यान रखें जिनका वे पीछा करते हैं। ध्यान दें कि जैसे कि रेत में नीचे के स्तरों को छिपा देती है, जीवन की आगामी घटनाएं जल्द ही उन घटनाओं को अंधेरे में छिपा देंगी जो उनसे पहले हुई होती हैं।

35. ऊँचा मानसिकता का विरोधाभास: क्यों प्लेटो का मानना है कि मृत्यु नकारात्मक नहीं है

प्लेटो ने कहा था, "एक उच्चचेतना वाला व्यक्ति, जो इतिहास और पदार्थ के माध्यम से सभी अस्तित्व को अनुभव करता है, क्या वास्तव में मानव जीवन को महत्वपूर्ण समझ सकता है? नहीं, यह असंभव है," उन्होंने टिप्पणी की। "इसलिए, यह व्यक्ति मृत्यु को नकारात्मक घटना नहीं मानेगा।" जी हाँ, ऐसा होगा।

36. राजकीय गुण: परेशानियों के बीच अच्छा करने की शक्ति - अंतिस्थेनीस के अनुभव

एन्टिस्थनीज़ ने कहा, "एक अपमान के सामने भी अच्छा करके ही सच्ची राजशक्ति का प्रदर्शन होता है।"

37. मन पर चेहरा का दबाव: स्व-नियंत्रण के लिए महत्वपूर्ण संतुलन

चेहरे को मन के निर्देशानुसार आदेशित होना और नियंत्रित होना चाहिए, जबकि मन को खुद को नियंत्रित नहीं करना चाहिए। यह व्यवहार अत्यावश्यक है।

38. भावनात्मक बोझ से छुटकारा : बेमतलब मामलों की चिंता करना बेकार है क्योंकि वह महत्वहीन होती है

हमारी भावनाओं से जुड़े विषयों की चिंता करना अपर्याप्त है।

39. खुशी फैलाना: अमर देवताओं को खुश करें और अपने आप को खुश करें

हमें अमर देवताओं और खुद को आनंद लाने दो।

40. जीवन की कटाई: जन्म और मृत्यु का चक्र

जीवन को पके हुए मक्के की तरह काटा जाना चाहिए। एक व्यक्ति पैदा होता है, दूसरा चला जाता है।

41. मेरी और मेरे बच्चों के प्रति देवताओं के उदासीनता के पीछे कारण

यदि देवताओं को मेरी और मेरे बच्चों की परवाह नहीं है, तो इसका कोई कारण होना चाहिए।

42. अच्छाई और न्याय की शक्ति: एक निजी खोज

मुझे भलाई और न्याय मिलता है।

43. धीरजीवी शांति: भावनात्मक नियंत्रण और प्रतिस्थापन का मास्टरी करना

दूसरों के दुखदायक शोक या किसी भावना के तीव्र उद्गार में शामिल होने की कोई आवश्यकता नहीं है।

44. कौशल की भ्रांति: नैतिकता से अधिकतम जोखिम पर प्लेटो का प्रतिक्रिया

प्लेटो के अनुसार, मैं इस आदमी को यह कहकर जवाब देता हूं: यदि आप ऐसा मानते हैं कि एक प्रतिभाशाली व्यक्ति को केवल जीवन और मौत के खतरे का ध्यान देना चाहिए, तो आप गलत हैं। उसे ध्यान केवल इस बात पर होना चाहिए कि क्या उसके कर्म न्यायपूर्ण या अन्यायपूर्ण हैं, या वह एक अच्छा या बुरा इंसान के गुणों को दिखा रहा हैं।

45. सम्मान के साथ मृत्यु का सामना करना: कर्त्तव्य और निष्ठा का महत्व

सच्चाई यह है, ऐथेंस के महोदय, कि जहां कोई व्यक्ति ने खुद को या किसी कमांडर द्वारा उसके लिए सबसे फायदेमंद स्थान में स्थापित कर दिया गया है, वहीं वह रहेगा और मृत्यु या किसी अन्य परिणाम का विचार किए बिना उस क्षेत्र से ध्यान नहीं देता हुआ रिस्क का सामना करेगा, भला होनोर कम करने के बजाय कर्तव्य त्यागने से।

46. बचाव से सबसे अच्छा जीना तक: महानता और अच्छाई का अध्ययन

मेरे प्यारे दोस्त, चलो सोचें कि क्या गरिमा और अच्छाई बस जीवित रहने से अलग हैं। सच्चे इंसान की आयु पर विचार करना बुद्धिमान नहीं

है, क्योंकि यह हमारी प्राथमिक चिंता नहीं होनी चाहिए। हमें जीवन से नहीं चिढ़ना चाहिए, बल्कि ईश्वर को हमारी किस्मत का भरोसा करना चाहिए और हमें याद दिलाने वाली महिलाओं की बुद्धि को स्वीकार करना चाहिए कि किस्मत से बचना अपरिहार्य है। इसके बजाय, आइए हम देखें कि हम दिए गए समय में अपने सर्वोत्तम जीवन कैसे जी सकते हैं।

47. तारों के साथ यात्रा: प्रकृति के आपसी बदलाव पर शुद्धिकरण संबंधी प्रतिबिंब

तारों की पाठशाला को देखें जैसे आप उनके संग यात्रा कर रहे हों। साथ ही, प्राकृतिक तत्वों के मध्य उत्पन्न होने वाली आपसी टकराव का विचार करें। ऐसे विचार स्वर्गीय अस्तित्व की अशुद्धियों को शुद्ध करते हैं।

48. एक उच्चतर दृष्टिकोण से: प्लेटो की दृष्टि के माध्यम से मानवता की जांच

प्लेटो ने एक बार कहा था: "मानवता की चर्चा करते समय, मनुष्यीय मुद्दों को एक ऊंचा दृष्टिकोण से देखना चाहिए। इसमें सभाएं, सेनाएं, कृषि कार्य, विवाह, संधियां, जन्म, मृत्यु, न्यायालयों की हलचल, खाली बेखवाबगांवों, प्राकृतिक उग्रवादियों के विभिन्न राष्ट्र, उत्सव, शोक संदर्भ, बाजारों, और विभिन्न प्रकार की स्थितियों के मेल-जोल का अध्ययन शामिल होता है।"

49. 40 वर्षों या 10,000 का परीक्षण: भविष्य के राजनीतिक परिवर्तनों का पूर्वानुमान

भूतकाल के बारे में सोचिए - यहां पहले से ही बड़े राजनीतिक परिवर्तन हो चुके हैं। आप यह भी आंदाजा लगा सकते हैं कि आने वाली घटनाएं इसका पीछा करेंगी, क्योंकि यह एक ही पैटर्न पर चलेगी। वर्तमान में हो रही चीजों के कारण ऐसा ही चलता रहने का अनुमान है। इसलिए, चालीस साल के मानव जीवन की जांच दस हजार साल के बराबर होती है। क्योंकि देखने के लिए बाकी कुछ नहीं बचता है?

50. आकाशीय मूल: स्वर्गीय तत्त्वों के घर वापसी की खोज

जो जीवन पृथ्वी से उत्पन्न होता है, वह पृथ्वी पर ही वापस चला जाता है। हालांकि, जो जीवन आकाश से आता है, वह अपने आभासी मूलों में वापस जाता है। इसे अणुओं की अलगाव या मृत पदार्थों के विसंचार से समान संपत्ति वाला व्याख्या किया जा सकता है।

51. स्वर्गीय प्रशामन और चालाक चालें: दुर्भाग्यपूर्ण अंत से बचने के लिए भाग्य को बदलना

स्वादिष्ट रिफ्रेशमेंट्स और चालाक मायावी जादू के साथ, हम भाग्य के पथ को बदलने और दुखद अंत से बचने का उद्देश्य रखते हैं। हमें दिए गए स्वर्गीय हवा के साथ, हम दृढ़ता से मेहनत करेंगे और किसी भी शिकायत के बिना सहन करेंगे।

52. उत्कृष्टता का सच्चा माप: केवल अपने प्रतिद्वंद्वी को हराने से ज्यादा

कोई दूसरा व्यक्ति अपने प्रतिद्वंदवी को हराने में सफल हो सकता है, लेकिन उसे सचेत रहना चाहिए कि वह अधिक मित्रसंगत और विनम्र हो, किसी भी चुनौती का मुकाबला करने के लिए तैयार हो, और पड़ोसी के दोषों को समझने में अधिक बुद्धिमान हो।

53. निडर और उत्पादक: सफलता के लिए भगवानों और मानवों का सार्वभौमिक तार्किक उपयोग

जहां तक हम ईश्वरों और मानवों के वैश्विक तर्क के अनुसार किसी कार्य का प्रदर्शन कर सकते हैं, हमें किसी भी डर की कोई आवश्यकता नहीं है। यदि हम अपनी प्राकृतिक क्षमताओं और संविधान से मिलती-जुलती उपयोगी गतिविधियों में संलग्न होते हैं, तो हम सुरक्षित रूप से स्थापित कर सकते हैं कि कोई क्षति हमारे पास नहीं आएगी। इसलिए, हमें किसी भी चीज के बारे में चिंतित होने की कोई आवश्यकता नहीं है जो सफल और संगत कार्रवाइयों के माध्यम से हमारे लिए लाभदायक होती है।

54. आत्मसमर्थन करने के लिए धार्मिकता और न्याय को स्वीकार करने का आदर्श: सचेत चिंतन की कला

तुम हमेशा मान्यता के साथ अपनी वर्तमान स्थिति को स्वीकार करने और अपने आस-पास के लोगों के प्रति न्यायपूर्वक व्यवहार करने की शक्ति रखते हो। इसके अलावा, तुम कभी भी और कहीं भी अपरीक्षित विचारों को ग्रहण करने से रोकने के लिए माहिरत से अपने विचारों की जांच कर सकते हो।

55. अपनी प्रकृति का अनुसरण करें: तर्कशक्ति और सामाजिक आपस्तित्व की चाबी

दूसरे लोगों की नैतिकता और मान्यताओं पर ध्यान ना दें, बल्कि अपने स्वाभाविक प्रेरणाओं का अनुसरण करें। अपने पर्यावरण में होने वाले चीजों और अपने स्वभाव पर आधारित कर्मों पर ध्यान दें। हर प्राणी को अपनी विशेष गुणधर्मों के आधार पर कार्य करना चाहिए, और यह सब कुछ शास्त्रीय प्राणियों की सेवा करने के लिए बनाया गया है। उसी तरह, कमजोर चीजों में, उच्चतम प्राणियों की सेवा करने का उद्देश्य होता है, लेकिन जब बात शास्त्रीय प्राणियों की आती है, तो वे एक दूसरे की सेवा करने के लिए मौजूद होते हैं।

मानव प्राकृतिक रूप से सामाजिक अंतरभाषा के अधीन स्थित प्रमुख सिद्धान्त है। इसके अलावा, हमें अपने शरीर की मांगों में नहीं झुकना चाहिए। इस बात की जिम्मेदारी हमारे बुद्धि को अपने कर्मों पर शासन करनी होती है, और इसे कभी भी हमारे इंद्रियों या वासनाओं द्वारा आवर्तित नहीं किया जाना चाहिए क्योंकि दोनों पशुभावना से प्रेरित होते हैं। बुद्धि महत्त्वाकांक्षा को धारण करती है, क्योंकि इसे सभी का उपयोग करने के लिए तैयार किया गया है। अंत में, शास्त्रीय प्राणियों को त्रुटियों और भ्रामकताओं से मुक्त होने की कोशिश करनी चाहिए। इसलिए, यदि हमारा नैतिक दिशा-निर्देश इन सिद्धान्तों का पालन करता है, तो हम सही मार्ग पर होंगे।

56. जीवन के उद्देश्य की खोज में मृत्यु की अनिवार्यता के साथ सद्भाव में रहें: जीवन में संतुलन स्थापित करने के लिए एक मार्गदर्शिका

अपने आप को पहले ही मर चुका मानिए और अपनी जिंदगी को इस समय तक जीने को स्वीकारिए। शेष बचे हुए समय में प्रकृति के अनुरूप जिएं।

57. नियति द्वारा बँधाया प्रेम: जो भाग्य बुन रहा है, उसे गले लगाएँ।

केवल उसे प्यार करें जो भाग्य लाती है और आपके भाग्य के वस्त्र में बुना होती है। क्या कोई और भी समझदार हो सकता है?

58. अपनी किस्मत का मास्टर बनें: बाहरी विचरणों से मुक्त हों और व्यक्तिगत विकास की चुनौतियों को ग्रहण करें।

किसी भी परिस्थिति का सामना करते समय, उन लोगों को याद रखें जिन्होंने उसी चीज़ का सामना किया और वे कैसे प्रतिक्रिया दी, जो अक्सर निराशा और आलोचना के साथ होती है। लेकिन उनके साथ कुछ नहीं हुआ। फिर आप क्यों उनकी छाप में चलने का चयन करेंगे? बाहरी प्रतिबंधों में फंसे हुए नहीं पड़ें, बल्कि मौजूदा परिस्थितियों का सबसे अच्छे तरीके से उपयोग करने पर ध्यान केंद्रित करें। इस तरह, आप न केवल खुद को संभालेंगे, बल्कि खुद को व्यक्तिगत विकास के लिए भी उपयोगी साबित करेंगे। अपने कार्यों को प्राथमिकता दें और सभी कार्यों में एक कुशल मनुष्य होने की प्रतिज्ञा करें। याद रखें...

59. शुभता की तलाश: सीमाहीन प्रवाह को खोलना

अपने आप में देखें। अच्छाई का स्रोत गहराई में स्थित है और यदि आप खुदाई करना जारी रखते हैं तो यह सतत रूप से बहता रहेगा।

60. सरलता से आलंबित: प्राकृतिक गति और संकट का महत्व

शरीर को संयोजित, सुगम और प्राकृतिक गति और भावधारणा प्रदर्शित करना चाहिए। शरीर के लिए महत्वपूर्ण है कि चेहरे में व्यक्त की जाने

वाली समझ और उचितता को प्रतिबिंबित किया जाए। हालांकि, इसे कृत्रिम या प्रकृतिविरुद्ध ढंग से नहीं किया जाना चाहिए।

61. जीवन की चुनौतियों का निपुणता: द पहलवान का दृष्टिकोण

जीने की कला एक पहलवान के समान होती है और नृत्यकार की तुलना में नहीं, क्योंकि इसे तत्परता से तैयार रहना चाहिए और अचानक और अप्रत्याशित चुनौतियों का सामना करने के लिए।

62. किसकी मंज़ूरी का ध्यान रखते हुए: अपमान और संदिग्ध प्रभाव से बचें

हमेशा याद रखें कि आप किसकी स्वीकृति का आग्रह कर रहे हैं और उनकी नैतिक मान्यताओं का भी। इस तरह, आप उन लोगों का निर्णय नहीं करेंगे जो आपको अनजाने में आपत्ति देते हैं, और न ही आप संदिग्ध सोच और इच्छाओं से स्वीकृति चाहेंगे जब आप उनकी वजह समझेंगे।

63. सत्य और गुणों की कमी: सहानुभूति में एक दार्शनिक की दृष्टि

दार्शनिक इसमें विश्वास रखते हैं कि प्रत्येक व्यक्ति पूरी तरह सत्य से वंचित होता है। इस गुण की अभावता से न्याय, सहानुभूति, कृपा और अन्य गुणों का भी प्रभाव पड़ता है। इस प्रकार का विश्वास रखने का महत्व है। यह करके, आप अपने आस-पास के सभी लोगों के प्रति दयाशील बन जाएंगे।

64. दर्द के बारे में गलतफहमियाँ: इसे निर्देशित करना और उसे पार करना

याद रखें, दुख के समय, कि यह न तो अनादरपूर्ण है, और न ही यह आपकी बुद्धिमत्ता को कीचड़ लगाता है। यह आपके तर्कसंगत या सामाजिक रूप कोई प्रभाव नहीं डालता। मन में ध्यान रखें कि एपिकुरस के ज्ञानीय वचनों के अनुसार अधिकांश दुख असहनीय नहीं होते हैं और वे स्थाई नहीं होते। इनकी सीमाएँ होती हैं और उन्हें आपकी कल्पना से आगे नहीं बढ़ाना चाहिए। इसके अलावा, महत्वपूर्ण है कि अनेक अप्रिय अनुभवों को दर्द के रूप में मान्य नहीं किया जाता है, जैसे कि उन्माद, गरमी महसूस करना और भूख की कमी। इसलिए, जब आप इन चीजों से असंतुष्ट होते हैं, तो अपने आप को याद दिलाएं कि आप शारीरिक दर्द में नहीं हैं।

65. मानवों के प्रति अमानवीय व्यवहार का अनुकरण करने का खतरा

सतर्क रहें कि जैसे वे मानवों के साथ बर्ताव करते हैं, वैसे ही भाग्यशाली, नैतिक और मानवीय व्यक्ति के रूप में व्यवहार करें।

66. आत्मा की खोज: तेलेजस और सोकरेटीज़ के चरित्र की तुलना

हम कैसे निर्धारित कर सकते हैं कि तेलौगेस अचार के मामले में सोक्रेटीज़ से कमजोर था? इसका सोचना पर्याप्त नहीं है कि सोक्रेटीज़ की मृत्यु एक उच्चतर मौत वाली थी, वह सॉफिस्टिकेटेड से अधिक कुशल था, वह कठिन रातों के लिए अधिक सहनशील था, या यह भी नहीं कि उसने लियॉन ऑफ सेलेमिस को गिरफ्तार नहीं किया और सर्वसामान्य रूप से महत्वपूर्णता दिखाते हुए चला था - हालांकि, यह अंतिम बिंदु संदेहास्पद है। इसके बजाय, हमें सोक्रेटीज़ की आत्मा की प्रकृति की खोज करनी चाहिए और यह निर्धारित करना चाहिए कि क्या वह दूसरों के साथ सम्मिलित रहने और ईश्वरप्रेमी था। उसने खुद को दूसरों की दुष्टता के प्रभावों से अधिक प्रभावित नहीं होने दिया, न ही वह किसी की अज्ञानता का दास बना। उसे उसके संगठन के किसी भी घटना को अनैतिक नहीं माना, न ही इसे पीड़ादायक माना। उसने अपनी मनसिक शारीर की आत्मसामर्थ्य को अपने दुखों से प्रभावित नहीं किया।

67. अल्पतावाद की शक्ति: स्वयं-प्रशासन और भगवान की सौम्यता के माध्यम से एक देवी की शक्ति बनना

प्रकृति ने बुद्धिमानि को शरीर की संरचना के साथ इतना मिश्रित नहीं किया है कि आप अपने आप को नियंत्रित और नियंत्रित नहीं कर सकते, और वह भी इतनी चीज़ें जो आपके पास हैं। आप एक दैवीय व्यक्ति बन सकते हैं, हालांकि कोई भी इसे मान्यता नहीं देता। इसे ध्यान में रखें और याद रखें कि जीवन की छोटी सी दृष्टिकोण सामान्य रूप से सच्ची खुशी प्राप्त करने के लिए काफी होती है। बस इसकी वजह से, आप ने जलाइजिकियों और प्राकृतिक विद्वान बनने के विचारों से छोड़कर स्वतंत्रता,

विनम्रता, सामाजिकता और परमेश्वर के प्रति वफादारियों को बढ़ावा दिया है।

68. अपने अंदर छिपी शक्ति को प्रकट करें: हंगामा के बीच शांति को गले लगाएं और चुनौतियों को अवसर के रूप में आग्रह करें

तुम्हारे शक्तिमान होने के कारण तुम्हें स्वतंत्रता और शांति के साथ जीने का अवसर है, दबाव से मुक्त। चाहे पूरी दुनिया तुम्हारे खिलाफ हो या फिर जंगली पशु तुम्हारे शरीर को हमला करें। मन अपनी शांतिपूर्ण स्थिति को बनाये रख सकता है, जो चीजों को इसके आस-पास समझ सकता है और सरलता से इस्तेमाल कर सकता है। मन की न्यायिक दृष्टि के माध्यम से वस्तु के स्वरूप को देखना चाहिए, बिना चिंता किए जैसे अन्य लोगों द्वारा दिया जाता है, जबकि उसका उपयोग किया जा सकता है जो खोजा जाता है। हर वस्तु जो धार्मिक या राजनीतिक गुणों के रूप में प्रस्तुत करती है, कला का एक अवसर बन जाती है - चाहे मानवीय हो या दैवीय। क्योंकि हर घटना या तो ईश्वर से संबंधित होती है या फिर मनुष्य से, और काम पर आम और उपयोगी सामग्री प्रस्तुत करती है। इस प्रकार, कोई भी नयी और चुनौतीपूर्ण चीज नहीं होती है जो संभाली जा सकती है।

69. एक मजबूत नैतिक चरित्र को खोलना: प्रत्येक दिन सत्यनिष्ठा से जीना।

एक नैतिक दृढ़ता वाले चरित्र का मूल मंत्र यह है कि हमें हर दिन ऐसे जीना चाहिए जैसे यह हमारा आखिरी दिन हो, बिना ज्यादा चिढ़ाने वाले बनें, अप्रतिक्रियात्मक रहें या किसी और के बन गए होने की नक़ल न करें।

70. अमर देवताओं की सहनशीलता: दोषपूर्ण मानवों का समर्थन करना, जब तक उन्हें सहिष्णुता से उबरने की इच्छा न छोड़ दें

अमर देवताओं को हमेशा हीरान नहीं होता है, हालांकि वे नापूंसक मानवों को बहुत लम्बे समय तक सहना पड़ सकते हैं, खासकर बुरे वालों को। वे यह भी सुनिश्चित करते हैं कि मानवता को हर पहलू में अच्छी तरह

देखभाल की जाती है। हालांकि, इकलौते मनुष्य के रूप में, क्या आप बदकिस्मती के बोझ को झेलने की थकान महसूस कर रहे हैं, खासकर क्योंकि आप उन लोगों में से एक हैं जो इसमें योगदान देते हैं?

71. अपनी खामियों से बचना: संभव, लेकिन दूसरों की दोषों से भागना? बेतुका

अपनी खामियों से बचने की कोशिश करना, एक व्यक्ति के लिए अजीब होता है जो कि संभव हो सकता है, लेकिन दूसरों की त्रुटियों से भागने का प्रयास करना अप्राप्त होता है।

72. तर्कसंगत और सामाजिक संकायों का श्रेष्ठता परिसर: बुद्धिमत्ता और सामाजिक मानकों को परिभाषित करना

तर्कसंगत और सामाजिक क्षमताएं, अपने स्वभाव से, बुद्धि और सामाजिक मानकों से कमतर होने वाली किसी भी चीज़ को घटिया मानती हैं।

73. तीसरे पुरस्कार की तलाश में फंसने का जाल: क्यों सच्ची भलाई स्वार्थहीन ढंग से की जानी चाहिए

एक बार जब आपने अच्छा काम किया हो और किसी को इससे लाभ हुआ हो, तो आप मानवीय मूर्खों की तरह इसे प्राप्त करने के लिए एक तीसरा प्रोत्साहन की खोज क्यों करें? यह तीसरा प्रोत्साहन या तो एक अच्छे काम के लिए मान्यता हो सकता है या कुछ मुआवजा मिल सकती है। हालांकि, ऐसी उम्मीदें अनावश्यक और भटकती हुई होती हैं।

74. बांटने की असीमित खुशी: क्योंकि उपयोगी उपहार कभी सुनिश्चितता से बाहर नहीं जाते हैं।

कोई भी कभी भी प्राप्त करने से थक नहीं जाता है जब वो उपयोगी होता है। इसलिए, प्रकृति के अनुसार कार्य करना महत्वपूर्ण है। इसलिए,

दूसरों के लिए उपयोगी चीज़ें साझा करने से हिचकिचाहट न करें, क्योंकि कोई भी थक नहीं होता है जब वो सहायक होता है।

75. ब्रह्मांड की युक्तियों: जानने में शांति और शांतिपूर्णता की खोज

ब्रह्मांड सबके आंतरिक गतिविधियों के परिणामस्वरूप बनाया गया था। हालांकि, अब होने वाली सभी घटनाएं कारण-प्रभाव या नियमितता के कारण होती हैं। इसके अलावा, शायद ही ब्रह्मांड के सत्ताधिकार द्वारा प्रेरित सबसे महत्वपूर्ण घटनाओं को भी युक्तिगत सिद्धांतों द्वारा संचालित नहीं किया जा सकता है। इस तत्व को मन में रखकर आप कई स्थितियों में अधिक शांति और साम्राज्य प्राप्त कर सकते हैं।

पुस्तक 8

— प्रकृति के साथ संगठित रहो

अपने जीवन पर नियंत्रण रखें और प्रकृति के सिद्धांतों के अनुसार जीवित रहकर सच्ची संतोष प्राप्त करें। वही करें जो आप प्राकृतिक रूप से इच्छित करते हैं और यह विचार करें कि क्या आपके कार्य दूसरों को लाभ पहुंचाएँगे। परिवर्तन को ग्रहण करें और हर बाधा को एक अवसर मानें जिसे आपके मानवीय उद्देश्यों के साथ अनुसरण करने का मौका है। अस्तित्व में सभी चीजों का उद्देश्य होता है, इसलिए संपूर्णता के लिए चीजों को होलिस्टिक दृष्टिकोण से देखें। सम्मान और विनम्रता से बातचीत करें और यह विश्वास करें कि आपके कार्य अंततः मनुष्यता को लाभ पहुंचाएँगे। ब्रह्मांड के अविरामी परिवर्तनों से डरने की आवश्यकता नहीं है, और स्वीकार करें कि सभी चीजें अस्थायी हैं। जीवन की अस्थायित्व को महत्व दें और जब चीजें योजना के अनुसार नहीं हों तो अपने आप पर बहुत कठोर न हों। आपके पास अपनी परम शक्ति को खोलने और दुनिया को बेहतर बनाने के लिए कार्रवाई करने की क्षमता है। तो उठें और दूसरों

के लिए कुछ अच्छा करें, कठिनाइयों को स्वीकार करें, और आज अच्छा होने का चुनाव करें। आपके पास अपने समय का सर्वाधिक लाभ उठाने का मौका है, इसलिए कार्रवाई करें और शिकायत न करें।

1. प्रसिद्धि की इच्छा से हटकर: अपनी प्रकृति के अनुसार जीवन में सच्ची ख़ुशी का खोज

यह प्रतिबिंब उस चाह को छोड़ने के बारे में है जिसे एक दार्शनिक जीवन जीवित न होने पर अर्जित नहीं किया जा सकता है, खासकर अगर आपने जब से अपनी जवानी से वैसे ही नहीं जीया है। बहुत सारे लोगों, आप समेत, को साफ़ है कि आप एक दार्शनिक नहीं हैं। आप अव्यवस्था में गिर चुके हैं, जिससे आपको उस मान्यता को प्राप्त करना मुश्किल हो जाता है, और आपकी मौजूदा जीवनशैली इसे समर्थन नहीं करती है।

यदि आप वास्तव में यह समझ गए हैं, तो फिर दूसरों के बारे में क्या सोचते हैं उसकी चिंता छोड़ दें। इसके बजाय, अपनी स्वभाव के अनुसार रहने पर ध्यान केंद्रित करें। जानें कि वह क्या है और किसी चीज़ से आपको विचलित नहीं होने दें। आपने पहले ही जीवन में बहुत सारे विभिन्न मार्गों का अनुभव किया है लेकिन सच्ची ख़ुशी को नहीं पाया, न तर्क, धन, प्रसिद्धि, आनंद, या किसी और चीज़ में। तो, सच्ची ख़ुशी कहाँ पाई जाती है? वह मानव स्वभाव को पूर्ण करके पाई जाती है। किस प्रकार एक व्यक्ति इसे प्राप्त कर सकता है? अपने विचारों और क्रियाओं को मार्गदर्शन करने वाले सिद्धांतों के द्वारा।

किस प्रकार के सिद्धांत: जो अच्छे और बुरे पर आधारित हों: यह विश्वास है कि कोई भी चीज़ इंसानों के लिए उत्तम नहीं है अगर वह उन्हें न्यायी, मधुर, बलवान, और स्वतंत्र नहीं बनाती है, और वही कुछ भी जो उसके विपरीत होता है बुरा है।

2. जीवन के पलों को अधिकतम बनाना: स्व-प्रतिबिंब और उद्देश्य के साथ जीने की शक्ति

हर कार्य से पहले अपने आप से पूछिए, "यह मुझसे कैसे संबंधित है? क्या मुझे इसका पछतावा होगा?" समय अनुगम है और मैं जल्द ही विलीन हो जाएगा। तो, और मुझे क्या इच्छा है? यदि मेरे वर्तमान कार्य एक बुद्धिमान, सामाजिक प्राणी के सिद्धांतों से मेल खाते हैं जो भगवान के समानीन केन का कानून मानता है, तो मुझे और कुछ खोजने की आवश्यकता नहीं है।

3. दार्शनिकों के सच्चे महान्: कैसे दियोजनीज, हेराक्लिटस और सोक्रेटीज प्राचीन विश्व के महान् शासकों से धनी हैं

एलेक्जेंडर, कैयस, और पॉम्पियस दियोजनीस, हेराक्लिटस, और सोक्रेटीज के मुकाबले फीके पड़ जाते हैं। ये महान दार्शनिकों के लिए वस्तुओं, उनके कारणों, और उनके मूलसिद्धांतों का गहरा समझ था - ये गुणधर्म उनके उद्यमों को सूचित करते थे। इसके विपरीत, एलेक्जेंडर और उसके समकक्ष लोग कई जिम्मेदारियों का बोझ उठाने में थे और अनेक चिंताओं में बंधे थे।

4. अविराम: पुरुषों की आदतें विस्फोटक परिणामों के बावजूद स्थायी हैं

ध्यान रखें कि पुरुष हमेशा वैसी ही चीजें करेंगे, चाहे आप उन्हें बिस्फोट कर दें।

5. ब्रह्माण्ड के कानूनों को ग्रहण करें: हैद्रियन और अगस्तस से गुण और विनम्रता के सबक

मुख्य बात यह है: किसी चीज़ से बेचैन न हों, क्योंकि सब कुछ ब्रह्मांड के कानूनों के अनुसार है। जल्द ही, आप निरहम् और अनदेखा हो जाएंगे, बस हद्रियन और आगस्तस की तरह। दूसरे तौर पर, अपने काम पर ध्यान केंद्रित करें और ध्यान दें कि एक गुणी इंसान बनना और मानव प्राकृति की मांगों को पूरा करना आपकी ज़िम्मेदारी है। आपको भ्रष्ट न होने के

साथ अपने कर्तव्यों को निभाना चाहिए और अपने विचारों को सच्चाई, ईमानदारी और विनम्रता के साथ व्यक्त करना चाहिए, किसी भी तरह की कपट से बचकर।

6. वैश्विक स्थानांतरण को गले लगाएं: नवीनता की सुंदरता का अन्वेषण

विश्वासार्थक का उद्देश्य चीजों को एक जगह से दूसरी जगह पर स्थानांतरित और परिवर्तित करना है। यह चीज़ें यहां से वहां ले जाई जाती हैं, आवश्यकता अनुसार उन्हें बदल और हटा दिया जाता है। जीवन में सब कुछ परिवर्तित होने की प्रतिष्ठा होती है, लेकिन नई बातों से डरने की कोई आवश्यकता नहीं होती। हालांकि, हमारे लिए सभी चीज़ें पहचानी जाने वाली होती हैं, उनके व्यवस्थापन और संगठन में अंतर हो सकता है।

7. सही मार्ग की खोज: सत्य, सामाजिक भलाई और सार्वभौमिक प्रकृति का खोज

हर प्राणी अपने आप से संतुष्ट होता है जब वह सही मार्ग पर होता है, और एक तर्कसंगत प्राणी सही मार्ग पर होता है जब वह केवल सत्य को मानता है, सामाजिक भलाई की ओर अपने कार्यों को निर्देशित करता है, अपनी इच्छाओं और नापसंदगी को वह करता है जो उसके नियंत्रण के अंदर होता है, और संपूर्ण प्रकृति द्वारा सौंपे जाने वाली हर चीज़ को स्वीकार करता है। प्रत्येक व्यक्तिगत प्राकृतिक प्रकृति का एक हिस्सा होती है, ठीक वैसे ही जैसे पत्ती पौधे की प्रकृति का हिस्सा होती है। हालांकि, पौधे की प्रकृति में अनुभव और तर्क की कमी होती है, और यह परेशानियों के अधीन होती है। वहीं, मानवीय प्रकृति एक अद्यावधिक प्रकृति का हिस्सा होती है जिसमें परेशानियाँ नहीं होतीं, न्याय को समझती है और उसे आचरण में लाती है, और हर वितरण कार्य, समय, सामग्री, कारण, गतिविधि और घटना पर आधारित होती है। लेकिन महत्वपूर्ण है कि एक वस्तु की संपूर्णता का मूल्यांकन करना चाहिए और उसे किसी अन्य व्यक्तिगत वस्तु के सामग्री के साथ तुलना करनी चाहिए, बल्कि एक ही वस्तु की तुलना करनी चाहिए।

8. अपनी आंतरिक शक्ति को प्रकट करें: अहंकार को पार करके और एक उच्चतर उद्देश्य की पुरस्कार्थी शुरू-करना

आपके पास पढ़ने का समय या क्षमता संभवतः नहीं होगी, लेकिन आपके पास आपके अहंकार को पराजित करने की क्षमता है। आप खुशी की खोज करने और दुख से ऊपर उठने की क्षमता रखते हैं। आपमें प्रसिद्धि की ख्वाहिश से परे उठने की शक्ति है और आप अज्ञानी और अकृतज्ञ लोगों से परेशान नहीं होने की क्षमता रखते हैं, शायद आपकी करुणा भी दिखा कर।

9. मौन निर्णय: न्यायालय और व्यक्तिगत जीवन की आलोचना के खतरे

किसी कोर्ट जीवन या अपने जीवन की आलोचना करने के दौरान आपको किसी भी आवाज को सुनने नहीं देना चाहिए।

10. सुख का भ्रम: क्यों पश्चाताप सच्ची प्राथमिकता के मार्गदर्शन को ले जाता हैं

पश्चाताप एक रूप है जो किसी लाभदायक चीज को ध्यान देने के लिए आत्म-विचार करने का है। हालांकि, वास्तविकता में, अच्छी चीजें उपयोगी होनी चाहिए, और एक सच्चा और नेक इंसान को यह पहले स्थान पर होना चाहिए। इसके अलावा, कोई सच्चा और नेक इंसान कभी भी अल्पकालिक सुख की परिभाषा में आनंदित नहीं होगा। इसलिए, आनंद को उपयोगी या अच्छा माना नहीं जा सकता है।

11. अपरोक्षित पर आधारित: अज्ञात वस्तु के सार, संकलन और अस्तित्व की खोज

इसका मूल स्वरूप, इसकी संरचना से ठीक से क्या निरूपित होता है? इसमें कौन से तत्व और सामग्री मौजूद हैं? यह किस आकार या रूप में होता है? यह दुनिया में कौन सी भूमिका निभाता है? और इसका कायम होने का समय क्या होगा?

12. सामाजिक बातचीत के लिए अपनी प्राकृतिक प्रवृत्तियों को नींद पर चढ़ाती हुई शक्ति

जब आप अनिच्छुक महसूस करके उठते हैं, तो याद रखें कि इंसानी होने के नाते, सामाजिक बातचीत में शामिल होना आपके लिए प्राकृतिक है, जबकि सोना एक अस्थायी प्राणी के लिए एक सामान्य गतिविधि है। हालांकि, जो आपके लिए प्राकृतिक है, वह दूसरों के लिए विचित्र है, उनकी प्रकृति और आपकी प्रकृति के संग बहुत मेल खाता है, और अधिक संतुष्टिजनक होता है।

13. आत्मिक विज्ञान: रसिकीय भौतिकी, नैतिकता, और वाद-विवाद को अपनी दैनिक जीवन में सम्मिलित करना

लगातार और जब-जब संभव हो, अपनी आत्मा को प्राथमिकता देकर, भौतिकी, नैतिकता और जैक्टिक्स के सिद्धांतों को अपने मन में स्थापित करें।

14. विश्वास कारक: कैसे किसी की दृष्टिकोण को समझना उनके कार्य और अनिवार्यताओं की पूर्वानुमान लगा सकता है।

जब भी आप किसी व्यक्ति से मिलें, अपने आप से पूछें: उनके विचार सही और गलत के बारे में क्या हैं? यदि उनके दृष्टिकोण खुशी, दुःख, उनके स्रोतों, और मशहूरी, निराशा, मृत्यु या जीवन के बारे में भी एक विशेष राय के साथ मेल खाते हैं, तो अगर वे कुछ ऐसे कार्य करते हैं तो उसमें कोई हैरतंगी और अद्भुत नहीं होगी। ध्यान रखें कि उनके व्यवहार से बाध्यताएँ का पता चल सकता हैं।

15. उम्मीद कीजिए कि हो जाएगा: चिकित्सकों और हेल्समें के लिए एक याददाश्त

याद रखें कि बूढ़ाईमा मुलबेर प्रदान गर्ने समयमा हैरान होदा बुद्धिमान हुने बजाय यह मूर्खता होती है, और साथ ही, जब जगत आम उत्पादनों को प्रदान करता है तो वह संतुष्ट नहीं होता। चिकित्सक और हेल्समेन भी

ध्यान नहीं देते जब वे व्यक्ति को ज्वर या उसके लिए अनुकूल वातावरण के साथ रहने के लिए कहते हैं।

16. विनम्रता की शक्ति: सुधार को स्वीकार करना मुक्ति के लिए महत्वपूर्ण है

याद रखें, अपनी राय बदलना और सुधार स्वीकार करना स्वतंत्रता के लिए समान रूप से महत्वपूर्ण है, जैसा कि अपनी गलती में परिवर्तन करना और जारी रखना। इसलिए, जब आप गलती को मानते हो और दूसरों से सीख रहे हो, तो डरने की कोशिश ना करें। यह सब सच्ची स्वतंत्रता के सफ़र का हिस्सा है।

17. लापरवाही पर जवाबदारी चुनना: उद्देश्यपूर्ण निर्णय लेना।

अगर आपके पास किसी चीज़ पर नियंत्रण है, तो आप उसे करने के लिए क्यों चुनते हैं? लेकिन अगर किसी दूसरे के पास नियंत्रण होता है, तो आप किसे दोष देते हैं - किस्मत या देवताओं को? दोनों विकल्प मूर्खतापूर्ण होते हैं। आपको किसी को दोष नहीं देना चाहिए। अगर आप कर सकते हैं, तो मूल कारण पर ध्यान दें। अगर आप नहीं कर सकते, तो परिस्थिति को सुधारने की कोशिश करें। लेकिन यदि आप उसे भी नहीं कर सकते हैं, तो शिकायत करने का कोई मतलब है क्या? उद्देश्य में, बाद में, हर चीज़ का एक मकसद होना चाहिए।

18. अनन्त चक्र: मौत कैसे परिवर्तन और ब्रह्मांड से सम्मिलन के लिए ले जाती है

जो मर गया है, वह ब्रह्मांड से पूरी तरह से नहीं जाता है। बल्कि, यह परिवर्तन का सामना करता है और उसमे विद्यमान तत्वों में घुल जाता है जो ब्रह्मांड और अपनी शारीरिक प्राकृति का हिस्सा होते हैं। ये तत्व समय के साथ भी बदलते हैं, लेकिन शांति और शिकायत के बिना।

19. अस्तित्व के उद्देश्य की खोज: क्या खुशी का पर्याप्तता मिलना पर्याप्त है?

सभी चीजों का एक उद्देश्य होता है - एक घोड़ा, एक बैल। तब आपको यह खुद के लिए आश्चर्यजनक क्यों लगता है? सूरज का भी वास्तविकता का एक कारण होती है, वैसे ही अन्य देवताओं का भी। और आपका खुद का उद्देश्य क्या है? क्या यह केवल आनंद की तलाश है? सोचें कि यह मूल तर्क के अनुरूप है या नहीं।

20. गिरते बॉल से फटने वाले बुलबुले तक: प्रकृति के आरंभ और समापन का समझना

प्रकृति शुरुआत और अंत, दोनों को ध्यान में रखती है, ठीक वैसे ही जैसे कोई बॉल फेंकता है। इसलिए, ऊपर बॉल फेंकने में कोई लाभ नहीं होता, नीचे आने में कोई हानि नहीं होती है, या यदि कभी गिर जाए तो भी कोई हानि नहीं होती है। उसी प्रकार, जब तक एक बुलबुला पूर्ण है, उसका कोई लाभ क्या होता है, और जब वह फटता है तो कोई हानि होती है? यही सिद्धांत उजाले के लिए भी लागू होता है।

21. मानव शरीर की कमजोरी और पृथ्वी पर हमारे अनुभवों की अत्याधीनता

शरीर की प्रकृति को समझने के लिए उसे अंदर से बाहर जांचें, जैसे कि जब वह उम्र में बढ़ जाता है या रोग से प्रभावित होता है। व्यक्ति, जो स्तुति करने वाला है और जिसे स्तुति होती है, जो याद करने वाला है और जिसे याद किया जाता है, उनका समय बहुत कम होता है। ये सभी चीजें दुनिया के एक छोटे से कोने में होती हैं और यहां भी, व्यक्तियों के भीतर असंतोष और संघर्ष होता है। पृथ्वी की विशालता को ध्यान में रखकर, मानवों के अनुभव बस एक बिंदु ही होते हैं।

22. कल का धर्म: स्व-सुधार के लिए विलंबित कार्रवाई का महत्व

हाथ में दिए गए कार्यों पर ध्यान केंद्रित करें, चाहे वह एक राय हो, एक क्रिया हो या बोली गई बात हो। आपको अनुवादित कार्यों से होने वाले परिणामों का कोई भी नतीजा उठाना चाहिए क्योंकि आप आज नेकी करने की बजाय कल को बेहतर बनने को प्राथमिकता देते हैं।

23. ईश्वरीय प्रेरणा: मानवता की सुधार के लिए प्रयास करना

क्या मैं किसी क्रिया में संलग्न होता हूँ? मैं यह सुनिश्चित करता हूँ कि यह मानवजाति के लाभ की ओर संरेखित होता है। अगर मेरे साथ कोई घटना होती है, तो मैं उसे स्वीकार करता हूँ और उसे देवताओं और सर्व-सृष्टि शक्ति को समर्पित करता हूँ जो सभी घटनाओं को नियंत्रित करती है। यही स्रोत है जिससे सभी घटनाएँ उत्पन्न होती हैं।

24. जीवन की गंदगी में डूबना: अस्तित्व की घृणित प्रकृति को समझना

तुम्हारे लिए स्नान की तरह कुछ भी घृणास्पद हो सकता है - तेल, पसीना, गंदगी, गन्दा पानी - ऐसा ही जीवन में हर चीज़ होता है।

25. जीवन की अस्थायी प्रकृति: गुजर जाने और नष्ट हो जाने की गवाही - किस्से शानदारी के और भूले हुए लोगों के

लुसिला वेरस की मृत्यु की साक्षी थी, और थोड़ी देर बाद चली गई। सेकंडा ने मैक्सिमस की मृत्यु की साक्षी दी, और उसे वही भाग्य मिला। इपिटांचानस ने दियोटिमस की मृत्यु के साक्षी दिए, और उसे वही रास्ता मिला। अंतोनिनस ने फॉस्टिना की विदाई को देखा, उसके बाद उसका अंत हुआ। ऐसा ही होता है। सेलर ने हाद्रिआनस की मृत्यु की साक्षी दी, उसके बाद वह खुद जाने लगा।

जिन तेज-मति व्यक्तियों को अनुभवशाली या अत्यधिक आत्मविश्वासी माना गया था, वे अब कहां हैं? जैसे तर्जनकृत दिमागवाले चरक्स, प्लेटोप्राणिक देमेत्रियस, यूदैमोन और उनके समान अन्य लोग? सभी बहुत समय से मर चुके हैं। कुछ तो जल्दी ही भूल गए, जबकि कुछ किताबों के

अंदर देवत्व के दल से चले गए हैं। और फिर भी कुछ लोग मिथ्या क्षेत्र से भी समाप्त हो गए हैं। इसलिए ध्यान दें, हमारे अपने छोटे-छोटे संयोग, हम, अपने-अपने अस्थायी सांस को बुझाने में समाहित होंगे, या कहीं और ले जाए जाएगें।

26. कर्तव्य की पूर्ति: एक पुरुष की संतोष की ओर चलना द्वारा विनय, तर्कशक्ति और अनुसंधान

जब एक व्यक्ति अपने कर्तव्यों को पूरा करता है, जो उससे उम्मीद की जाती हैं, तो वह संतुष्ट महसूस करता है। यह कर्तव्य ऐसा होता है कि वह दूसरों के प्रति मेहरबानी दिखाता है, शारीरिक इंद्रियों द्वारा प्रेरित होने वाली उत्प्रेरणाओं को उदासीनता से नजरअंदाज करता है, युक्तिसंगत परिस्थितियों के विचारशील निर्णय लेता है, और दुनिया के कामकाज और होने वाली घटनाओं की समझ प्राप्त करता है।

27. संबंधों की त्रिगटा: आपका शरीर, ईश्वर, और आपका आंतरिक समूह

तुम्हारे पास तीन संबंध होते हैं: पहला तुम्हारे शरीर का होता है, जो तुम्हारे साथ वस्त्रों के रूप में होता है और तुम्हारी आस-पास ही रहता है, दूसरा पवित्र स्रोत होता है, जिससे सबकुछ सभी के लिए आता है, और तीसरा लोग होते हैं, जो तुम्हारे साथ रहते हैं।

28. आत्मा की शक्ति: दर्द कैसे आंतरिक शक्ति में परिवर्तित हो सकता है

दर्द या तो शरीर के लिए हानिकारक हो सकता है, जिससे शरीर अपने प्रभावों की बात कर सकता है, या आत्मा के लिए हानिकारक हो सकता है। हालांकि, आत्मा अपनी स्वयं की शांति और सुख को नियंत्रित कर सकती है और दर्द को पूरी तरह से नकारात्मक अनुभव के रूप में नहीं देखना चाहिए। तब भी, सभी विचार और भावनाएं हमारे अंदर से ही आती हैं और कुछ भी हमारी आंतरिक शक्ति को शक्तिशाली रूप से आपातकालीन बनाने के लिए पर्याप्त नहीं हो सकता।

29. अंदर से शक्ति को खोलें: तत्त्वीयता को नकारात्मकता से मुक्त रखने और साफ़ता को गले लगाने के लिए कैसे करें

अपने आप को बार-बार याद दिलाकर वनवासी कल्पनाओं को नष्ट करें: मेरे पास ऐसी शक्ति है कि मैं किसी भी नकारात्मकता, इच्छाएं या बाधाएं मेरी आत्मा में प्रवेश करने से रोक सकता हूं। उसके बजाय, मैं सभी चीजों की सच्ची प्रकृति का विश्लेषण करता हूँ और उनका उपयोग करता हूँ। हमेशा याद रखें कि यह शक्ति अंदर से आती है, जो प्रकृति द्वारा प्रदान की गई है।

30. युक्तियाँ स्पष्ट संचार के लिए ठीक ढंग से बोलने की कला

समझदारी से बोलें, सेनेट या किसी व्यक्ति के साथ, दिखावे से बचें और सादी भाषा का उपयोग करें।

31. उसके जाति का अंत: आगस्टस की वंशवाद के समाप्त होने पर विचार करते हुए

ऑगस्टस की पूरी दरबार, उनकी पत्नी, बेटी, वंशज, पूर्वज, बहन, अग्रिपा, संबंधित, दोस्त, एरियस, मैसेनास, वैद्या और यज्ञकर्मी प्रेतगार के सभी मर चुके हैं। यह सिर्फ़ व्यक्तियों की मृत्यु है नहीं, बल्कि पूरी वंश का संक्षिप्त हो जाना है, जैसे कि पोम्पेइयों और उनके समाधियों पर लिखी गई उदासिंहाशील स्मृति: "उसकी जाति का अंतिम व्यक्ति।" उनसे पहले की पीढ़ियों ने योग्य उत्तराधिकारी सुनिश्चित करने के लिए कितनी अतुलनीय छल-कपट की हैं, और संयमवर्धक अनुभूति की सोच की कि कोई दिन अनिवार्य रूप से किसी को आखिरी बनना ही होगा। एक सामूहिक जाति के अस्तित्व के अनुपात में एक बार फिर से भारीपंडल होने का महत्व विचार करें।

32. जीवन का खेल जीतना: अपने कर्तव्य को सर्वश्रेष्ठ प्रयास और लचीलापन के साथ पूरा करना

आपका कर्तव्य है कि आप अपना जीवन अच्छी तरह से जीएं, और अपनी क्षमता के अनुसार हर क्रिया को सर्वोत्तम रूप से करें। यदि आपने अपनी सर्वाधिक प्रयास किए हैं, तो संतुष्ट रहें और कोई आपको अपना कर्तव्य पूरा करने से रोक नहीं सकता। हालांकि, बाहरी कारकों का प्रभाव हो सकता है, लेकिन वे आपको न्यायपूर्वक, संयमपूर्वक और सम्मोह की भांति कार्य करने से रोक नहीं सकते। अगर कुछ बाधा आती है, तो उसे स्वीकार करें और कुछ ऐसे अन्य कार्य में अपने प्रयासों को बदलने के लिए तत्पर रहें जो कानूनी और उत्पादक हों। इससे आपको अपने मूल्यों और नैतिक मान्यताओं के संगत ढंग से कार्य करने का एक नया अवसर मिलेगा।

33. नम्र धन: धन की प्राप्ति और छोड़ने की कला

विनम्रता के साथ धन और समृद्धि प्राप्त करें और जब आवश्यक हो, तो छोड़ने के लिए तैयार रहें।

34. फिर से जुड़ने की शक्ति: फिर से संघर्ष का महत्वपूर्ण हिस्सा बनना

यदि आपने कभी किसी व्यक्ति के हाथ, पैर या सर को शवों के अलावा अलग देखा है, तो आपको समाज से असंतुष्ट होने वाले एक व्यक्ति की तुलना की समानता समझ में आएगी। इस तरह करके, वे अपने आप को प्राकृतिक समूह से अलग कर देते हैं। हालांकि, आपने अपने आप को असंबद्ध कर लिया हो सकता है, यह याद रखना महत्वपूर्ण है कि आपने प्रकृति के द्वारा किसी महत्वपूर्ण चीज का हिस्सा बनाया था और आपके पास उस एकता से फिरसे जुड़ने की शक्ति है।

परमेश्वर ने मानव जाति को सामान्य पूर्णता के साथ फिरसे मिलने की क्षमता प्रदान की है - एक उलझने वाले हिस्से को नहीं दी गई यह उपहार। इस उपहार की दयालुता और महानता को विचार करना सचमुच अद्भुत है। इस शक्ति को अपनाकर, आप एक बार फिर से समूह का महत्वपूर्ण

और आवश्यक हिस्सा बन सकते हैं, अपनी सही जगह और उद्देश्य को बहाल कर सकते हैं।

35. विश्वासों को मजबूत करना: बाधाओं को उपकरणों में बदलना

प्रत्येक तर्कसंगत प्राणी को सभी शक्तियां प्राप्त होती हैं जो सार्वभौमिक प्रकृति द्वारा प्राप्त की गई होती हैं, इसमें इसे भी सम्मिलित किया जाता है। सार्वभौमिक प्रकृति किसी भी वस्तु को बदहाल करने वाले अवरोधक को त्राण कर सकती है, और इन वस्तुओं को खुद में समाविष्ट कर सकती है। उसी तरह, तर्कसंगत प्राणी की योग्यता होती है कि वह किसी भी बाधा को अपना उपकरण बना सके और इसे इच्छित रीति से उपयोग कर सके।

36. माइंडफुलनेस का समर्थन: तनाव को परास्त करना और वर्तमान क्षण में जीना

अपने पूरे जीवन पर तनाव मत लें। स्वयं को थका देने की कोशिश न करें और विचार करने से बचें कि जो संभवतः आने वाली सभी दिक्कतों के साथ आपसी में निपटना होगा। इसके बजाय, जब आप समस्या का सामना करें, खुद से पूछें, 'इसमें से कौन सा सहनशील नहीं है। आपको जवाब देने में कठिनाई होगी। इसके अलावा, याद रखें कि यह भविष्य या अतीत ही आपको दर्द का कारण नहीं होते हैं, बल्कि वर्तमान क्षण। हालांकि, इस क्षण को छोटा बनाया जा सकता है यदि आप इस पर केंद्रित होते हैं और जब आपके मन को समस्याओं का सामना करने में समस्या होती है, तो उसे डांटते रहें।

37. तबूत पर बैठने की निरर्थकता: मेरे होते हुए चिंतित होना एक घृणित मिश्रण है।

क्या पैंथिया या फर्जोमस वेरस की कब्र के पास आज बैठे हैं? क्या चौरियास या दियोतिमस की हैद्रानुस की कब्र पर बैठे जाने की संभावना है? वे हो सकता हैं कि वे वहां बैठे हों, लेकिन क्या मृतक को उनकी मौजूदगी का आभास होगा? और यदि वे वहां हों, तो क्या इससे उन्हें संतुष्टि मिलेगी?

और अगर उन्हें संतुष्टि मिले, तो क्या यह उन्हें अमर बना देगा? अंत में, यह निश्चित था कि इन व्यक्तियों की बुढ़ापा आएगी और उनकी मृत्यु होगी। ऐसा होने के बाद क्या होगा? यह चर्चा बस खून और निराशा से भरी नकारात्मकता की एक संगठन है।

38. अपने दृष्टि को तेज करना: ज्ञानी दार्शनिक की समजदारी से न्याय करने के लिए ज्ञान दान।

दार्शनिक हमें सलाह देता है कि हम तेज दृष्टि रखें और बुद्धिमानी से निर्णय करें।

39. गुण और दोष: तार्किक पशु के संविधान में आत्मनियंत्रण का अन्वेषण

जब मैं इस तर्कसमझी जानवर के संविधान का परीक्षण करता हूँ, मुझे न्याय के विपरीत कोई गुण नहीं मिलता है। हालांकि, मुझे आनंद के प्रेम के खिलाफ एक गुण का अनुभव होता है, और वह है उदारता।

40. पूर्ण सुरक्षा को अनलॉक करना: दर्द के खिलाफ आपके शिल्ड के रूप में कारण को बनाएं

यदि आप अपनी राय को जो आपको दर्द पहुंचाने लगता है, निकाल देते हैं, तो आप पूरी सुरक्षा में खड़े हो जाएंगे। तो, यह आपका स्वयं का कौन सा हिस्सा है? यह आपका कारण है। हालांकि, आप यह तर्क कर सकते हैं कि आप अपने कारण नहीं हैं। वह ठीक है। उस मामले में, अपने ही कारण को परेशान न होने दें। यदि आपके किसी अन्य हिस्से को कष्ट होता है, तो उसे अपने बारे में अपनी खुद की राय होने दें।

41. मन की शक्ति को खोलना: बाधाओं को पार करना और अनुभवों का पोषण करना

इंद्रियों के साथ हस्तक्षेप जानवरों के लिए हानिकारक है, जबकि उनकी इच्छाओं में बाधाएं भी उतनी ही हानिकारक हैं। पौधों को भी बाहरी कारकों से बाधा पहुंच सकती है जो उनकी वृद्धि को सीमित करते हैं। विस्तार से, कोई भी चीज़ जो किसी की बौद्धिक क्षमताओं में बाधा डालती है वह

मानव मस्तिष्क के लिए हानिकारक है। अपने जीवन में इन सिद्धांतों पर विचार करें। क्या दर्द या खुशी की संवेदनाएं आपको प्रभावित करती हैं? अपनी इंद्रियों पर ध्यान दें. क्या आपको अपने लक्ष्यों को प्राप्त करने में किसी बाधा का सामना करना पड़ा है? यदि आप वास्तव में अपने लक्ष्य को प्राप्त करने के लिए प्रतिबद्ध हैं, तो ऐसी बाधाएँ वास्तव में आपके तर्कसंगत दिमाग के लिए हानिकारक होंगी। हालाँकि, यदि आप स्वीकार करते हैं कि बाधाएँ जीवन का एक अंतर्निहित हिस्सा हैं, तो आपको वास्तव में कोई नुकसान या बाधा नहीं पहुंची है। इसके बावजूद, बुद्धि (शरीर के विपरीत) बाहरी ताकतों के प्रति अभेद्य है और अपरिवर्तित रहती है, उदाहरण के लिए, जब उसने समझ का एक निश्चित स्तर प्राप्त कर लिया है, तो वह उस स्तर को बरकरार रखती है।

42. आत्म-करुणा की कला: दुख के चक्र को तोड़ना

मुझे अपने आप को दर्द नहीं देना चाहिए, क्योंकि मैंने कभी भी किसी अन्य व्यक्ति को दर्द देने की इच्छा नहीं रखी है।

43. खुशी की चाबी खोलना: मिश्रण स्वीकार करना और स्वास्थ्यमय मनोवृत्ति बनाए रखना

हर किसी के पास अपनी अद्वितीय खुशी होती है।

44. अब जिएं: वर्तमान को प्राथमिकता देना एक पूर्ण जीवन के लिए महत्वपूर्ण है

सुनिश्चित करें कि आप खुद के लिए वर्तमान क्षण को प्राथमिकता देते हैं। जो लोग मृत्यु के बाद पहचान के लिए प्रयास करते हैं, वे यह नहीं समझते हैं कि भविष्य के लोग आपके कुछ विचारों को व्यक्त करते हैं या आपके बारे में विचार रखते हैं, इस पर आपका ध्यान प्राथमिकता नहीं होना चाहिए।

45. परिवर्तन में शांति की खोज: स्थान-आधारित खुशी की मिथक का खंडन

मुझे कहीं भी ले जाइए, क्योंकि वहां मेरी दिव्य सत्ता शांत और संतुष्ट बनी रहेगी, जब तक वह अपनी सच्ची प्रकृति के अनुसार व्यवहार कर सकेगी। क्या केवल स्थान परिवर्तन मेरी आत्मा को असंतुष्ट और क्षीण करने के लिए मौका देता है, जो अवसाद, चिंता और भय के भावनाओं के अनुभव में समर्पित होती हैं? और ऐसी स्थिति को ठीक करने के लिए कौन सी संभाव्य व्याख्या शास्त्रीय हो सकती है?

46. सहनशक्ति की ताकत: इंसानी प्रकृति की जीवन की कठिनाइयों पर प्रभाव को ग्रहण करना

प्रत्येक घटना जो किसी व्यक्ति के साथ होती है, व्यक्तिगत स्वभाव का परिणाम होती है। एक बैल केवल उसे स्वभाविक रूप से प्राप्त होने वाला अनुभव कर सकता है, वैसा ही एक दरख्त या पत्थर भी कर सकते हैं। इसलिए, यदि प्रत्येक वस्तु के साथ वह मिलता है जो सामान्य और अपेक्षित होता है, तो एक इसने क्यों शोक करे? प्रकृति कुछ ऐसा नहीं लाती जिसे कोई सहन नहीं कर सकता।

47. फैसले का निराकरण: असुविधा और दर्द को दूर करने की शक्ति को मुक्त करें

यदि आप किसी बाहरी चीज के कारण असहजता महसूस करते हैं, तो यह समस्या वस्तु खुद नहीं है, बल्कि आपके अपने मूल्यांकन का कारण है जो परेशानी पैदा करता है। आपके पास अभी इस मूल्यांकन को खत्म करने की शक्ति है। इसी तरह, यदि आपकी स्वभाव में कुछ ऐसा है जो दर्द का कारण है, तो आपको इसके बारे में अपनी राय को सही करने से क्या रोकता है? और यदि आपको यह लगता है कि आप जो सही मानते हैं उसे न करने पर दुखी होते हैं, तो शिकायत करने के बजाय क्यों नहीं क्रियान्वयन करते? क्या आपके रास्ते में एक अद्वितीय बाधा है? अगर हाँ, तो दुःखी मत होइए, क्योंकि इसकी पूर्ति न होने का कारण आपके नियंत्रण में नहीं है।

लेकिन यदि आपको ऐसा लगता है कि जीवन इस लक्ष्य को प्राप्त किये बिना जीने लायक नहीं है, तो आप एक ऐसे व्यक्ति की तरह जिसने सभी वांछित चीजें प्राप्त करने की इच्छा रखते हुए भी, रुकावटों के कारण प्रतिबंधित होने के बावजूद जीने से खुशीपूर्वक विचलित हो सकते हैं।

48. अजेय ताकत अंदर: एक सुरक्षित और खुशहाल जीवन के लिए आत्म-नियंत्रण की शक्ति का खोज

याद रखें कि हमारे भीतर प्रमुख शक्ति अजेय होती है। जब हम स्वयं को नियंत्रित करते हैं, तो हम स्वयं से संतुष्ट रहते हैं। हम केवल अपने चुनावों के अनुसार कार्यवाही करते हैं, यद्यपि हम जिद से विरोध नहीं करते। लेकिन जब हम तर्क और इरादे पर आधारित निर्णय लेते हैं, तो यह शक्ति और भी मजबूत हो जाती है। इसलिए, भावनाओं से रहित मन एक किला की तरह होता है, जो मनुष्य को सबसे सुरक्षित आश्रय प्रदान करता है। जो अब तक इसकी पहचान नहीं की हैं, वे अज्ञानी हैं, जबकि जो इसको जानते हैं पर इस आंतरिक किले में आश्रय नहीं ढूंढ़ते हैं, वे खुश नहीं होते हैं।

49. पहली छवि की कला को सामर्थ्य बनाना: कैसे उन्हें ठीक रखने से आपको अनावश्यक जटिलताओं से बचाने में मदद मिल सकती है

केवल उन अनुमानों की बात करें जो प्राथमिक प्रतिभागों को उजागर करते हैं। यदि आप सुनते हैं कि कोई आपके बारे में बुरा बोल रहा है, तो स्वीकार करें कि ऐसा कहा गया है, लेकिन यह मानने की गलतफहमी न करें कि आपके साथ अन्याय हुआ है। यदि मैं अपने बच्चे को बीमार देखता हूँ, तो मैं तथ्य को ध्यान से देखता हूँ, लेकिन मैं स्वतंत्र रूप से नहीं समझता हूँ कि वह संकट में है। इसलिए, हमेशा पहले छाप की पक्ष में बने रहें और अपनी कल्पना में कुछ भी जोड़ने से बचें, इस प्रकार आप अनावश्यक संघर्ष से बचेंगे। बल्कि, एक ऐसी व्यक्तित्व को अपनाएं जो दुनिया में होने वाली सभी घटनाओं के बारे में ज्ञानी हो।

50. प्रकृति की महान कलानुभूति: वह कैसे पुराने को बिना कोई बर्बादी के कुछ नया में बदल देती है

यदि ककड़ी कड़वी हो, तो उसे छोड़ दें। यदि सड़क पर कांटे हों, तो उनसे दूर रहें। जबतक आप प्रकृति को समझने वालों से हंसी उड़ाते हों, जैसे कि आप नरम और कटाई प्रयोगशाला में अवशेषों पर आलोचना करते हों, आपको पृथ्वी में ऐसे चीजें क्यों हैं यह प्रश्न करने की कोई आवश्यकता नहीं है। तथापि, इन कारीगरों के पास ऐसे मल के लिए विलय स्थान होते हैं, जबकि प्रकृति के महान नियमित कार्यों के पास कोई बाह्य स्थान नहीं होता है। हालांकि, उनकी कला इतनी अद्भुत है कि जब भी उसके अंदर सूख जाती है, बुढ़ापा आता है या अप्रचलित होती है, तो वह उसे कुछ नया बना देती है, बाहरी दुनिया से उपभोग नहीं करने या गाड़बड़ होने वाली चीज़ को छोड़ने की आवश्यकता नहीं होती है। उसे अपने स्वयं के स्थान, पदार्थ और कारीगरी से संतुष्ट होने का सौभाग्य होता है।

51. आंतरिक शांति को नियंत्रित करें: सरलता और विनम्रता की शक्ति

अपनी क्रियाओं में आलस्यमय ना बनें, अव्यवस्थित वार्तालाप में न रहें, अपने विचारों को ना छोड़ें, और आंतरिक संघर्ष या बाह्य प्रशिक्षण से भरे न रहें। और जीवन में ऐसा न हो कि कुछ समय सेनानी के लिए बचा ही न रहे।

यदि कोई आपको नुकसान पहुंचाता है, आपका अपमान करता है या आपको शाप देता है, तो इसे आपके पवित्र, ज्ञानी, नियंत्रित और न्यायसंगत मस्तिष्क पर प्रभाव नहीं डालना चाहिए। सिर्फ एक स्पष्ट और पवित्र झरने की तरह, जिसे किसी और द्वारा शापित किया जाए या गंदगी से मैला हो, आप हर दिन सरलता और पूर्णता को अपनाकर निरंतर स्वतंत्रता और संतुष्टि की स्थिति बनाए रख सकते हैं।

52. मिशन का खतरनाक खोज: भ्रमभरेली दुनिया में पहचान और मान्यता का नेविगेशन

दुनिया की ज्ञान की कमी वाले खो जाते हैं, क्योंकि उन्हें इसमें अपनी जगह का पता नहीं होता। उसी तरह, जो दुनिया के उद्देश्य को समझ नहीं पाते हैं, उन्हें अपनी पहचान या दुनिया की सच्ची प्रकृति की जानकारी नहीं होती। जो व्यक्ति इन मूलभूत अवधारणाओं को समझने में असफल होता है, वह अपने जीवन में अपने उद्देश्य को परिभाषित नहीं कर सकता। ऐसे व्यक्ति के बारे में आप क्या सोचते हैं जो उन लोगों से मान्यता चाहते हैं जो स्वयं और उनके आस-पास की दुनिया को भी पूरी तरह समझ नहीं पाते हैं?

53. स्व-संशोधक व्यक्तियों से स्वीकृति मांगने की पराधीनता

क्या आप किसी से प्रशंसा पाना चाहते हैं जो खुद को हर घंटे निन्दा करता रहता है? क्या आप किसी को खुश करने के लिए प्रयास करेंगे जो खुद को भी खुश नहीं कर सकता? क्या कोई व्यक्ति खुद के साथ संतुष्ट हो सकता है अगर वह अपने कर्मों पर खेद करता है?

54. विश्वव्यापी बुद्धि की शक्ति का खोलना: हवा समक्रमण से अधिकार उठाना

अपनी सांस को केवल आस-पास की हवा के साथ समकालिक बनाने की सीमा न बनाएं। इसके बदले में, अपनी बुद्धि को सभी चीजों को घेरने वाली बुद्धिमत्ता के साथ मेल करने दें। बुद्धि की शक्ति सामान्य रूप से वितरित होती है और सब कुछ में मौजूद होती है, जिसे कोई भी ढूँढ़ता है, उसके लिए उपलब्ध है, जैसे जैसे हमें हवा सम्बंधित साँस लेने के लिए मिलती है।

55. दुष्ट सच्चाई: कैसे बुरे होने से किसी को छोट नहीं पहुंचता, बल्की आपको ही होता है।

सामान्य तौर पर, ब्रह्मांड पर दुष्ट होने का कोई भी हानिकारक प्रभाव नहीं होता। विशेष तौर पर, एक व्यक्ति की दुर्बलता किसी और को हानि नहीं पहुँचाती। हानि केवल उस व्यक्ति के पास पड़ती है, जिसमें दुर्बलता होती है, और वे जब चाहें तब इससे छुटकारा पा सकते हैं।

56. स्वतंत्रता की शक्ति: अपनी स्वतंत्र इच्छा का मूल्यांकन करने से आपको अपराध करने वाले पड़ोसी से संरक्षण मिलता है

मुझे यह विश्वास है कि मेरे पड़ोसी की स्वतंत्रता इससे अधिक महत्वपूर्ण नहीं है, जितना कि उनकी सांस या मांस जैसे शारीरिक गुण। क्योंकि मुझे अपनी स्वतंत्रता को सबसे अधिक महत्व है। हम सहजभाव में रहने के लिए हैं, लेकिन हम प्रत्येक के पास अपने अद्वितीय अधिकार और उद्देश्य होते हैं। वास्तव में, अगर हमारी खुद की स्वतंत्रता न होती तो मेरे पड़ोसी के अनैतिक कार्य मुझे हानि पहुंचा सकते थे, और यह भगवान की इच्छा नहीं है। उनकी इच्छा है कि हमारी खुशी दूसरों की क्रियाओं पर निर्भर न हो।

57. छित्ती के परे: सूर्य की किरणों के समान अपनी समझ को कैसे विस्तारित करें

सूरज सभी दिशाओं में अपने प्रकाश को बहने जैसा लगता है, हालांकि यह आसानी से छित्तर्त हो जाता नहीं। यह प्रकाश का विस्तार है और उसकी किरणों को "विस्तार" कहा जाता है क्योंकि वे फैलाती हैं। किसी छोटी खिड़की में सूर्य की किरणों को देखकर कोई रेत में सूर्य की किरणों को पास होने के द्वारा एक रे की समझा सकता है। प्रकाश एक सीधी रेखा में चलता है और ठोस वस्तुओं द्वारा बाधित होता है, लेकिन यह स्थिर रहता है और भटकता नहीं है। मन को भी अपनी समझ का विस्तार करने के लिए विघटन के प्रति बलपूर्वक या उत्प्रेरणशील बनने की बजाय

स्थिर ज्योति के साथ होना चाहिए। इसके अलावा, उन बाधाओं से ज्ञान की प्रकाश को रोक देगा।

58. भय से अग्रसर: मृत्यु को आदर्शता करने से नये अनुभव की ओर ले जा सकता है

जो लोग मौत से डरते हैं, वे या तो आनुभूति खोने के डर से, या नई आनुभूति का अनुभव करने के डर से डरते हैं। हालांकि, यदि आपको कोई आनुभूति नहीं होती है, तो आपको कोई क्षति महसूस नहीं होगी। और यदि आप एक नई आनुभूति का अनुभव करते हैं, तो आप एक नए प्रकार के होने बन जाएंगे और आपकी जीवन कार्यक्षमता जारी रहेगी।

59. मानवता का समृद्धिकरण: शिक्षा, मार्गदर्शन और संवेदना की शक्ति

मानव संगठित होते हैं ताकि वे एक-दूसरे का समर्थन और उत्कर्ष कर सकें। इसलिए, हमें उन्हें शिक्षित और मार्गदर्शित करना चाहिए और उनके प्रति सहनशीलता और दया रखनी चाहिए।

60. अविरत मन: आत्मविश्वास के साथ लक्ष्यों की ओर चलना

एक तीर और मस्तिष्क अलग-अलग तरीकों से चलते हैं। हालांकि, मस्तिष्क अविचलित दिशा के साथ अपनी वस्तु की ओर आगे बढ़ता है, चाहे वह सतर्कता बढ़ाता हो या जांच के माध्यम से अन्वेषण करे।

61. Mind Invasion: तर्कात्मक क्षमता को खोलने की चाबी

प्रत्येक व्यक्ति की तर्कशक्तियों को प्रभावित करें और हर दूसरे व्यक्ति को अपने प्रभाव में लाएँ।

पुस्तक 9

— सद्भाव से सशक्त

अपने लिए एक पल लो, याद रखें कि जीवन एक आनंद और दुःख का चक्र है। प्रकृति के कानूनों का सम्मान करें, दुःख की बजाय आनंद की खोज करें, पाप से बचने के लिए खतरा से बचें और मौत और अज्ञात को स्वीकार करें। अन्यायपूर्ण कार्यों के परिणामों को समझें, भगवान की इच्छा में संतोष प्राप्त करें और प्रकृति के साथ मेल खाएँ। उदारता के साथ सशक्त बनें, दयाशीलता के माध्यम से खुशी की खोज करें और शांति प्राप्त करने के लिए अपनी आत्मा को हल्का करें। कर्मों की बातें भावनाओं की बातों से ज़्यादा कहती हैं और एक तटस्थ पत्थर को कोई लाभ या हानि नहीं होती है। अपनी भावनाओं का जांच करना आत्मप्रतीक्षा के संघर्षों में मदद कर सकता है और परिवर्तन अपरिहार्य है। सामान्य हित के लिए एकजुट हों और देवताओं में आत्मतृप्ति प्राप्त करें। चुनाव की अनिवार्यता, आत्म की जांच, जीवन की अस्थायित्व, निर्दोषता का बोझ और ब्रह्माण्ड के अनंत चक्र को स्वीकार करें। घमंड की बजाय मद्यता का चुनाव करें, अचार्यता से बचें

और राय से खुद को मुक्त करें। जीवन की पेचीदगियों को देखते समय, अभिप्रेतियों पर ध्यान केंद्रित करें, असलीपन को सीखें और प्रार्थना के साथ अपना मन खोलें।

1. अन्यायपूर्ण व्यवहार की अनकहीता: वैश्विक प्रकृति के खिलाफ जाने से अनुक्रमणिका होने का कारण क्या होता है

जो अन्यायपूर्ण ढंग से कार्य करते हैं, वे अधम ढंग से काम करते हैं। सार्वभौमिक प्रकृति ने तार्किक प्राणियों के मदद के लिए उत्पन्न किया है, उनकी योग्यता देखते हुए, लेकिन एक-दूसरे को हानि पहुंचाने के लिए नहीं। इसलिए, जो इस कानून का उल्लंघन करता है, वह अत्याचारी भावना के साथ बद चरित्र से काम करता है। उसी तरह, जो झूठ बोलता है, वही अपवित्र होता है, क्योंकि सार्वभौमिक प्रकृति सत्यता को निर्माण करने के लिए मौजूद है। कोई जो जानबूझकर झूठ बोलता है, वह अन्यायपूर्वक पूर्ववर्ती नेताओं को भ्रष्ट करता है, जबकि जो अनजाने में झूठ बोलता है, वह सार्वभौमिक प्रकृति के विपरीत काम करता है और दुनिया के प्राकृतिक क्रम को बिगाड़ता है। इसका कारण यह है कि उन्हें प्रकृति से प्राप्त करने वाली शक्तियों का उपयोग करने में असफल होने के कारण वे झूठ और सत्य को अलग करने में असमर्थ होते हैं।

इसके अलावा, जो सुख को अच्छा मानता है और दर्द को बुरा मानता है, वह अधम ढंग से काम कर रहा है। यह इसलिए है क्योंकि ऐसे व्यक्ति गलत ढंग से सार्वभौमिक प्रकृति को दोषी ठहराते हैं जो सामान्यतः योग्यता के विपरीत वस्तुओं को निर्धारित करती है। अक्सर, बुरे लोग सुख और सुखदायक चीजों का आनंद लेते हैं, जबकि अच्छे लोग दर्द और अवांछित चीजों से पीड़ित होते हैं। इसी तरह, जब कोई दर्द से डरता है या दुनिया में होने वाली चीजों से बचने का प्रयास करता है, वह भी अधम ढंग से काम करता है।

प्रकृति के अनुसरण करने वालों को एक ही मत होना चाहिए, क्योंकि इसमें सार्वभौमिक प्रकृति द्वारा समान रूप से प्रभावित होने वाले विषयों

के बारे में है। इसका अर्थ है कि दर्द, सुख, मृत्यु, जीवन, मान, या उपेक्षा, जिन्हें सार्वभौमिक प्रकृति ने समान रूप से व्यवहार किया है; जो भी समान रूप से प्रभावित नहीं होता, वह अधम ढंग से काम कर रहा है। मेरा मानना है कि सार्वभौमिक प्रकृति उन्हें व्यवहारिक रूप में समान नहीं करती है, बल्कि इसके बजाय यह कहने की जगह है कि कोई व्यक्ति एक निश्चित मूवमेंट और निश्चित प्रोविडेंस के आधार पर इस विषयों के क्रम में पहुंचे, जिसके अनुसार इन वस्तुओं को वृद्धि मिलती है। इसने उन वस्तुओं के लिए निश्चित सिद्धांतों का ध्यान दिया और ऐसी शक्तियों को निर्धारित किया, जो जीवों, परिवर्तनों और इस तरह की परंपरागत क्रम को उत्पन्न करतीं हैं।

2. आखिरी आनंद का खोज: जीवन और मृत्यु में छल और भ्रष्टाचार से बचना

एक व्यक्ति की परम सुख यह होगी कि वह इस जीवन से छुटकारा पाएं; जबकि धोखाधड़ी, दिखावट, अत्याधिकता और मानवीयता से अलग न हो। हालांकि, अगर किसी ने वे सभी धोखे खा लिए हों, तो इस दुनिया से विदाई यह अगली सर्वोत्तम बात होगी, जैसा कि कहा जाता है।

क्या आप नीति में दृढ़ता लाने का निश्चय कर चुके हैं? क्या अभी तक अनुभव आपको इस संकट से बचने के लिए प्रेरित नहीं कर चुका है? क्योंकि मस्तिष्क का दूषण एक विपदा है, जो हमारे चारों ओर फैलने वाली वायुमंडलीय बीमारी से भी अधिक खराब होती है। इसलिए, वह संक्रमण केवल पशुओं को पशु रूप में प्रभावित करता है, लेकिन प्राथमिक रूप से मानवता को इसका प्रभाव पड़ता है।

3. अवश्य होने को आपूर्ति मानकर लेना: जीवन को पूर्ण बनाने के लिए मृत्यु स्वीकार करना क्यों आवश्यक है

इसलिए, महत्वपूर्ण है कि एक परिवेशशील व्यक्ति मौत का अनदेखा न करें, और न ही जल्दी में उसे जाने दें, बल्कि उसे एक प्राकृतिक प्रक्रिया के रूप में मानें। जैसे कि आप धैर्य से एक बच्चे की जन्म का इंतजार करते

हैं, ठीक उसी तरह अपनी आत्मा को इस शरीर से जाने के लिए तैयार रहें। यदि आपको मौत के साथ मित्रता करने के लिए अतिरिक्त सहानुभूति की आवश्यकता हो, तो सोचें कि आप किन चीजों और लोगों को छोड़ जाएंगे। दूसरों के प्रति क्रोध पालने की बजाय, यह आपकी जिम्मेदारी है कि आप उनका ध्यान प्यार से रखें, साथ ही याद रखें कि आप उन लोगों से अलग नहीं होंगे, जो आपके मूल्यों को साझा करते हैं। यही चीज है जो हमें जीवन से जुड़ा रहने का इच्छा करती है - समान मंच पर रहने का अवसर। हालांकि, वास्तविकता यह है कि साथ रहने वालों के बीच द्वंद्व महान तनाव का बड़ा स्रोत हो सकता है। ऐसे मामलों में, यह स्वीकार्य है कि आप पुकारें, "जल्दी आओ, हे मौत, मैं खुद को भूल न जाऊँ।"

4. गलत काम और अन्याय का आत्महत्या: नकारात्मक कर्म प्रभाव

कोई भी व्यक्ति जो गलती करता है, वह अपने आप को क्षति पहुंचा रहा है। उसी तरह, कोई भी व्यक्ति जो अन्यायपूर्ण आचरण करता है, वह भी अपने आप को क्षति पहुंचा रहा है क्योंकि उसने अपने लिए नकारात्मक कर्म उत्पन्न किए है।

5. अन्यायपूर्ण निष्क्रियता: क्रियानीति के रूप में थमना इतना ही नुकसानदायक हो सकता है, जितना कार्य करना

अक्सर, वे जो कुछ नहीं करने की आदत रखते हैं, वे अन्यायपूर्ण कर्म करने वालों के अलावा अन्यायपूर्ण रूप से कृत्य करने में दोषी हो सकते हैं।

6. पर्याप्त संतति: आपके विश्वास और कार्यों से समाज को कैसे लाभ होता है

आपकी मौजूदा विश्वास सम्बंधित है आपकी समझ पर, आपकी वर्तमान क्रियाएं समाज के हितों की ओर निशाना साधती हैं और आपके पास प्रस्तुतियों के साथ संतुष्ट रहने की वर्तमान स्थिति है - यह पर्याप्त हैं।

7. स्वयं नियंत्रण का स्वामित्व: मन और इच्छाओं को नियंत्रित करने की कला

अपनी कल्पना को दबाएं; अपनी इच्छाओं को नियंत्रित करें और अपनी अत्यधिक भूख को बुझा दें। अपनी तार्किक योग्यता पर नियंत्रण बनाए रखें और अपने मन और निर्णय-निर्माण पर नियंत्रण बनाए रखें।

8. एक आत्मा, दो प्राणी: तार्किक और अतार्किक पशुओं के बीच का अंतर

अबुद्धिमान पशुओं के पास एक जीवन होता है, जबकि अबुद्धिमान पशुओं के पास एक बुद्धिमान आत्मा होती है। यह उस बात के साथ तुल्य है कि सभी पृथ्वीय प्राणियों का एक ही पृथ्वी होती है, एक ही प्रकाश हम सभी को प्रकाशित करता है, और हम सभी एक ही हवा की सांस लेते हैं, चाहे हम इसे देख सकते हों या जीवित हों।

9. संबंध का मोह: प्राकृतिक बंध जीवत्व और वस्तुओं के बीच

सभी वस्तुएं, जिनमें एक साझा गुण होता है, स्वाभाविक रूप से एक-दूसरे की ओर आकर्षित होती हैं। पृथ्वीय वस्तुएं पृथ्वी की ओर आकर्षित होती हैं, तरल पदार्थ साथ में बहते हैं, और हवाई पदार्थ भी उसी तरीके से व्यवहार करते हैं, जिसमें उन्हें अलग रखने की ताकत की आवश्यकता होती है। आग का तत्व, वैसे तो, अपने स्वाभाविक रूप से ऊपर की ओर चलता है, लेकिन यह सभी अन्य अवयवों के साथ बहुत प्रतिक्रियाशील होता है, जिससे कम प्रतिरोध के साथ सूखी पदार्थों को आसानी से प्रज्वलित किया जा सकता है। जोड़ीपूर्ण तत्व वाले प्राणियों को एक-दूसरे की ओर आकर्षित किया जाता है। यह आकर्षण उत्कृष्टता के माप के साथ और भी तेज होता है। आप मधुमक्खियों, पशुओं और पक्षियों में इसे देखते होंगे, जहां कुछ प्रकार का प्यार भी होता है, जो उन्हें एक साथ आने और समूह बनाने की क्षमता प्रदान करता है। मानव जैसे तार्किक प्राणियों में, हम सामाजिक समुदायों, मित्रता और पारिवारिक यूनिटों के गठन को देखते हैं। राजनीति और युद्ध भी खेल में आते हैं, राष्ट्रों के बीच संधि और युद्धविराम के साथ। सबसे उच्च स्तर पर, यद्यपि वे एक-दूसरे से अलग हो सकते हैं,

जोड़ एकता मौजूद होती है - सबसे स्पष्ट तरीके से तारों में देखा जा सकता है। ऊँचा विकास यापन करते हुए, यह मानवीय सहानुभूति - अन्यथा अलग होने के बावजूद - उत्प्रेरित की जा सकती है। हालांकि, इस प्राकृतिक प्रवृति के बावजूद, मानव ही ऐसे बुद्धिमान प्राणी हैं जो इस संबंध के साथ तालमेल करने का प्रयास करते हैं। फिर भी, हमारी आदि-रचना हमें स्वतंत्र रूप से दूसरों की ओर खींचती है, जिससे एक अनिवार्य बंधन बनाना होता है जो हमारी इच्छा से शक्तिशाली होता है। आप सिर्फ़ ध्यान से देखें, इसका सबूत देखने के लिए। किसी पदार्थ को कुछ पृथ्वीय गुणों से रहित पाने की संभावना एक व्यक्ति की पूर्णता, अकेले होने की संभावना से अधिक होती है।

10. प्रफुल्लित त्रिकोण: मनुष्य, ईश्वर, और ब्रह्मांड, तर्क से सक्षम

दोनों मनुष्य, भगवान और ब्रह्मांड फल पैदा करते हैं, प्रत्येक अपने समय पर इसे उत्पन्न करते हैं। हालांकि समाज इन शब्दों को वाटिका और सभी समान पौधों से विशेष रूप से जुड़ता है, इसका महत्व नहीं है। तर्क सबके लिए फलदायी होता है और खुद के लिए भी। इसके अलावा, यह तर्क के तुलनायोग्य वस्तुएँ भी बनाता है।

11. बाधाओं को तोड़ें: दूसरों को सशक्त बनाएं और करुणा से क्षमा करें

यदि आपकी क्षमता होती है, तो सलाह दी जाती है कि उन लोगों को शिक्षा देना चाहिए जो भटक गए हैं। हालांकि, यदि आप ऐसा नहीं कर सकते, तो हमेशा याद रखें कि क्षमा एक विकल्प है। देवताओं भी ऐसे व्यक्तियों के प्रति क्षमाशील होते हैं। वे उन्हें स्वास्थ्य, धन और सम्मान की प्राप्ति में सहयोग कर सकते हैं - वे इतने स्नेहशील होते हैं। आप भी इसी क्षमता रखते हैं। तो, आपके रास्ते में कौन खड़ा है या क्या है?

12. स्वयं संयम को स्वामित्व करना: सामाजिक परिस्थितियों में सफलता की चाबी

किसी ऐसे रूप में काम न करें जैसे आप दुखी हो रहे हों, न ही किसी की दया या प्रशंसा की खोज में। बल्कि, अपनी इच्छाशक्ति को एकल लक्ष्य पर केंद्रित करें - सामाजिक मानदंडों के अनुरूप व्यवहार करने और संयमित रहने के लिए।

13. मजबूत उभरतें: आंतरिक समस्याओं को परास्त करना

आज, मैं सबी मुसीबतों से उभर आया हूँ। या, और सटीक होने के लिए कहेंगे, मैंने उन सबी मुसीबतों से छुटकारा पाया है जो परे नहीं थीं, बल्कि मेरे अंदर और मेरे विश्वासों में थीं।

14. दफन स्मृतियाँ: अस्थायी वर्तमान की आसक्ति की अनर्थकता

सब कुछ परिचित और फुलझड़ी है, जिसमें कोई आंतरिक मान्यता नहीं होती। वर्तमान का भूत से कोई अंतर नहीं होता, जैसा कि अब दफन हो रहे हैं उन लोगों द्वारा प्रदर्शित हो रहा है।

15. हमारी शासन शक्ति: राय के बिना वस्तुओं की न्याय करना

वस्तुएँ स्वतंत्र रूप से मौजूद होती हैं, जानकारी या अपने बारे में राय रखना नहीं। तो, वे किस पर या क्या निर्णय लेती हैं? उत्तर हमारी शासनदक्षता में छिपा हुआ है।

16. कार्रवाई की शक्ति: युक्तिसंबंधी सामाजिक जीवों के गुण और कुरीतियों का परदाफ़ाश

एक तर्कसंगत सामाजिक पशु के बुराई और अच्छाई सुसंगतता में नहीं पायी जाती है, बल्कि क्रियाओं में पायी जाती है। उसी तरह, उनके सदगुण और बुराइयाँ उनके कर्मों से उत्पन्न होती हैं, न कि उनकी अभाव से।

17. उच्चता और अवतरण की विडंबना: गुरुत्वाकर्षण की नैतिकता का अन्वेषण करना

यह निश्चित रूप से बुरा नहीं है कि उछाले गए एक पत्थर का नीचे आना, और यह अपेक्षाकृत अच्छा नहीं है कि इसे पहले ही ऊँचा किया गया हो।

18. अदृश्य न्यायाधीश: पुरुषों के मूल सिद्धांतों और आत्म-प्रतिष्ठा की अन्वेषणा

मर्दों के मूल सिद्धांतों की खोज करें और आप महसूस करेंगे कि वे किस प्रकार के न्यायाधीशों से डरते हैं और उन्हें खुद को किस प्रकार के न्यायाधीश मानते हैं।

19. ब्रह्माण्ड में परिवर्तन और विनाश का अनन्त नृत्य

सब कुछ लगातार बदल रहा है, समेत आपको भी, जो एक स्थिर प्रक्रिया की तरह रूपांतरण और नाश की कायम प्रक्रिया है। यह पूरे ब्रह्माण्ड के लिए सच है।

20. नैतिक आदेश का गैर-हस्तक्षेप महत्व: हमें दूसरों को अपने कर्मों के परिणामों का सामना करने देना चाहिए।

आपका दायित्व है कि आप दूसरे व्यक्ति की गलत कार्रवाई को उसी तरह छोड़ दें जैसे कि होना चाहिए।

21. परिवर्तन को आलंबन करना: जीवन के अंत से भी नई शुरुआत का सामना करना डर के माध्यम से संपादन के माध्यम से

किसी गतिविधि को समाप्त करना, गति रोकना और परिवर्तन को स्वीकार करना और उसके परिवर्तन को ग्रहण करना नकारात्मक नहीं होता। हम यहां आपके जीवन की ओर ध्यान देने के बारे में बात करेंगे - बचपन, युवावस्था, पुरुषत्व और बुढ़ापे में। हर चरण में, हर परिवर्तन एक नएकरण का मार्ग था। सवाल यह है - क्या ऐसे परिवर्तन से डरना चाहिए? अपने

दादा के नीचे, फिर अपनी मां के नीचे और फिर अपने पिता के नीचे, अपने जीवन पर विचार करते हुए। जब आप अपने जीवन के एकाधिक बदलाव, समाप्ति और समाप्ति पर विचार करते हैं, तो खुद अपने आप से पूछें, क्या यह कुछ डराने वाली बात है? तो ऐसा नहीं है कि एक व्यक्ति को अपने जीवन के सब परिणामों, समाप्तियों और परिवर्तनों से डरना चाहिए।

22. स्वशासन काबिल बनाना बराबरियों के ब्रह्मांड में: न्याय और जवाबदेही पर एक प्रतिबिंब

स्वयं के साथ-साथ ब्रह्मांड और अपने पड़ोसियों पर शासन करने की अपनी क्षमता की तुरंत जांच करें। अपने स्वयं के स्वशासन को न्यायसंगत और निष्पक्ष बनाने पर काम करें, और बड़े ब्रह्मांड में अपना स्थान याद रखें। अपने पड़ोसी के कार्यों पर विचार करें और देखें कि क्या वे अज्ञानता या ज्ञान के साथ किए गए थे, और विचार करें कि स्वयं पर शासन करने की उनकी क्षमता आपके जैसी है।

23. बड़े अच्छे के लिए योगदान देना: सामाजिक लाभकारी कार्रवाई का महत्व

समाज के सदस्य के रूप में, आपके द्वारा की जाने वाली हर क्रिया महान उद्देश्य के लिए सहायक होनी चाहिए। कोई ऐसी कार्रवाई जो सीधी या परोक्षतः सामाजिक लाभ नहीं है, आपके जीवन के ताने-बाने को तोड़ती है और सामूहिक मिलने में छूट के समान होती है। इसलिए, हर क्रिया को सामाजिक जीवन का महत्वपूर्ण अंग बनाने का प्रयास करें।

24. कब्रस्तानी वर्णन: बच्चों के झगड़ों और निर्जीव शरीरों के बीच एक भूतपूर्व स्मरण

युवा बच्चों की झगड़ों और उनके खेल, साथ ही मृत शरीरों को ले जाने वाले पतित आत्माओं की मौजूदगी, ये वह चीजें हैं जो हमारे आस-पास देखी जाती हैं। इसीलिए कब्रस्थानों का चित्रण इतने प्रमुख रूप से उभरता है।

25. माद्य रहित रूप: वस्तुओं में आकार की स्थायित्व का अन्वेषण

वस्तु के आकार का विश्लेषण करें, इसकी सामग्री की संरचना से स्वतंत्र होने के बिना, और इस पर विचार करें। फिर, इस आकार वाली वस्तु के अंतर्जात समयगत संग्रह का निर्धारण करें।

26. वास्तविक संतुष्टि को खोलो: तार्किक मनोदशा की सीमाओं से छुटकारा दिलाना

तुमने अपनी बुद्धिमान मन की सामर्थ्य में आनंद नहीं ढूंढ़ा, बल्कि अनंत कठिनाइयों का सामना किया है। बस इतना ही काफी है।

27. संवेदना की शक्ति: उन्हें समझें जो आपको दोषी ठहराते हैं और आपसे नफरत करते हैं

जब कोई आपको दोषी ठहराता है, या आपसे नफरत करता है, या आपके बारे में बुरी तरह बोलता है, तो आपको उन्हें समझने और उनके दृष्टिकोण को समझने के लिए कुछ क्षण निकालना चाहिए। देखें कि वे कैसे के व्यक्ति हैं, वो जो गहरे संवेदनाओं में सचमुच हैं। शायद आपको पता चले कि आपको उनकी राय, या जो कोई तंग करने की कोई कोशिश कर सकते हैं, के साथ परेशान होने की कोई आवश्यकता नहीं होगी। ध्यान दें, वे सिर्फ मानव हैं और अक्सर उनके कार्य उनकी कमजोरी और आत्मविश्वास की वजह से प्रेरित होते हैं।

इसके बावजूद, महत्वपूर्ण है कि आप उनके साथ दया और सम्मान के साथ व्यवहार करें, क्योंकि अंततः वे हमारे साथी हैं। यह ध्यान देने योग्य है कि देवताएं भी उनकी ओर नजर रखती हैं, सपने और संकेत भेजकर उनके लक्ष्यों और आशाओं की ओर उन्हें गाइड करती हैं। इसलिए, उनकी यात्रा में विश्वास रखें और दया के साथ उन्हें अपने हृदय में बाँधें।

28. ब्रह्मांड का अनन्त नृत्य: जीवन के उत्पन्न और परिवर्तनों की खोज

ब्रह्मांड की गतिविधियाँ स्थिर, चक्रवाती और अनंत होती हैं। सार्वभौमिक बुद्धिमत्ता हर प्रभाव के लिए जिम्मेदार होती है, या फिर, चीजों को गति में

लाने और आने वाली घटनाओं को क्रम में उचित कार्रवाई करने के लिए। एक और संभावना यह है कि अविभाज्य तत्व सब कुछ की उत्पत्ति का मूल हैं। अंततः, यदि ईश्वर होता है, तो सब कुछ वही होता है जैसा होना चाहिए। यदि संयोग सत्य होता है, तो उसके द्वारा प्रभावित न होने की सबसे अच्छी बात है।

अंत में, हम सभी अंत में पृथ्वी से ढक जाएंगे, और उसके साथ ही पृथ्वी खुद भी बदलेगी जैसे ही सभी परिवर्तन से उत्पन्न होता है - सतत और अनंतर। परिवर्तन की अनुकरण करते हुए और इससे उठने वाली अनंत परिवर्तनों की जल्दी पहचान करते हुए, मिट्टी के द्वारा क्षीण होने वाली किसी भी चीज को उपेक्षा करने का निर्णय लिया जा सकता है।

29. प्रकृति का नम्र कार्य: राजनीतिक दिखावट के खिलाफ चेतावनी

साथियों, प्रकृति आपसे जो कुछ चाहती है, वह करें। यदि आपकी शक्ति में हो, तो बिना देखे किसी भी चाहे वह देख रहा हो या नहीं, खुद को चलाने में जुट जाएँ। प्लेटो की गणराज्य जैसी एक महान आदर्श समाज की उम्मीद न करें। बजाय इसके, छोटे सफलताओं का संतोष करें और उन्हें महान साधन समझें। क्या ऐसा कोई व्यक्ति है जिसकी बदली हुई राय हमारे परिवर्तन के प्रति प्रभाव डाल सकती है? इन परिवर्तनों के बिना, हमें स्वयं को आत्मसमर्पण करने वाले व्यक्तियों की गुलामी में रहना पड़ता है। और अक्सर गर्व और अहंकार में ले जाने के लिए मत पड़ें। क्या हम आज्ञा के अनुसार जीने वाले अलेक्जेंडर, फिलिपस और दीमेत्रियस ऑफ़ फ़लेरम को गिरामी समर्थकों के रूप में मान सकते हैं? अगर वे नाटकीय नायकों की तरह व्यवहार करते हैं, तो वे उदाहरण के लायक नहीं हैं। दर्शनशास्त्र का काम सरल और मामूली है।

30. मानवजाति की विविधता पर प्रतिबिंब: एक पख्यानुभूत दृष्टि

मानवजाति की विशाल संख्या और उनकी विभिन्न रीति-रिवाज़ों और अनुभवों का पक्षभूमि मुख्य रूप से चाहिए, चाहे वे तूफानों का सामना कर रहे हों या शांत जल का आनंद ले रहे हों। विचार करें उन विविधताओं पर

जो जन्म लेते हैं, साथ रहते हैं और मर जाते हैं। इसके अलावा, सोचें उन लोगों के जीवन के बारे में जो हमारे पहले होंगे, जो हमारे आनेवाले होंगे, और जो प्राचीन समाजों में रहे हों, जो कि संभावित रूप से यह भी नहीं जानते होंगे कि आप कौन हो। अनुभव करें कि संख्या में असंख्य लोग हैं जो आपका नाम भूल जाएंगे, बल्कि वे लोग जो अभी आपकी प्रशंसा कर रहे हैं, शीघ्र ही आपकी निन्दा कर सकते हैं। याद रखें कि एक अमर नाम, प्रतिष्ठा और बाकी सब कुछ अंततः निरर्थक होता है।

31. सकारात्मक सामाजिक आपस्तित्वों में स्वतंत्रता और न्याय की प्राप्ति के लिए प्रयास: हमारी सहज प्रकृति को आदर्शस्थान देना।

बाहरी कारकों द्वारा उत्पन्न होने वाली बाधाओं से मुक्ति सुनिश्चित करना महत्वपूर्ण है। साथ ही, आंतरिक प्रेरणाओं के फलस्वरूप होने वाली कार्रवाई में न्याय को साधारित करना महत्वपूर्ण है। यह कार्रवाई सकारात्मक सामाजिक अभिव्यक्ति पर केंद्रित होनी चाहिए, क्योंकि यह हमारे सहज स्वभाव के साथ मेल खाती है।

32. अपने मन को मुक्त करना: ब्रह्मांड की विशालता को सोचने द्वारा अनावश्यक बाधाओं को हटा सकता है

आप आसानी से कई बेकार चीजों से छुटकारा पा सकते हैं, जो आपको परेशान करती हैं, क्योंकि ये आपकी अपनी राय पर निर्भर करती हैं। अपने ध्यान के माध्यम से ब्रह्मांड की महत्वकांक्षा को समझने, साथ ही जन्म से मृत्यु तक होने वाले तेजी से होते बदलाव की गणना करके, आप अपने मानसिक आवास को खुला करेंगे। यह याद रखना महत्वपूर्ण है कि जन्म से पहले और मृत्यु के बाद का समय समान रूप से अनंत है।

33. अपरिहार्य क्षीणता: जीवन की परिष्कृत स्वभाव के साक्ष्य

जो भी आप देखते हैं, आखिरकार नष्ट हो जाएगा, और जो इसके नाश का साक्षी होंगे, वे भी जल्द ही नष्ट हो जाएंगे। यहां तक कि कोई व्यक्ति

जो बहुत पुराने आयुवान हो जाता है, वह व्यक्ति भी उसी स्थिति में खत्म हो जाता है जिसमें कोई युवा हो गया हो।

34. प्रेम और सम्मान के व्यक्त करने के पीछे असंगतता संबंधी प्रेरणाओं और सिद्धांतों की परोक्षता

ये मार्गदर्शक लोगों के मुख्य सिद्धांत क्या हैं, और उन्हें कौन से साधनों में रुचि है? उन्हें प्रेम और सम्मान प्रकट करने का प्रेरणा क्या है? चित्रित कीजिए उनके सबसे गहरे विचारों और भावनाओं को पूरी तरह से खुलकर। यह प्रतिष्ठा की धारणा बहुत ही बेकार और डांटना हानि लाने वाला होता है, बहुत ही बेमिसाल होता है!

35. परिवर्तन की अवश्यकता और संपूर्णतावाद का मूर्खता

हानि केवल परिवर्तन की एक रूप है। यह सार्वभौमिक प्रकृति परिवर्तन का आनंद लेता है और सभी चीजें उसके प्रभाव के अधीन रहती हैं, रहेंगी। क़यामत से पहले भी, चीजें स्थिरता से और समरूप ढंग से ही रहती थीं, और वे हमेशा के लिए ऐसे ही रहेंगी। क्या आप यह मानते हैं कि सभी पूर्व, वर्तमान और भविष्य की चीजें स्वाभाविक रूप से त्रुटिपूर्ण हैं? क्या अगम्य संख्याएँ इन मुद्दों का सबाल उठाने में सक्षम नहीं हैं और दुनिया हमेशा के लिए अनंत हाथापाई से महामारी से प्रैशान है?

हानि केवल परिवर्तन की एक रूप है। यह सार्वभौमिक रूप से परिवर्तन का आनंद लेता है और सबकी चीजें इसके प्रभाव के अधीन रहती हैं, रहेंगी। क़यामत से पहले भी, चीजें स्थिरता से और समरूप ढंग से ही रहती थीं, और वे हमेशा के लिए ऐसे ही रहेंगी। क्या आपको लगता है कि सभी पूर्व, वर्तमान और भविष्य की चीजें प्राकृतिक रूप से त्रुटिपूर्ण होती हैं? क्या अगम्य संख्याएँ इन मुद्दों को सवाल उठाने में सक्षम नहीं होतीं और दुनिया हमेशा के लिए अनंत हाथापाई से महामारी से परेशान है?

36. मोर्फिंग पदार्थ: जीवन की निरंतर बदलती सार्वभौम अवधारणा

सब चीजों का मूल सर्वथा भोजत-पाचन होता है! पानी, धूल, हड्डियाँ और गंदगी। संगमर्मर की चट्टानें, पृथ्वी की कठोरता। सोने और चांदी की सीमेंट केवल हैं, हमारे वस्त्र सिर्फ बालों के टुकड़ों से बने होते हैं। यहाँ तक कि शाही बैंगनी रंग भी केवल रक्त है, और बाकी सभी कुछ उसी के पीछे चलता है। जीवन का सारांश भी परिवर्तन के लिए उपलब्ध है, लगातार एक रूप से दूसरे रूप में बदल रहा है।

37. दुख के चक्र को तोड़कर: जीवन को सरल बनाना और अपनी परख सुधारना

रोने और अपकालीन व्यवहार के साथ गद्दार जीवन जीना बंद करें। आप क्यों उदास हैं? आपकी असहजता किसे उत्पन्न कर रही है? क्या यह स्थिति का आकार है? इसका ध्यान रखें। या क्या यह उसकी सामग्री है? इसे विश्लेषण करें। इन कारकों के अलावा कुछ नहीं है। इसलिए, आइए भगवान की ओर खुदाई को सरल बनाएं और अपने संदेश को सुधारें। चाहे ये समस्याओं पर हमने केवल तीन साल या सौ साल भी चिंतन किया हो, यह सब एक ही है।

38. बदकिस्मत या न्यायहीन? दुर्भाग्य में दोषारोपण का संस्करण

यदि उसने अपने कार्यों के कारण कोई दुर्भाग्य सहा है तो यह उसकी बुरी किस्मत है। हालांकि, इसमें एक संभावना है कि वहने कुछ गलत नहीं किया है।

39. अंतिम संकट: क्या एक बुद्धिमान स्रोत है या बस विकिरण के परमाणु?

क्या सभी चीजें एक ही बुद्धिमान स्रोत से आती हैं और एक शरीर के रूप में मिलकर काम करती हैं, जहां व्यक्तिगत अंग संपूर्ण के हित के लिए किये गए कार्रवाई को कटाक्ष नहीं कर सकते? या क्या केवल परमाणु ही मिश्रण और विक्षेपण की स्थिति में होते हैं? अगर शासन कर रहा है, तो फिर क्यों परेशान हो रहे हो? शासन प्राधान्य को संदिग्ध, कपटी या यहां

तक कि जनवादी नहीं होने के लिए तुरंत जांच करें और पूछें, जिस तरह वहशी बन गया है, उसके साथ हेरफेर और भोजन पेय करने में।

40. डर, इच्छाएँ और दर्द को पार करने के लिए मदद प्राप्त करें: देवताओं को भगवन की प्रार्थनाओं को दोबारा सोचें

क्या देवताओं को शक्ति होती है या नहीं? अगर उन्हें शक्ति नहीं है, तो फिर आप क्यों प्रार्थना करने में लगे हैं? लेकिन अगर उनके पास शक्ति है, तो इन बातों को रोकने के बजाय, अपनी भय, इच्छाएं और दर्द को दूर करने के लिए उनसे मदद मांगने के बजाय उनसे मदद मांगने के लिए क्यों नहीं पूछते? आखिरकार, अगर देवता मनुष्यों के साथ काम कर सकते हैं, तो ये मुद्दे उन पर भी काम कर सकते हैं।

आप कह सकते हैं कि देवताओं ने आपको स्वतंत्र इच्छा दी है, लेकिन क्या यह बेहतर नहीं होगा कि आप उस शक्ति का उपयोग करें जो आपके करने में संभव है, बजाय उसे करने का इच्छा रखें जो आप नहीं कर सकते हैं? और कौन कहता है कि देवताएं हमारे व्यक्तिगत संघर्षों में मदद नहीं कर सकतीं? इन चीजों के साथ मदद के लिए आग्रह करना शुरू करें और देखें कि क्या होता है।

उदाहरण के लिए, "मैं उस महिला को आकर्षित कैसे कर सकता हूँ?" की बजाय "मुझे उसे प्रेम को प्रतिरोध करने का तरीका कैसे मिलेगा?" या "मैं इस स्थिति से कैसे बाहर निकल सकता हूँ?" की बजाय "मैं भागने की आवश्यकता को कैसे रोक सकता हूँ?" और "मेरे बच्चे की मौत कैसे रोक सकता हूँ?" की बजाय "मैं अपने बच्चे को खोने के डर की विजय कैसे प्राप्त कर सकता हूँ?"

इस तरीके से अपनी प्रार्थनाओं को बदलकर देखें और देखें कि इससे क्या परिणाम होता है।

41. अपने मन को मास्टर करें: रोगों के बावजूद स्वास्थ्य बनाए रखने के लिए एपिकुरस के उदाहरण का अनुसरण करें

एपिक्यूरस का दावा है कि वह अपनी बीमारी के समय, अपने शारीरिक दुखों की चर्चा नहीं करता। उन्होंने विपक्षियों के साथ इस प्रकार के मुद्दों पर वार्ता करने की बजाय, उन्होंने ऐसी मुद्दों से बचा हुआ है और वहाँ जारी रखा है जहाँ मन शरीर की बीमारी के कारण स्वास्थ्य को बनाए रखना संभव हो सकता है। उन्होंने माना कि मन को परेशानियों से दूर रखना और स्वयं को अच्छे पर ध्यान केंद्रित रखना महत्वपूर्ण है। वे अपने चिकित्सकों को अपने उपचार में विभूषित नहीं करने देते। उन्होंने यह कहा है कि एपिक्यूरस को एक आनंदमय और संतुष्ट जीवन बिताना चाहिए। इसलिए, व्यक्ति को चाहिए कि उसे दर्शनशास्त्र के पालन में स्थायी रहना चाहिए, चाहे वह किसी भी स्थिति में हो। ज्ञानहीन व्यक्तियों के साथ अनपेक्षित चर्चाओं से बचना चाहिए और कर्तव्य को विशेष ध्यान देना और उसे पूरा करने के लिए आवश्यक उपकरणों पर समर्पित होना सभी विचारधाराओं का मौलिक सिद्धांत है।

42. समझने की कला: कैसे मानव प्रकृति को पहचानना हमें आंतरिक शांति खोजने में सहायता करती है

जब आप किसी के बेशर्म व्यवहार से आपत्ति महसूस करते हैं, तो अपने आप से पूछें: क्या बेशर्म लोग अस्तित्व में नहीं हो सकते? उत्तर है नहीं. अपरियोज्य की आशा न करें. स्वीकार करें कि यह व्यक्ति सिर्फ उन बहुत मामूली लोगों में से एक है जो इस तरह से व्यवहार करते हैं और हमारे दुनिया में मौजूद होने के लिए हमें स्वीकार्य हैं. इसी तरह की तर्कसंगतता को देखते हुए, हमें गलत करने वाले और स्वस्थ दिमाग नहीं रखने वाले व्यक्ति पर भी लागू करें. जब आप स्वीकार करेंगे कि ऐसे लोग हमेशा मौजूद रहेंगे, तो आप हर व्यक्ति के प्रति अधिक उद्दीपक हो जाएंगे. ध्यान दें कि प्रकृति ने हमें प्रत्येक गलत कार्य का खिलाफ उच्चतम मानदंड

स्थापित करने के लिए योग्यता से संपन्न किया है: मूर्खता के विरूद्ध कोमलता, और अन्य प्रकार के लोगों के खिलाफ अन्य शक्तियाँ.

जब एक स्थिति उत्पन्न होती है, तो उपयुक्त होता है कि हम गलत कार्यों का सामना करने के लिए प्राकृतिक गुणों को पहचानें. क्रोध के बजाय, आपको वह व्यक्ति जो गलत रास्ते पर जा रहा है को सिखाने का विचार करना चाहिए. हालांकि, किसी भी ख़राब हालत में, व्यक्ति द्वारा नुकसान पहुंचाई जाती है के बारे में सोचें. अधिकांश बार वे लोग जो आपको आपत्ति करते हैं, वे हमारे मन को बिगाड़ने के लिए कुछ नहीं करते हैं. हमारे मन में उनके कार्यों के द्वारा देखी गई बुराई केवल हमारे मन में होती है.

यदि आप किसी को वफ़ादार या आभारी ठहराते हैं, तो एक कदम पीछे हटें और स्थिति की जांच करें. दोष आपमें हो सकता है, चाहे आप किसी पर विश्वास करते हों जो अटूट नहीं थे या सच्चाई में खूबसूरती करने के बिना किसी उम्मीद के बिना अपनी कृपा नहीं देने वाले. एकान्त धर्म करने की क्रिया आपको खुद ही प्रोत्साहित करेगी. जब हम दूसरों की मदद करने और सामान्य हित को संवारने के लिए हमारी प्रकृति के अनुसार चलते हैं, तभी हम अपने उद्देश्य को पूरा करते हैं और अपनी खुशी प्राप्त करते हैं.

पुस्तक 10

— अपनी आंतरिक शक्ति का पर्दाफाश

अपने जीवन का नियंत्रण करिए और उसकी सुंदरता का मूल्यांकन कीजिए। अपने हृदय का पालन करिए और अहम् मामलों को नज़र अंदाज़ न कीजिए। समझिए कि गलतियाँ करना ठीक है, और आपको एक अच्छे इंसान होने के लिए समाप्त करने की ज़रूरत नहीं है। दूसरों की कल्याण का ध्यान रखिए, क्योंकि दुनिया में हर वस्तु जुड़ी हुई है। स्वीकार करिए कि समय के साथ हर वस्तु बदलती है। अच्छा इंसान बनने का लक्ष्य रखिए - अभिनय, विनम्रता और ईमानदारी। समझिए कि संदेह और भय सफलता या असफलता ला सकते हैं, और जब भी आप आपत्ति करते हैं तो प्रदान कीजिए। अच्छा इंसान सच्चा, विनम्र और सहायतापूर्ण होता है, इसलिए उन गुणों पर ध्यान केंद्रित कीजिए। मानिए कि केवल आपके विश्वास और क्रियाएं मायने रखती हैं। याद रखिए कि प्रकृति हमें खाद्य और पानी प्रदान करती है, और दुनिया हर मौजूदा और गैर-मौजूदा वस्तु से प्यार करती है। जीवन को यात्रा के रूप में ग्रहण करिए और उसका सर्वाधिकार

स्वीकार करें, क्योंकि जीवन एक रहस्य है और हमेशा हम कभी भी इसका नियंत्रण नहीं कर सकते।

1. निर्मल संतोष के लिए प्रयास करना: ईश्वर और आपके चारों ओर की दुनिया के साथ समिर करना

क्या तुम मेरी आत्मा हो, क्या तुम सदा और पवित्र - शरीर से भी अधिक पारदर्शी होने की कोशिश करोगे? क्या तुम सब के साथ संतुष्ट और पूर्ण रूप से खुश रहोगे? क्या तुम आनंद की प्राप्ति के लिए किसी इच्छा के बिना संतुष्टि प्राप्त करोगे - चाहे जीव या अचेतन, क्या तुम जीवन का आनंद उठाने के लिए अधिक समय, बेहतर माहौल या पूर्ण कम्पनी की इच्छा किए बिना खुश रहोगे? क्या तुम अपनी वर्तमान परिस्थितियों की सराहना करोगे, अपने आस-पास की चीजों से संतुष्ट रहोगे, और विश्वास करोगे कि सब कुछ ईश्वर से ही आता है और सब कुछ कारणबद्ध होता है? क्या तुम कहोगे कि सब ठीक है, और ऐसा ही रहेगा, चाहे देवता दें या रोकने की कोई कोशिश करें, क्योंकि जीवन पूर्ण, धार्मिक और सुंदर गुणवत्ता है जो सभी चीजों को बांधती है और जिन्हें परिवर्तन और पुनर्जन्म की अनुमति है? क्या तुम जागरूकता से जीवों और मनुष्यों के बीच पूर्ण समंयुनता में रहने का ध्यान रखोगे, जिसमें कोई दोष या आरोप के लिए किसी कारण न हो?

2. अपने प्राकृतिक अनुस्पष्ट को आदर्श बनाइए: तर्कयोग्यता और प्राकृतिक होने के संतुलन के लिए एक मार्गदर्शिका

ध्यान दीजिए जो आपकी प्रकृति मांगती है, सिर्फ़ अपनी प्रवृतियों द्वारा मार्गदर्शित होने के साथ। अगर यह आपके स्वास्थ्य को किसी प्रकार से नुकसान नहीं पहुँचाता है, तो इसे आगे बढ़ाएँ और इसका स्वागत करें। साथ ही साथ, ध्यान दें कि आपकी प्रकृति के अनुसार आपको क्या चाहिए एक युक्तिसंबंधीत पशु के रूप में। अगर ये गतिविधियाँ आपकी युक्तिसंबंधीता को किसी प्रकार से प्रभावित नहीं करती हैं, तो आप इनमें शामिल हो सकते हैं। हालांकि, ध्यान दें कि एक युक्तिसंबंधीत पशु के रूप में, आपको एक

सामाजिक अस्तित्व भी है। इसलिए, इन दिशानिर्देशों का पालन करें और किसी और चीज़ से संलग्न न हों।

3. धैर्य से सामर्थ्य तक: प्रकृति की देन से जीवन की चुनौतियों को गले लगाते हुए

सब कुछ जो घटित होता है, वह या तो आपकी प्राकृतिक रूप से सहने की क्षमता के अंदर आता है, या इसे पार करता है। अगर यह आपकी क्षमता के अंदर आता है, तो शिकायत न करें। इसे बस ऐसे ही सहें जैसे आपके लिए निर्मित किया गया है। लेकिन अगर यह आपकी क्षमता से बढ़ जाता है, तो इसपर भी शिकायत न करें क्योंकि इससे आपको अंततः नष्ट हो जाएगा और गायब हो जाएगा। ध्यान रखें कि प्रकृति ने आपको सभी चीज़ों को सहने की सामर्थ्य प्रदान की है और आपके पास उन्हें उचित और सहनीय बना देने की शक्ति है जिन्हें आप लाभदायक या आवश्यक के रूप में देख सकते हैं।

4. शक्तिशाली प्रतिक्रियाओं: जिम्मेदारी और दया के साथ गलतियों की सुधार

यदि किसी व्यक्ति की भूल हो जाए, तो कृपया उन्हें समझाएं और उनकी गलती का इशारा करें। हालांकि, अगर आप इसे करने में असमर्थ हैं, तो या तो स्थिति के लिए जिम्मेदारी लें या फिर खुद को कोई दोष न दें।

5. शुरुआत से नियत: अपने अस्तित्व की धागों को खोजना

चाहे आपके साथ कुछ भी हो, यह पहले ही आपके लिए निश्चित था, समय की शुरुआत से। कारण और परिणाम गति में थे, आपके अस्तित्व के कपड़े को बुन रहे थे और जो कुछ भी उसके साथ आता है।

6. संबंध की शक्ति: प्रकृति के तंत्र में आनंद का खोज

सबसे पहले, हमें स्पष्ट करना होगा कि ब्रह्मांड एटमों से बना है या क्या प्रकृति एक प्रणाली में संगठित है। फिर भी, मैं मान्य करता हूं कि मैं प्रकृति द्वारा निर्दिष्ट पूर्णता का एक हिस्सा हूं, और उन लोगों के साथ

गहन रूप से संबद्ध हूं जो मेरे जैसे हैं। इसको जानते हुए, मैं पूर्णता के अंदर मेरी निर्धारित भूमिका के साथ असंतुष्ट नहीं हो सकता। जो कुछ पूर्णता में होता है, वह अंश के लिए हानिकारक नहीं होता है, और पूर्णता में सभी कुछ अपने लाभ में सहायक होता है। ब्रह्मांड का एक अतिरिक्त सिद्धांत है कि यह अपने लिए कुछ भी क्षतिपूर्ण नहीं उत्पन्न कर सकता, यहां तक कि बाहरी दबाव के तहत भी। पूर्णता से अपने संबंध को स्वीकार करके, मैं सभी परिस्थितियों में तृप्ति पा सकता हूं। मैं जिन लोगों से गहनतापूर्वक जुड़ा हुआ हूं, मैं अपनी स्वार्थी आचरण नहीं करूंगा। बल्कि, मैं सामान्य हित को प्राथमिकता दूंगा और अपने प्रयासों को इसके अनुरूप केंद्रित करूंगा। इस मार्ग का पालन करके, मैं एक खुशहाल जीवन जी सकता हूं, नागरिक के रूप में विचारशीलता प्रदान करके और अपनी निर्धारित भूमिका को स्वीकार करके संतुष्ट हो सकता हूं।

7. अपरिहार्य परिवर्तन: ब्रिटिश संयोजन के प्राकृतिक प्रक्रिया की समझ

ब्रह्मांड में, सब कुछ स्वभावतः परिवर्तित होना चाहिए, समग्र के भागों को समझना जरूरी है। इसे समझना आवश्यक है कि यह परिवर्तन आवश्यकताओं का दुष्प्रभाव नहीं है, बल्कि यह ब्रह्मांड की एक स्वाभाविक विशेषता है। हालांकि, यदि ये भाग परिवर्तित होते हैं, तो समग्र की अच्छी स्थिति का अर्थान्तर होता है। फिर सवाल यह उठता है, क्या प्रकृति चाहती थी कि ये भाग दुख झेलें और उसके प्रभाव में हों? या क्या यह आकस्मिक रूप से हुआ था? दोनों की परिकल्पना संभावित नहीं है।

हालांकि, यदि हम प्रकृति की अभिकार्य शक्ति की अवधारणा को हटा दें और बस इन परिवर्तनों को प्राकृतिक रूप से देखें, तो इन परिवर्तनों से हैरान या उदास न होना अवामोचनीय होगा। पूरे के भागों की परिवर्तन की भाग्यवशता है, और यह उनकी प्राकृतिक स्थिति के विरोध की प्रेरणा नहीं है। इसके अलावा, जब वस्तुएं विघटित होती हैं, तो वे पदार्थों से का यह मतलब है की वे ना क्षेपण से इन पदार्थों की तान्हाई होती है या पृथ्वीय से कठोर से या वायव्य से आकाशीयतमक से देहात्मक सम्पर्क की रूप में

बदल सकता है। अंततः, ये भाग ऐसे ही मानसिक एवं भोजीय द्वारा सर्वसाधारण तत्व के साथ पुनर्मिलित होते हैं, चाहे नवीनीकरण के माध्यम से हो या आग द्वारा अवशोषण के माध्यम से।

यह ध्यान देना महत्वपूर्ण है कि हमारे शरीर और हमारे चारों ओर के कठोर और वायव्य भाग अस्थायी नहीं हैं। ये हाल ही में ही खाद्य और हवा के सेवन के माध्यम से प्राप्त हुए हैं। इन्हें भी परिवर्तित होना होगा, लेकिन इससे चिंता या आपत्ति नहीं होनी चाहिए।

संक्षेप में, सब कुछ परिवर्तित होने के लिए संक्षेप्त और इस बारे में आश्चर्य और उदास होने की कोई बात नहीं है। यह एक प्राकृतिक प्रक्रिया है, जो ब्रह्मांड और इसके भागों का अभिन्न अंग है।

8. अपने जीवन को परिवर्तित करें: इन छह नामों को रखने से सब कुछ बदल जाएगा।

यदि आपने इन नामों को अपनाया है - अच्छा, मामूली, सच्चा, तर्कसंगत, समत्व, और महानुकंपी - तो ध्यान दें कि इन्हें छोड़ने की कोशिश न करें। इन्हें खो देने की स्थिति में, उन्हें तत्परता के साथ पुनः प्राप्त करें। तर्कसंगतता का मतलब है कि हर चीज़ पर विवेचनशील ध्यान और लापरवाही से मुक्त होना चाहिए। समत्व ईश्वर द्वारा निर्धारित परिस्थितियों की सचेतन स्वीकृति है। महानुकंपात्मकता आत्मा के बौद्धिक हिस्से को एहसास, सुख, दुःख, नाम, मौत और वैसी सभी चीज़ों के ऊपर उच्च उठाने का अर्थ है। खुद के लिए और दूसरों के लाभ के लिए इन नामों को पकड़े रखना आपको परिवर्तित करेगा और आपको एक अलग जीवन जीने की अनुमति देगा। जैसा कि आपने अब तक रहा है और उस तरह की जीवन्ता में पीड़ित होना मूर्खता है और यह जीवन के प्रति अत्यधिक मोह की दिखावटी है, जैसे कि एक संघर्षक जो घावों से भरे हुए होते हुए भी अभिविनय माँगना जारी रखता है। इसलिए, इन नामों को कठिनाइयों से पकड़ें, जैसे कि आप खुशहाल एक द्वीप पर पहुँच गए हों। यदि आपको अपने आदर्शों से फिसलने का महसूस होता है, तो एक अकेली जगह ढूंढें

जहां आप वापस ट्रैक पर आ सकें या यहां तक कि जीवन को सरलता, स्वतंत्रता और मामूलीता के साथ छोड़ दें, लेकिन जुनून की चमत्कार के बिना। कम से कम आप कह सकते हैं कि आपने जीवन से पहले इस महान उपलब्धि को हासिल किया है। इन नामों को याद रखने में आपकी सहायता करने के लिए, यह स्मरण करें कि देवताओं को वववेकपूर्ण प्राणियों की अपेक्षा और खुशामद नहीं चाहिए। इसके अलावा, याद रखें कि इंजीर का पेड़ इंजीर का काम करता है, एक कुता कुत्ते का काम करता है, एक मधुमक्खी मधुमक्खी का काम करती है, और एक व्यक्ति कोई व्यक्ति का काम करना चाहिए।

9. अपने सिद्धांतों की सुरक्षा: युद्ध और गुलामी के समय में चिंतन और समझ की महत्व

मिमी, युद्ध, आश्चर्य, सुस्ती और गुलामी रोजाना तुम्हारे पवित्र सिद्धांतों को मिटा देंगे। तुम स्वाभाविकता की अध्ययन नहीं करते हुए कितनी चीजें कल्पना करते हो और कितनी चीजें तुम लापरवाही से करते हो: तुम्हारी जिम्मेदारी है कि तुम केवल निरीक्षण न करने के साथ-साथ परिस्थितियों से निपटने की योग्यता को बढ़ाने के लिए कार्यवाही भी करो। तुम्हें आत्मचिंतन की शक्ति का प्रयास करना चाहिए और अपने ज्ञान पर आत्मविश्वास बनाए रखना चाहिए, जो यथार्थ में प्रदर्शित न हो, लेकिन पूरी तरह से छिपाने भी न हो।

तुम्हें सरलता, गंभीरता और हर चीज की सच्ची समझ के लिए प्रयास करना चाहिए। इसमें हर वस्तु की सामग्री, ब्रह्मांड में उसकी जगह, उसकी आयु, उसके संरचना और जो इसे अपने पास रखने या हटाने की शक्ति रखता है, शामिल है।

10. जंगली पकड़: क्या मकड़ी सचमुच गर्व महसूस करती हैं, या केवल चोर हैं?

मकड़ी को जब एक मक्खी पकड़ती है, तो वह खुश हो जाती है। उसी तरह, कुछ लोग थोड़े मूर्ख होते हैं जैसे एक जवान पक्षी, जाल में फंसी सूखी

मछली, जंगली सूअर या एक भालू की जब वे शिकार करते हैं तो विजयी होने का एहसास करते हैं या सर्माटियों को जीतते हैं। हालांकि, यदि हम उनके सिद्धांतों को विचार करें, तो क्या वे सभी बस डाकू ही होते हैं?

11. ज्ञान की परिवर्तन: गुण और संतोष के प्रति महान हारा

सभी चीजों के बदलने के तरीके को ध्यानपूर्वक अपनाने का अभ्यास करें। इस पक्ष पर हमेशा ध्यान रखें और दर्शनशास्त्र के इस पहलू पर केंद्रित रहें। यह अभ्यास महानता को प्रोत्साहित करता है, इससे कुछ अधिक नहीं होता। इस सोच को ग्रहण करके, व्यक्ति शरीर के पार उठता है और इस पृथ्वीय जीवन की से निवृत्ति की अपरिहार्यता को मानता है, हालांकि यह सटीक समय अज्ञात होता है। सभी कार्यों में, व्यक्ति न्यायपूर्वक करने के लिए पूर्णतः समर्पित हो जाता है। व्यक्ति अनुपालन करता है, विश्वव्यापी प्रकृति में पूर्णतः समर्पित रहता है, वर्तमान में सौंपे गए के साथ संतुष्ट रहता है और सभी विचरणों और अनावश्यक पीछा छोड़ता है। व्यक्ति दूसरों के क्या सोचते हैं, क्या कहते हैं, और क्या करते हैं से उदासीन रहता है, इसके बजाय, केवल दो चीजों पर ध्यान केंद्रित करता है: सिर्फ न्यायपूर्वक करना और वर्तमान कार्यों में संतुष्ट रहना। कानूनी मार्ग का पालन करके, व्यक्ति सीधा मार्ग प्राप्त करता है और ईश्वर के पास बना रहता है।

12. तर्क को अपनाकर निर्विश्वास को परास्त करना और जीवन में सद्भाव स्थापित करना

परानोइड असुरक्षा के लिए क्यों झुकें, जब आप स्थिति का मूल्यांकन कर सकते हैं और सबसे अच्छी कार्रवाई का निर्धारण कर सकते हैं? अगर आगे का मार्ग स्पष्ट है, तो अविचलितता के बिना विश्वासयोग्यता के साथ आगे बढ़ें। हालांकि, अगर कोई अनिश्चितता है, तो विश्वसनीय सलाहकारों की सलाह लें। अगर कोई समस्याएं उठती हैं, तो नैतिकता के साथ आगे बढ़ें, ध्यान दें कि क्या इंसाफ और आपकी क्षमताएं हैं। इस लक्ष्य की प्राप्ति गर्वनीय है, भले ही आखिरकार यह साध्य न हो। जो अपने जीवन के सभी

पहलुओं में तर्क का उपयोग करते हैं, वे समान्य, उत्पादक और आशावादी होते हैं।

13. गुणों की चोरी का पर्दाफाश: क्रियाएँ शब्दों से ज्यादा बोल सकती हैं

जागरूक होकर, अपने आप से पूछिए कि क्या यह सचमुच मायने रखता है कि आप दूसरे धर्म गल स्वरूप आचरण करें। उत्तर है नहीं। याद रखिए, जो लोग दूसरों की प्रशंसा या आलोचना करते समय ऊँचा भाव दिखाते हैं, वे निजी में भी वही होते हैं। उनके आचरण, वे क्या प्रयास करते हैं और वे अपने शब्दों का उपयोग कैसे करके धोखा और मायने निकालते हैं, उसे विचार करें। वे अपने हाथों और पैरों से नहीं चोरी करते हों, लेकिन वे अपनी सबसे मूल्यवान संपत्ति से चोरी करते हों, जो निष्ठा, विनम्रता, ईमानदारी, कानून का पालन और आनंदमयी आत्मा प्रदर्शित कर सकती है।

14. आवश्यक सेज: प्रकृति की इच्छा में संतुष्टि का खोज

पढ़ाई की गई और विनम्र आदमी प्रकृति में कोई दोष नहीं ढूंढता है, सब कुछ देने और लेने वाली। वह आदेश के साथ अपनी इच्छा के साथ सुख-संतोष के साथ समर्पित होता है, कहता है,"जो तुम चाहो, वह मुझे प्रदान करो; जैसा तुम्हें चाहिए, वैसा ही लो।" वह मनमानी नहीं करता है, बल्कि उनकी शक्ति की परिक्षा में और उसके आशीर्वाद को स्वीकार करने में विनम्रता से बोलता है।

15. सत्यपूर्णता से जीना: प्रकृति को गले लगाओ और अपने असली स्वभाव को चमकने दो

जीवन कम बचा हुआ है, इसलिए इसे महत्वपूर्ण बनाइए। पहाड़ की तरह जीवन जिएं, क्योंकि कहीं भी हो, महत्वपूर्ण है कि आप प्राकृतिक सत्य के साथ जीने का आचरण करें, दुनिया के हर कोने में, अगर वह एक राजनैतिक समुदाय हो जैसा हो। आप खुद ही बनिए और दूसरों को उन्हें एक सच्चा और प्रामाणिक व्यक्ति मान्य करने दें, जो प्रकृति के साथ सुसंगत जीवन

जीता है। अगर वे आपको स्वीकार नहीं कर सकते, तो उन्हें आपसे छुटकारा मिलने दें, यह सामान्य मनुष्य की तरह अपूर्ण जीवन जीने से बेहतर है।

16. मनुष्य बनें: एक अच्छे पुरुष की गुणों के सारूप्य स्वरूप

उन गुणों की चर्चा बंद करें जो एक अच्छे आदमी में होने चाहिए और शुरू करें उन्हें अपने अंदर समाहित करने की।

17. दृष्टिकोण: वर्तमान के छोटे-छोटे बिंदु को समय और पदार्थ की व्यापकता में कैसे बैठाएं

हमेशा समय और पदार्थ के सम्पूर्णता के विचार करें, मान्यता देते हैं कि हर व्यक्तिगत वस्तु केवल संपूर्णता के मुक़ाबले एक छोटा सा टुकड़ा है, और समय के मामले में, यह एक ड्रिल के तेजी से घुमने के समान है।

18. पदार्थ में ख़राबी में सुंदरता: अस्तित्व के अटपटे परिवर्तन को पहचानना

सभी एक जांच करें, जो वास्तविकता में है और उसकी अवश्यंभावी अवस्था को स्वीकार करें, और विघटित हो चुकी हो, विस्फोटित हो चुकी हो, या स्वाभाविक रूप से नष्ट होने की अभिवृद्धि करें।

19. दासता से शक्ति की ओर: विभिन्न संदर्भों में पुरुषों के व्यवहार की जांच और उनके भविष्य को सोचना

सोचिए की जब पुरुष खाते हैं, सोते हैं, संबंध बनाते हैं, शौच के लिए काम करते हैं तो उनका व्यवहार कैसा होता है। उन्हें अपने व्यापार और आत्ममान की स्थापना करने के लिए, या जब वे अपनी शक्ति स्थिति से क्रोधित और गुस्से में अपनी बातें करते हैं, उनका व्यवहार कैसा होता है। यह थोड़ी समय पहले की बात है जब उनमें से कई लोग गुलाम थे, इसका कारण क्या था? अपने भविष्य की सोचने के लिए एक पल छीन लो।

20. प्रकृति का अपूर्व समय: सबके लिए सर्वश्रेष्ठ प्रदान करना

सार्वभौमिक प्रकृति प्रत्येक चीज़ के लिए वही प्रदान करती है जो उसके लिए अच्छा है। यह प्रकृति द्वारा निर्धारित उचित समय पर होता है।

21. वर्षा के प्रति ब्रह्मांड का प्राकृतिक प्रेम: हमारे स्वयं पर एक प्रतिबिंब

पृथ्वी वर्षा का सम्मान करती है, और महान आकाश भी इसे सम्मान करता है। ब्रह्मांड के प्राकृतिक रूप में एक प्रवृत्ति होती है कि जो कुछ मौजूद होने के लिए निर्माण करना है, वह बनाया जाता है। इस तरह, मैं ब्रह्मांड को व्यक्त करता हूँ जैसे कि आप करते हैं। क्या कहना नहीं संभव कि कुछ चीजें प्रकट होने की प्रवृत्ति रखती हैं?

22. जीवन की परिस्थितियों को गले लगाना: साहस और सकारात्मकता खोजना

तुम यहाँ निवास कर रहे हो और इसे अच्छी तरह से अभ्यासित कर चुके हो, या तुमने छोड़ने का निर्णय लिया है, या तुममें से कोई चला जाता है और अपने कर्तव्यों को पूरा कर चुका है। इन स्थितियों से आगे कुछ नहीं है। इसलिए, हिम्मत रखो और सकारात्मक दृष्टिकोण बनाए रखो।

23. भूमि का विश्वगत समानता: प्लेटो से प्राप्त ज्ञान

हमेशा याद रखें कि यह भूमि का यह भाग किसी अन्य से अलग नहीं है और यहां सब कुछ पहाड़ के ऊपर या समुद्र तट के साथी के रूप में पाए जाने वाले में कोई अंतर नहीं है। प्लेटो ने कहा था, एक शहर की दीवारों के भीतर रहना पहाड़ी पर एक भेड़चालक की टोली में होने से कोई अंतर नहीं है।

24. मेरे न्याय क्षमता का रहस्य खोलना: क्या यह मेरे शरीर और सामाजिक व्यवहार के साथ सिंक्रन में काम कर रही है?

मेरा वर्तमान न्याय कौशल क्या है? मैं इसका कैसे उपयोग कर रहा हूँ, और किस उद्देश्य के लिए? क्या इसमें समझ की कोई कमी है? क्या यह सामाजिक अंतरभाषण से पृथक हो गया है? क्या यह मेरे शारीरिक संगठन के साथ मिलकर एक की तरह काम करता है?

25. कानून से भागें: भय, दुख और क्रोध का सर्वव्यापी मास्टर

जो कोई भी अपने मालिक से भाग जाता है, उसे भगोड़ा माना जाता है। उसी तरह, जो कोई भी कानून तोड़ता है, वह भी एक भगोड़ा समझा जाता है क्योंकि कानून सबसे महत्वपूर्ण मालिक होता है। चाहे कोई भी चिंतित, क्रोधित, या चिंतित हो जाए कुछ हो चुका हो या होगा, यह इसलिए है क्योंकि इसे सब कुछ के मालिक धारित कर रहे हैं, जो कानून होते हैं और सभी के लिए उचित क्या है, वह तय करते हैं। इसलिए, जो कोई भी डर, दुख, या क्रोध महसूस करता है, उसे भगोड़ा माना जाता है।

26. बीज से अनुभूति तक अद्भुत यात्रा

एक आदमी अपनी बीज क्षेत्र में जमा करता है और चला जाता है, फिर एक और किसी कारण का संभाल लेता है और इसका का काम करके एक बच्चा पैदा करता है। क्या यह नहीं आश्चर्यकर्म है कि कैसे कुछ ऐसा अद्वितीय स्थान से आ सकता है? बच्चा भोजन की देखरेख करता है, और फिर एक और किसी कारण इसे अनुभव, गति, ऊर्जा और अधिक में परिवर्तित करता है। यह विचार करना आश्चर्यजनक है कि कितनी विविध प्रक्रियाएं काम कर रही हैं! समय लेकर विचार करें कि उसी तरह की सभी बातें जो एक रहस्यमय तरीके से होती हैं और उत्पन्न होती हैं। इसके पीछे जो शक्ति है, उसे ध्यान से देखें, जैसे कि हम देख सकते हैं कि चीजों को ऊपर-नीचे ले जाने वाली बाधा किसी को देखे बिना ही स्पष्ट रूप से दिखती है।

27. समय और इतिहास के माध्यम से: वर्तमान में पैटर्न को पहचाने

हमेशा याद रखें कि चीजें, जैसी कि वे अभी हैं, पहले भी थीं और फिर होंगी। विभिन्न स्थानों की कल्पना कीजिए, जैसे कि आपने अपने अनुभवों और ऐतिहासिक किस्सों से सीखा है। पूरी नाटकों और मंचों की कल्पना कीजिए, जो समान मूलभूत संरचना के साथ होती हैं, जैसे कि हेड्रियन, अंतोनिनस, फिलिप्पस, अलेक्जेंडर और क्रोसस के दरबार। ये सब अभी जैसी हैं, बस अलग-अलग हस्तियों के साथ।

28. समझदार चुनाव: केवल मनुष्य ही अपने मार्ग का चयन कर सकते हैं

हर व्यक्ति को जो चिंतित या असंतुष्ट है, उसे एक यज्ञ भोगी सूअर की तरह माना जाना चाहिए, जो विरोध में किचकिच करता है। उसी तरह, जो अपने परिस्थितियों पर चुपचाप शिकवा करते हुए बिस्तर पर लेटे हैं, वे भी इस सूअर की तरह हैं। महत्वपूर्ण है कि समझा जाए, कि केवल तर्कसंगत प्राणी ही स्वेच्छा से अपनी क्रियाएं चुन सकते हैं, जबकि बाकी को उन पर आबबकर्मों का पालन करना होता है।

29. सोचें इससे पहले कि आप करें कुछ: मौत और इसकी हानियों का सवाल करना

किसी भी कार्रवाई में जुटने से पहले, खुद से पूछें कि क्या मृत्यु वास्तव में भयंकर है। क्योंकि यह आपसे यह चीज़ छीन लेती है।

30. अंतर्मन की ओर मोड़ना: स्वच्छंदता कैसे आपकी मदद कर सकता है इंसाफ से छूटकारा पाने में

जब आप किसी की ग़लती से आपत्ति महसूस करते हैं, तो तत्काल अपने आप में देखें और सोचें कि शायद आपने भी उसी तरह की ग़लती की होगी। उदाहरण के लिए, शायद आपको लगता है कि धन, सुख या सामाजिक स्थिति इच्छनीय हैं। इसे विचार करके, आप अपनी क्रोध को तुरंत छोड़ सकते हैं। इसके अलावा, यदि आप याद रखें कि व्यक्ति बाध्यता के कारण काम कर रहा था, तो आपको उन्हें माफ़ करना आसान हो सकता है। यदि आपके पास वह बाध्यता से उसे छुड़ाने की शक्ति है, तो यह और भी बेहतर होगा।

31. मानवता को धुआं की तरह देखकर: एक अनुशासित जीवन बिताएं

जब आप सैतेरॉन, सोक्रेटिक, दृष्टि, तो आप यूत्याकिस या हाइमैन के बारे में सोचें। जब आप यूफ्रेटिस देखें, तो आप यूत्याकियन या सिल्वेनस के बारे में सोचें। जब आप अल्सिफ़्रॉन देखें, तो आप ट्रॉफीयोफोरस के बारे में सोचें। जब आप क्सेनोफॉन देखें, तो आप क्रिटो या सेवेरस के बारे में सोचें। और

जब आप खुद को देखें, तो किसी अन्य कैंसर के बारे में सोचें। इसे हर व्यक्ति पर लागू करें। फिर इस विचार को विचार करें: वे आदमी अब कहाँ हैं? कहीं नहीं। कोई नहीं जानता कि वे कहाँ हैं। अनंत समय में जब आप समझते हैं कि जो कुछ बदल गया है, वह कभी फिर से मौजूद नहीं होगा, तो मनुष्य की चीजों को धूम्रपान और कुछ नहीं के रूप में देखें।

अपने अस्तित्व को कितना संक्षेप मानें। क्यों न एक व्यवस्थित जीवन जीने के द्वारा इसका अधिकतम लाभ उठाएँ? आप कौन सी अवसर और क्षमताओं को गंवा रहे हैं? जीवन में सब कुछ आपके मन के लिए एक अभ्यास है। इसकी प्रकृति को सतर्कता से अध्ययन करें और जिंदगी में जो कुछ भी होता है, उसे जांचें। अपनी अनुभवों को स्वीकार करने तक जारी रखें, जैसा कि एक मजबूत पेट सभी पोषकतत्वों को अवशोषित करता है और जलती हुई आग हर चीज की रौशनी को इसमें डालती है।

अपने अस्तित्व को कितना संक्षेप मानें। क्यों न एक व्यवस्थित जीवन जीने के द्वारा इसका अधिकतम लाभ उठाएँ? आप कौन सी अवसर और क्षमताओं को गंवा रहे हैं? जीवन में सब कुछ आपके मन के लिए एक अभ्यास है। इसकी प्रकृति को सतर्कता से अध्ययन करें और जिंदगी में जो कुछ भी होता है, उसे जांचें। अपनी अनुभवों को स्वीकार करने तक जारी रखें, जैसा कि एक मजबूत पेट सभी पोषकतत्वों को अवशोषित करता है और जलती हुई आग हर चीज की रौशनी को इसमें डालती है।

32. आपका सत्यनिष्ठा सुपरपावर को आज़ाद करें: कैसे आप किसी को अपनी ईमानदारी और अच्छाई पर संदेह करने के लिए मुश्किल बना सकते हैं

यह सुनिश्चित करें कि कोई भी वास्तव में न कह सके कि आप ईमानदार या अच्छे नहीं हैं। जो भी ऐसा सोचते हैं, उन्हें गलत साबित किया जाना चाहिए और यह पूरी तरह से आपके नियंत्रण में होना चाहिए। कौन रोक सकता है कि आप अच्छा और ईमानदार व्यक्ति न बनें? तय करें कि आप केवल उस व्यक्ति के रूप में जीना जारी रखेंगे, जो आप हो सकते हैं।

यह तर्क इस बात का समर्थन करता है कि आप ऐसा नहीं रह सकते हैं, जो अर्थ की बात है कि जब तक आप ऐसा नहीं होंगे, तब तक जीना संभव नहीं है।

33. कैसे बाधाओं को पार करें और तर्क के अनुसार जीवन में आनंद प्राप्त करें

हम समय-संगतता के अनुसार कैसे काम कर सकते हैं जब बात सामग्रीय वस्तुओं, जैसे कि हमारी जीवन, की आती है? यह जो भी हो सकता है, आपके पास उसे करने या कहने की शक्ति है, किसी भी बाधाओं के लिए कोई दया नहीं करते हुए। जब तक आपकी मनस्थिति ऐसी नहीं हो जाती जिसमें मानव स्वभाव के अनुरूप कर्म करना आपको उत्सुकता की तरह आनंददायी होता है जैसे बिना तृप्ति की तलाश करने वालों को भोजन की होती है, तब तक आप विलाप नहीं करेंगे। मानव होने के नाते, आपको उस सभी चीज़ों में आनंद मिलना चाहिए जो आपकी शक्ति और आपकी स्वभाव के अनुसार है। धन्यवाद, इसका संभव है किसी भी स्थिति में। हालांकि प्राकृतिकी या विचारहीन आत्मा बाह्य वस्तुओं, जैसे कि एक सिलेंडर, पानी या आग के लिए गतिविधि को अवरुद्ध कर सकती है, आपकी बुद्धिमत्ता और तर्क कोई भी आपके सामने आने वाली कोई भी बाधा को पार कर सकते हैं। इसे एक आग को ऊपर जाना, एक पत्थर को नीचे जाना या एक सिलेंडर को नीचे गिरती हुई मुखभूत सतह पर घूमते हुए स्पष्टतः देखें। इससे बाहर किसी अन्य समाधान की तलाश न करें। अन्य बाधाएं केवल आपके शरीर को प्रभावित कर सकती हैं, जो एक मरा हुआ चीज़ होती है, या वे केवल आपकी बुद्धि को कुचल सकते हैं अगर आप इसकी अनुमति देते हैं। ये बाधाएं केवल तब ही आपको सच्चाई से नुकसान पहुंचा सकती हैं जब वे आपको एक बुरे इंसान बना देती हैं, लेकिन आपके पास उनके माध्यम से बेहतर बनने और प्रशंसा के योग्य होने की ताकत है। आखिरकार, याद रखें कि कोई सच्चा नागरिक नुकसान पहुंचा सकता है यदि वह राष्ट्र को नुकसान पहुंचा और कोई कायदे को नुकसान पहुंचा सकता है यदि वह

राष्ट्र को नुकसान पहुंचा, लेकिन बाह्य वस्तुओं को नुकसान पहुंचा नहीं सकती हैं।

34. जीवन की अस्थायी प्रकृति: भय या शोक के बिना जीने के लिए सीधा याद दिलाने वाली संकेतिक बात

जो व्यक्ति सच्चे सिद्धांतों को समझता है, उनके लिए सबसे छोटे निर्देश भी पर्याप्त होते हैं, जैसे कि यह सरल स्मरण-सूचना दुख और भय से मुक्त रहने के लिए:

"हवा द्वारा छिद्रित कर बिखर जाने वाले पत्ते की तरह,

ऐसा ही मानवता है।"

पत्तियाँ आपके बच्चों की तरह होती हैं, और ऐसी लोगों की तरह जो आपकी सराहना या आलोचना करते हैं, या भविष्य की पीढ़ियों को आपकी मशहूरी फैलाते हैं। वे मौसम के बदलने के साथ आते और जाते हैं, जैसा कि कवि कहता है। सब कुछ अस्थायी होता है, फिर भी आप उन्हें क्रमिक रूप से भगवान कहते हैं। लेकिन कुछ ही समय में, आप अपनी आंखें बंद करेंगे और कोई और आपके जाने को शोक करेगा।

35. स्वस्थ मनोभाव: आत्म प्रशंसा के परे देखना और सभी अनुभवों को स्वीकार करना

मानवीय आँखों को सभी दिखने वाली चीजों को हरे जैसी विशेष रंगों की इच्छा के बिना देख पाना चाहिए, क्योंकि ऐसी इच्छाएं एक बीमारीग्रस्त आंख की निशानी होती हैं। इसी तरह, स्वस्थ सुनने और सुगंध की प्राप्ति को सभी करनी चाहिए और सुनते और सुगंधित वस्त्र या चीजों का अनुभव करना चाहिए। स्वस्थ पेट को सभी खाद्य पदार्थों को उसी प्रकार जैसे मिल के द्वारा पेस्ट करने के लिए तबीयत से देखना चाहिए। समाप्त में, हर स्थिति का सामना करने की क्षमता को एक स्वस्थ मन द्वारा प्रदर्शित किया जाना चाहिए। हालांकि, वे मानसिकता जो कहती है, "मेरे प्रिय लोगों की जीवन का सम्मान करें और मेरे कर्मों की प्रशंसा करें, बिना हरे रंग की

वस्त्रों को ढूढ़ने वाली आंखों या मुलायम धातुओं को पाने वाले दाँतों के समान होती है।

36. विचार शांति की खोज: जीवन के कठोर शिक्षकों से अवश्य होने वाले निकटता को स्वीकार करना

कोई व्यक्ति ऐसा नहीं है जो अपने मृत्यु के समय उनकी प्रसन्नता के साथ उपस्थित किसी को महसूस नहीं करेगा। हालांकि मरण करने वाले व्यक्ति अच्छे और बुद्धिमान हो सकते हैं, फिर भी ऐसे लोग होंगे जो खुद में सोचेंगे, "अंत में हम आराम से सांस लेने के लिए तैयार हैं, अब जब हम इस कठोर शिक्षक से राहत पाएंगे।" यद्यपि व्यक्ति किसी भी उनमें से किसी के प्रति कठोर नहीं रहा हो सकता, लेकिन शायद वह साथियों का मनमुटाव किया हो सकता है, जैसा कि अच्छे लोगों के साथ अक्सर होता है। हमारी मौत के संबंध में अनगिनत अन्य कारण हैं जिनके चलते लोग हमसे छुटकारा पाना चाहते हैं। इस बात को ध्यान में रखते हुए हमें इस जीवन से प्रस्थान करना चाहिए, यह सोचकर कि हम एक ऐसे दुनिया को छोड़ रहे हैं जहां हमारे पास हो सकता है, शायद किसी व्यक्तिगत लाभ के लिए, हमारे प्रस्थान की आशा करने वाले हमसे नजरअंदाज कर रहे हों। इस ध्यान में, एक भी वजह नहीं है कि जीवन में किसी से लंगोतर बांधे रहें।

हालांकि, हमें दूसरों के प्रति कठोरता के साथ नहीं जाना चाहिए। बजाय इसके, हमें दया के साथ प्रस्थान करना चाहिए, अपनी मित्रता, उदारता और मृदुता के अपने चरित्र को दृढ़ता से धारण करके। हमारा अलगाव दूसरों से शान्तिपूर्ण एक चुपचाप मृत्यु की तरह होना चाहिए। जैसे मनुष्य की आत्मा प्राकृतिक मृत्यु में शरीर से आसानी से अलग हो जाती है, हमें नैसर्गिक रूप से उन लोगों से प्राकृतिक और शांतिपूर्ण रूप से अलग होना चाहिए, जिनके साथ हम पहले मिले थे। यह अलगाव एक बलपूर्वक नहीं होना चाहिए, बल्कि स्वभाव के अनुरूप एक प्राकृतिक और शांतिपूर्ण होना चाहिए।

37. आत्म-परीक्षण कला का विशारद करना: दूसरों के लक्ष्यों को समझने की एक मुख्य चाबी

यह एक आदत बनाएं कि हमेशा खुद से पूछें, जब कोई व्यक्ति कुछ करता है, "इस व्यक्ति का उद्देश्य क्या है?" हालांकि, इससे पहले, खुद को मध्यस्थता पर ले जाएं और पहले एक स्व-परीक्षण करें।

38. शक्ति के छिपे हुए मणि: सम्मोहन, जीवन, और मानवता का मूल्य

हमेशा याद रखें कि सच्ची शक्ति वह होती है, जो आपके अंदर छिपी हुई होती है - सम्मोहन का बल, जीवन की सार, मानवता की वास्तविक परिभाषा। आत्मविश्लेषण करते समय, अपने वाहन या उससे जुड़े उपकरणों को शामिल न करें। ये कुल्हाड़ी के समान हैं, केवल अपने शरीर से जुड़े होने के द्वारा पहचाने जाते हैं। इसी तरह जैसे कि बूटिकार की मशीन, लेखक की कलम या वाहक की चाबी, ये हिस्से किसी महत्व नहीं रखते हैं यदि उन्हें अपने संबंधित बल द्वारा नहीं हिलाया और नियंत्रित किया जाता।

पुस्तक 11

— स्व-खोज की यात्रा

अब कार्रवाई करें और अपने आस-पास के लोगों के प्रति दयालुता दिखाएं। हमारे दुनियां में कला की महत्वता को समझें और प्राकृतिक नियमों और सिद्धांतों को समझें ताकि आपके उद्देश्य पूरे हो सकें। जीवन का आनंद लें और ज्ञान और अनुभव के बीच संतुलन ढूंढें। हमारे पड़ोसी लोगों से फिर मिलें और सत्य को अपना बनाए रखें। विशेषता बनें और वह कार्य करें जो आपको खुशी देता है। क्रोध और विषाद जैसे भावनाओं का सामर्थ्य रखें, लेकिन अपने विचारों को संशोधित करें जब वे विचरण करें। कॉसमिक आदेशों का पालन करें और संयुक्त लक्ष्य तक पहुंचने के लिए सहयोग करें। अपनी भयों का सामना करें और महान व्यक्तियों को याद करें। आकाश की ओर देखें और अपने वचन और कार्यों में बुद्धिमान और समर्थ रहें। हर दिन कुछ नया सीखें और अपने आदर्शों और सहिष्णुता को बनाए रखें। अंत में, स्वीकार करें कि जीवन परिवर्तन और प्रगति का चक्र है और कोई भी सच्चाई हमेशा नहीं बनती है।

1. तर्कसंगत आत्मा: आत्मनिरीक्षण, पूर्ति, और ब्रह्मांड को गले लगाना

ये तर्कसंगत आत्मा की विशेषताएं हैं: यह आत्मनिरीक्षण कर सकती है, प्रतिबिंबित कर सकती है और अपनी इच्छानुसार खुद को ढाल सकती है; यह अपने स्वयं के श्रम के फल का आनंद लेता है - जैसे पौधे दूसरों के भोग के लिए फल पैदा करते हैं, और जानवर अपने फल के बराबर फल दूसरों को देते हैं; आत्मा अपने लक्ष्य प्राप्त कर लेती है, चाहे वे कितने ही दूर के क्यों न लगें। एक नृत्य या नाटक के विपरीत, जहां पूरा प्रदर्शन छोटा करने पर अधूरा लगता है, आत्मा अपने अस्तित्व के हर टुकड़े में पूर्णता और पूर्णता प्राप्त कर सकती है। यह घोषणा कर सकता है, "जो मेरा है वह मेरा है।" इसके अलावा, आत्मा ब्रह्मांड के सभी क्षेत्रों तक फैली हुई है और शून्य की विशालता का सर्वेक्षण करती है, इसकी संरचना को समझती है और हर चीज के चक्रीय पुनर्जन्म को अपनाती है। यह मानता है कि जो लोग हमारे बाद आएंगे उन्हें कुछ भी नया नहीं मिलेगा, यह देखते हुए कि जो लोग हमसे पहले आए थे उन्हें भी कुछ नया नहीं मिला था। वास्तव में, एक चालीस वर्षीय व्यक्ति, बशर्ते कि उनके पास कोई संज्ञानात्मक क्षमता हो, वह पहले से ही वह सब कुछ देख चुका है जो कभी था - यह सब उस नियमितता के कारण है जो हर चीज की विशेषता बताती है। अपने पड़ोसियों के प्रति प्रेम, ईमानदारी और विनम्रता तथा स्वयं से अधिक किसी भी चीज़ को महत्व न देना भी इस तर्कसंगत आत्मा की आवश्यक विशेषताएं हैं। यह कानून की नींव है, और यह नैतिक भावना न्याय की भावना से बहुत कम भिन्न है।

2. मूल्यहीनीकरण की शक्ति: जीवन के घटकों को तोड़ना क्यों महत्वपूर्ण है, नेकता प्राप्त करने के लिए।

यदि आप आवाज की संगीत की सूर में समझौता करेंगे, नृत्य या शारीरिक प्रतियोगिता में बहुत महत्व नहीं रखेंगे, तो आप शायद यह सोचेंगे

कि क्या आप हर अद्वितीय ध्वनि से मोहित हुए हैं। शर्म इसे स्वीकार करने से आपको रोकेगी, लेकिन यह आवश्यक है कि नृत्य और पंक्रतियम में हर आंदोलन और पोज को उसी तरह से तोड़ें और मूल्यहीन न रखें। अच्छी गुणवत्ता और गुणों के अलावा, हमेशा इनके साथ सभी अन्य चीजों को अविभाज्य रखें और मूल्यहीन न करें। इस सिद्धांत को अपने पूरे जीवन का मानक बनाएं।

3. अत्युच्चता को ग्रहण करना: जिद्दी बिना तैयार होने की कला

एक सचमुच प्रशस्तियोंयोग्य आत्मा वही होती है जो किसी भी समय शरीर से आलग होने के लिए तैयार रहती है, चाहे वह हाजिर न हो, धीरे-धीरे मिट जाए या किसी अन्य माहौल में जारी रहे। हालांकि, यह तत्परता अहंकार के बजाय व्यक्तिगत सम्मान के साथ होनी चाहिए, साथ ही इसमें मानसिकता, गरिमा और समर्थन बिना किसी अभिनय के सहारे।

4. महान भलाई में योगदान करके प्राप्ति की खोज

क्या मैंने महान भलाई में योगदान दिया है? अगर हाँ, तो मुझे मेरा पुरस्कार मिल चुका है। अपने दिमाग के मुँह के सामने यह ख्याल रखिए और बिना रुके अच्छाई करना जारी रखिए।

5. धार्मिक शिल्प का पर्दाफाश: सार्वभौमिक और मानविक विकास के महत्वपूर्ण सिद्धांतों का अन्वेषण

आपका कौशल क्या है? धार्मिकता। और यह कैसे हासिल किया जा सकता है, विश्व की प्रकृति के बारे में भागों में और मानवता की आदर्श संरचना के बारे में कुछ मौलिक सिद्धांतों के माध्यम से छूट के साथ?

6. एक संदेह का स्मरण: जीवन की प्राकृतिक घटनाओं को स्वीकार करने में थिएटर की शक्ति

प्रारंभ में, अत्याचारों का स्टेज पर प्रदर्शन अन्यथा घटीत होने वाली घटनाओं के बारे में व्यक्तियों को याद दिलाने के लिए किया जाता था, और यह महत्वपूर्ण है कि वे उन्हें वैसे ही स्वीकार करें। अगर आप नाटक

में दिखाए जाने वाले चीजों में आनंद लेते हैं, तो आपको वास्तविकता में होने वाली घटनाओं से उबकाई महसूस नहीं होनी चाहिए। यह स्पष्ट है कि कुछ घटनाएँ घटित होने के लिए होती हैं और जो लोग "हे सिथीरॉन" जैसी चीखें निकालते हैं, उन्हें उन्हें सहन करना होता है। नाटकीय लेखकों ने कुछ महत्वपूर्ण कथन पेश किए हैं, जैसे "अगर देवता मेरी और मेरे बच्चों की उपेक्षा करें, तो इसके पीछे का कारण होता है।" इसके अलावा, "हमें जो होता है, उसे स्वीकार करना सीखना चाहिए" और "हमें जीवन की फसल के फल को एक गेहूँ के खेत की तरह काटना चाहिए"।

त्रासदी के बाद, पुरानी कॉमेडी प्रस्तुत की गई थी, जो सीधे ढंग से बोलने की क्षमता रखती थी और इसके परिणामस्वरूप लोगों को अक्खड़पन की कोई क्रिया नहीं करने के बारे में याद दिलाने में सहायक थी। स्वयं दियोजेनीज ऐसे लेखकों से सीखना चाहते थे। मध्य कॉमेडी के संबंध में, इसकी भूमिका के लिए देखा जाना चाहिए था, और यह नई कॉमेडी के प्रस्तावना के लिए लाई गई, जो समय के साथ-साथ मतभेदकारीकरण बन गई। हालांकि यह जाना जाता है कि इन लेखकों में भी मूल्यवान बिंदु बनाए गए हैं, परंतु ऐसी काव्याचार और थिएटर के प्रयास के पूरे उद्देश्य के बारे में प्रश्न पूछे जाने की जरूरत होती है।

7. दर्शनशास्त्र के लिए सही जीवन स्थिति - आपकी मौजूदा है!

जो स्थिति आप वर्तमान में खुद को पाए हुए हैं, उससे शायद ही कोई और जीवन स्थिति दर्शन-शास्त्र के लिए बेहतर हो।

8. नफरत की कीमत: अलगाव सामाजिक समुदाय से आपको काट लेता है और सामाजिक प्रणाली की शाखाओं से पुनर्मिलन के संघर्ष

जब एक डाल दूसरी से काटी जाती है, तो इससे पूरे पेड़ को काट दिया जाता है। एक व्यक्ति जब अन्यों से अलग हो जाता है, उसके लिए भी यह सच होता है: वह समाज की तरफ से पतन का चयन करता है। जब भी कोई व्यक्ति अपने आचरणों के माध्यम से पड़ोसी से अलग होता है - यानी नफरत फैलाकर और उनकी ओर मुड़कर दूर हो जाता है। वे समझ

नहीं पाते हैं कि ऐसा करके वे अपने आप को समाज की पूरी प्रणाली से भी अलग कर रहे हैं। हालांकि, ज्यूपिटर जैसे समाज के निर्माता ने हमें इसे लौटकर अपनी जगह पर खारा करने और सक्रिय हिस्सा बनाने का अधिकार दिया है।

इसके बावजूद, बार-बार होने वाले अलगाव इसे दोबारा जोड़ना और उसे पुनस्थार्पित करना कठिन बना देता है। अंत में, एक पेड़ के साथ विकसित होने और कोर के एक हिस्से के अलावा रहने वाली डाल को काटने से मूल रूप से पुनस्थार्पित होने वाली डाल में महत्वाकांक्षी अंतर होता है। हालांकि, ऐसा लग सकता है कि आखिरी डाल अभी भी पेड़ के साथ बढ़ रही है, जैसे एक बाग़बान कहें, लेकिन यह उसके साथ अभी भी पूरी तरह से मेल नहीं खाती।

9. तार्किकता और दया का संतुलन: अपने मिशन की ओर बाधाओं के नेविगेट करना

जैसे ही आप सही तरीके से आगे बढ़ते हैं, अपने कार्यक्षेत्र में, आपको तत्काल अपने मिशन से विचलित नहीं होने देना चाहिए जो भी आपके रास्ते में आपके कार्य को रोक रहा हो। इसके साथ ही, स्थिर रहते हुए, आपको उनके प्रति अपने उदारता को उनसे छीनने नहीं देना चाहिए। आपको दोनों का ध्यान रखना चाहिए, न केवल अपने निर्णय और कार्य के प्रति, बल्कि उन लोगों के प्रति भी जो आपके कार्य में बाधा या अशांति करने की कोशिश कर रहे हों। उनके संग तालमेल गुड़वाना एक कमजोरी है, जो आपके उद्देश्यों से हटने और भय को स्वीकार करने के बराबर है। दोनों मामलों में, आप अपनी पोस्ट पर ध्यान केंद्रित करते रहेंगे - चाहे वह आपको डराने वाले कारण हो या एक अनजान व्यक्ति, रिश्तेदार और दोस्त के रूप में मान्य होने वाले कारण।

10. नकल कला: क्यों प्रकृति ही सच्ची महाकृति है

कला को प्रकृति से उच्च नहीं माना जा सकता है, क्योंकि कला सिर्फ प्रकृति की सहज गुणधर्मों की अनुकरण करती है। वास्तव में, अगर कला

प्रकृति की अनुकरण करने के लिए है, तो प्रकृति सबसे पूर्ण और व्यापक प्रेरणा का स्रोत होना चाहिए। प्रकृति को भी कला के समान स्वरूप और मास्टरी तक पहुंचने की क्षमता होनी चाहिए। प्रत्येक कला प्रकार का एक महत्वपूर्ण उद्देश्य होता है, और प्रकृति भी कोई अपवाद नहीं है। वास्तव में, यही न्याय की अवधारणा का मूल है। सभी अन्य गुण न्याय से निकलते हैं। इसलिए यदि हम न्याय को बनाए रखना चाहते हैं तो हमें लापरवाही और अस्थिरता में व्यवहार करके के अप्रासंगिक बातों पर ध्यान नहीं देना चाहिए।

11. फैसले छोड़ें और अपनी इच्छाएं आकर्षित करें: शांतिपूर्ण ऊर्जा की शक्ति

यदि आपको वह वस्तु आपकी पसंद के अनुसार उपलब्ध नहीं होती है, चाहे आपको उसकी प्राप्ति के लिए कितनी भी परेशानी हो, तो भी आप उसे नकारात्मकता से नहीं देखें। इसलिए, आपके पास चाहे उस वस्तु के बारे में कितनी भी आप्रेक्षित विचारे हों, आपको उनको छोड़ देना चाहिए, तब उन्हें शांति मिलेगी। अब आप उनकी प्राप्ति या निरपेक्षता से नहीं परेशान होंगे।

12. प्रकाशित प्रकाश: साम्पूर्ण आत्मा के गोलाकार आकार की सच्चाई का प्रकटीकरण

जब आत्मा बाहर नहीं जा रही होती है, वापस आ रही होती है, चितरगण कर रही होती है या गिर रही होती है, तब भी इसकी गोलाकार आकृति बरकरार रहती है और इसे प्रकाशित प्रकाश द्वारा रोशन किया जाता है, जो इसे सत्य की प्राप्ति करने की सक्षमता प्रदान करता है - सभी चीज़ों का सत्य और इसके अंदर मौजूद सत्य।

13. अवमान से ऊपर उठना: उदारता और प्रयोजनशीलता का मानवीय चरित्र

यदि किसी को गर्व है, तो उसे ऐसा करने दीजिए। मेरी चिंता यह है कि मुझे किसी कार्य या बात करके कर्तव्यनिष्ठा या निंदा का निर्णय नहीं लेना

चाहिए। यदि किसी को मुझसे द्वेष है, तो उन्हें जागरूक किया जाना चाहिए कि मैं हर किसी के प्रति उदारता और सौम्यता से संवेदनशील रहूंगा। इसके साथ ही, मैं उनकी गलती को किसी प्रकार की निंदा या अपने दिखावे के साथ समझने में मदद करूंगा, ठीक वैसे ही जैसे महान फोकियन ने किया था (यदि, बेशक, वह सिर्फ दिखावा ही कर रहा था)। एक व्यक्ति के चरित्र का महत्व होना चाहिए, ताकि ईश्वर भी उसे खुशी और शिकायत न करने वाला माने। बाद में, इससे कोई हानि नहीं होगी अगर आप अपने स्वभाव के लिए सर्वोत्तम कर्म कर रहे हैं और हमेशा वर्तमान को स्वीकार कर रहे हैं, जो विश्व के लिए उचित हैं, क्योंकि आप आपकी समृद्धि के लिए एक मानव हैं।

14. उठान और जमाना: मानव संवेदनशीलता के जटिल गतिविधियाँ

मानव एक-दूसरे को छोटा और सराहें देते हैं, जबकि वे दूसरों के सामर्थ्य को बढ़ाने या गलत तरीके से उपयोग करने की इच्छा रखते हैं।

15. बयानों में छल: शब्द किसी के चरित्र का मोल नहीं लगाने के लिए पर्याप्त नहीं होते

कितना अस्वीकृत और नेक आदमी होता है वह जो कहता है, "मैं तुम्हारे साथ इंसाफ करने का इरादा रखता हूँ!" मेरे दोस्त, इस तरह के शब्दों का क्या फर्क पड़ता है? काम शब्दों से ज़्यादा बात करता है, और एक व्यक्ति के इरादे समय के साथ प्रकट हो जाते हैं। किसी व्यक्ति का चरित्र उसके माथे पर छापा होना चाहिए, और उसकी आंखें इसे तुरंत प्रकट करती हैं। उसी तरह, किसी प्यारे को उनके प्रेमी के द्वारा उनके दिल को पढ़ने की क्षमता होती है। ईमानदारी और अच्छाई की गंध बहुत मजबूत होती है, जिसे कोई भी बायस्टैंडर दूर से महसूस कर सकता है, सुखद या असुखद हो। हालांकि, सीधापन एक टेढ़ी छड़ी की तरह होता है - एक छलावा जिसे त्यागा जाना चाहिए। झूठी या भेड़ियों जैसी दोस्ती से और कोई बतमीज़ या बदचलनता नहीं होती। इसे अधिकतम तरह से सावधान रहें। जो अच्छे, सीधे और दिल से अच्छे होते हैं, उनकी इन गुणों को उनकी आंखों के

माध्यम से दिखाते हैं, और उन्हें गलत नहीं समझा जा सकता है। "भेड़ियों जैसी दोस्ती" का संकेत भेड़ और भेड़ियों के किस्से को याद करने का होता है।

16. अंतर्निहित शक्ति: उदासीनता और आत्म-निर्धारण के माध्यम से अपना सर्वश्रेष्ठ जीवन जीने के तरीके

बेहतर जीवन जीने के लिए, शक्ति हमारी आत्माओं में होती है। यदि हम उन चीज़ों के प्रति उदासीन रहेंगे जो हमारे खुद होते हैं, तो हमारे पास यह शक्ति होगी। हम इसे प्राप्त करते हैं जब हम इन चीज़ों को अलग-अलग और मिलकर देखते हैं। हम ऐसा करके याद रखते हैं कि वे अपने बारे में कोई राय नहीं रखती हैं और हमारे पास नहीं आती हैं। हम ही हैं जो इन मूल्यांकन करते हैं, खुद ही उन्हें लिखते हैं, लेकिन हमारे पास यह शक्ति हैं कि हम ऐसा नहीं करें। या फिर, अगर इन झूठे मूल्यांकनों ने हमारे दिमाग में प्रवेश किया है, तो हम उन्हें मिटा सकते हैं। इसके लिए अनिवार्य है कि हम यह ध्यान रखें कि इस अवकाशिता के प्रति ध्यान कम होगा और जीवन समाप्त हो जाएगा। इससे अधिक, इसे करने में कोई परेशानी नहीं है। प्राकृतिक चीज़ों का आनंद लें और वे आपको आसानी से मिलेंगी। उलटी जो हो, अपनी प्रकृति के साथ वह ढूंढें और इसे प्राप्त करने के लिए प्रयास करें, चाहे वह आपको प्रतिष्ठा न दिलाए। हर व्यक्ति का अपने अच्छे की पुरस्कार के पीछे जाने का अधिकार होता हैं।

17. तत्वजन्य यात्रा: सभी चीजों के मूल और परिवर्तन का अन्वेषण

प्रत्येक वस्तु के मूल, संयोजन, परिवर्तन और अंतिम रूप का ध्यान रखें। साथ ही, स्वीकार करें कि इस प्रक्रिया के दौरान इसे कोई नुकसान नहीं होगा।

18. गुस्से से पहले अपमान को दूर करने के लिए नौ मनस्तिथि शिफ्ट्स

जब कोई आपकी अपमानित करे, तो निम्नलिखित को विचार करें: पहले, मनुष्य के रूप में हमारे संबंधों पर विचार करें और यह सोचें कि हम जुड़े

हुए हैं कैसे बनाए गए हैं। हालांकि, याद रखें कि मैंने उन्हें अग्रसर करने के लिए बनाया था, जैसे एक चेवड़ा एक झुंड का प्रमुख और एक सांड एक झुंड का पालन करता है। इसके अलावा, यह विचार करें कि, यदि सभी वस्तुएं सिर्फ अणु होती हैं तो प्रकृति सब कुछ व्यवस्थित करेगी, और नीची वस्तुएं उच्च वस्तुओं के लाभ के लिए मौजूद होंगी, और इनके प्रति अकाट्यता के लिए।

दूसरा, उन लोगों का ध्यान दें जिन्होंने आपकी अपमानित की है और उनका व्यवहार खाने-पीने में कैसा होता है। उनके कार्यों को प्रभावित करने वाली भावनाओं को विचार करें। अगर कोई अनुचित ढंग से कार्यवाही करता है, तो इसे आपको परेशान नहीं करना चाहिए। आप क्रोध के माध्यम से उनके व्यवहार को बदल नहीं सकते, बल्कि शांत स्वभाव के साथ समस्या को नजदीक से देखें।

तीसरा, सोचें कि यदि कोई सही ढंग से कार्यवाही करता है, तो उन्होंने आपको परेशान नहीं किया होगा। यदि आप अन्यायपूर्ण ढंग से कार्यवाही करें, तो समझें कि आपको संदेह हो सकता है कि कार्य की सच्चाई को समझने में असमर्थ हैं और अज्ञान में कार्यवाही कर रहें हैं। उनकी गलतियों को व्यक्तिगत न लें, क्योंकि यह आपसे कुछ नहीं संबंधित है।

चौथा, विनम्र बनें और याद रखें कि सभी गलतियां करते हैं। चाहे आप कुछ गलतियां न ही करें, आपके पास फिर भी उन्हें करने की प्रवृति होती है। सहानुभूति

19. अपने कमतर आत्मा को हराना: प्रमुख संकुचित गुणों को परास्त करना

श्रेष्ठ शक्ति के चार महत्वपूर्ण दोष होते हैं, जिनकी सामर्थ्य से आपको सतत सतर्क रहना चाहिए। जब आप इन्हें पहचानते हैं, तो आपको इन्हें हटाना चाहिए और खुद को इन शब्दों के साथ याद दिलाना चाहिए: "यह विचार सामाजिक समझौते के लिए अनावश्यक और विनाशकारी है। यह विचार मेरे प्रामाणिक विचारों से नहीं निकला है, जो हकीकत से अव्यवस्था है। और अंत में, अगर आपने किसी भी चीज के लिए आत्मतिरस्कार किया

हैं, तो यह इस बात का संकेत है कि आपका दिव्य भाग आपके कम आदरणीय और क्षणिक भाग - शरीर और इसके नीचे के आनंदों - के द्वारा हार गया है।

20. अपने प्राकृतिक स्वभाव के खिलाफ विद्यामान हिस्से का विरोध: न्याय और संतोष के लिए सामरिकता

तुम्हारा बुद्धिमान पहलू ही वह है जो अनुशासित और अपने स्थान से असंतुष्ट है, जबकि तुम्हारे आकाशीय और अग्निज भाग, जो स्वाभाविक रूप से उठने की प्रवृत्ति रखते हैं, दबाव में होते हैं और शरीर के संयुक्त भौतिक भाग में बने रहते हैं। वैसे ही, तुम्हारे पृथ्वीय और जलीय भाग, जिनकी प्राकृतिक रूप से अवरोहण की प्रवृत्ति होती है, अपने लायक स्थान पर ऊठाए गए हैं। इस प्रकार, सभी तत्विक भाग ब्रह्मांड का अनुसरण करते हैं, और एक बार जहां-जहां उन्हें स्थिर किया गया है, वहां तक वे वहीं रहेंगे जब तक ब्रह्मांड विघटन का संकेत न देता हो। यह अजीब है, फिर भी, कि केवल तुम्हारे बुद्धिमान पहलू अवज्ञा करता है और असंतुष्टता दिखाता है, क्योंकि यह केवल उन चीजों के अधीन होता है जो उसके स्वभाव के अनुरूप होते हैं, और हालांकि वह फिर भी विरोधी दिशा में चलता हैं और प्रतिरोध करता हैं। न्याय, संयम, क्रोध, शोक और भय की किसी भी प्रवृत्ति केवल उस व्यक्ति के व्यवहार के रूप में होती है जो प्रकृति से भटक जाता है।

इसके अलावा, जब प्रशासक तत्व किसी घटना से असंतुष्ट होता है, तो वह अपनी भूमिका छोड़ता है, क्योंकि यह न्याय के लिए ही नहीं है, बल्कि देवताओं के सम्मान और पूजा के लिए भी है। ये गुण वस्तुओं की स्थिति के साथ संतुष्ट होने के लिए भी सम्मिलित होते हैं, और वास्तव में, वे न्याय के कार्यों से पहले ही आते हैं।

21. निर्देशित और एकजुट जीवन के लिए एक उद्देश्यमय लक्ष्य की शक्ति

जीवन में सतत उद्देश्य रखने वाला कोई भी व्यक्ति अपने जीवन में सततता प्राप्त नहीं कर सकता। हालांकि, बस एक उद्देश्य रखना ही काफी

नहीं है। सही प्रकार का उद्देश्य रखना महत्वपूर्ण है। बहुमत द्वारा अच्छा माने जाने वाली सभी चीजें समान रूप से महत्वपूर्ण नहीं होती हैं, केवल कुछ चीजें ही होती हैं, जैसे कि समाज और राजनीति पर प्रभाव डालने वाली चीजें। इसलिए, हमें एक सामान्य सामाजिक और राजनीतिक उद्देश्य निर्धारित करना चाहिए जो हमारे सभी प्रयासों को निर्देशित करे। इसके द्वारा, हम हमेशा एक बराबर ढंग से व्यवहार करेंगे और अपने आप से सच्चे रहेंगे।

22. दो चूहोंकी कथा: विपरीत जीवनशैली और शहरी चिंताओं का अध्ययन

ग्रामीण और शहरी मौज की विपरीत जीवन शैली को विचार करें, और शहरी निवासियों द्वारा महसूस की जा रही भय और असहजता पर विचार करें।

23. लैमिए: सोकरेटीस के बुड़बुड़ाए और सामूहिक मत की शक्ति

सॉक्रेटीज़ को समूहिक रायों को "लामिया" या डराने के लिए बनाए गए भूल पेड़ के रूप में उल्लेख किया गया है।

24. अनजानों के लिए छाया: लेसिडेमोनियन्स की मेहमाननवाजी परंपरा

लेडा- मोनियन लोग पब्लिक इवेंट्स में अपनी सुविधा के अनुसार जगह चुनते थे, जबकि वे अपने पेड़-छाँव वाली सीटिंग को परदेशीयों के लिए प्रदान करते थे।

25. अनकही गर्व: सोक्रेटीज़ की मान्यता स्वीकार करने से इनकार

सोक्रेटीज़ ने परदीकस के लिए माफी माँगी, उन्होंने यह स्पष्ट किया कि उन्हें उससे मिलने की क्षमता नहीं थी, और वह यह समझाया कि उन्हें अंतिम पराजय सहना नहीं चाहिए था। दूसरे शब्दों में, उन्हें यह नहीं चाहिए था कि उन्हें एक योग्यता हासिल करने के बाद उसे प्राप्त करने के लिए दुबारा संभव न हो।

26. भूतपूर्व में गुणों की पुनर्जीवित करना: इफेशियन मर्दों के बारे में सोचना क्यों महत्वपूर्ण है

एफिशियों ने महत्वपूर्ण माना है कि हमें पूर्व समय के गुणी पुरुषों के बारे में निरंतर विचार करने की आवश्यकता होती है। यह सिद्धांत हमें इन व्यक्तियों के कार्यों और चरित्र पर विचार करने के लिए प्रोत्साहित करता है।

27. रोज़ाना स्वर्गीय प्रेरणा: पाइथैगोरियन संस्कार-पूजा का प्रातःकालीन आकाश दर्शन

प्याथागोरियन त्रिकोणमिति हमें याद दिलाती है कि हमें हर सुबह आकाश की तरफ टेढ़े मुड़कर देखना चाहिए। यह हमें याद दिलाती है कि आकाशीय शरीर हर समय अपने कार्यों को समान तरीके से निभाते हैं, सबके साथ ही साथ शुद्ध और प्रकट रहते हैं। ध्यान देने के लायक है कि तारे किसी भी ओढ़े से ढके नहीं होते हैं।

28. सॉक्रेटीस की अपरंपरागत बुद्धिमता: पशु चर्म में विनम्रता को गले लगाना

सोचें कि सोक्रेटीज़ कितने अद्वितीय थे जब वह अपने बगीचे को अपनी पत्नी ज़ंथिप्पे द्वारा छोड़ दिया गया, और उन्होंने जानवरों के खूबसूरत वपर से कपड़े पहन लिए। इस अद्भुत पोशाक में उन दोस्तों के लिए भी सोचें, जो उनके शब्दों के सामर्थ्य से प्रभावित होकर चकित हो गए।

29. आत्म-अनुशासन का मस्तीकरण: लेखन और जीवन में प्रभावी नियम-स्थापना का कुंजी

जब तक आप अन्य लोगों के लिए लिखने या पढ़ने के नियमों को स्थापित कर सकें, तब तक आपको पहले खुद के नियमों का पालन करना सीखना चाहिए। यह जीवन में भी और अधिक महत्वपूर्ण होता है।

30. गुलामी द्वारा मूक किया गया: भाषण की स्वतंत्रता के लिए संघर्ष

तुम एक गुलाम हो, इसलिए आज़ादी का भाषण तुम्हारे लिए नहीं है।

31. मन की हंसी: ओडिसी से एक उद्धरण

मेरे अंदर मेरा दिल हँसा, उन्होंने कहा।
ओडिसी में, नौमें, श्लोक ४१३।

32. गुणों का विवादास्पद आलोचना: कुछ लोगों की पिराई करने की क्यों चुनते हैं

वे गुणवत्ता को शाप देंगे और उसके बारे में कठोरता से बोलेंगे।

33. अन्यायपूर्ण प्रयास: अनुमति से परे अंजीर और खोए हुए बच्चों की तलाश

जिसमे खोजना निराशाजनक माना जाता है, उसे हिंसकता का कार्य माना जाता है। उसी प्रकार, एक व्यक्ति जिसे अब अनुमति नहीं है, उस समय जब वह अपने बच्चे की तलाश करता है, वह भी असामयिक होता है (एपिक्टेटस, तिसरा २४, ८७)।

34. परमार्थ का पल: एपिक्टीटस की मौत के स्वीकार करने पर आश्चर्यजनक दर्शन

एपिकटेटस का मत है कि जब एक आदमी अपने बच्चे को चुमता है, तो उसे अपनी मृत्यु पर गहनता से विचार करना चाहिए और खुद में बुझबुझाहट से कहें, "कल, मैं शायद अब ज्यादा जीवित न हों।" हालांकि, कुछ लोग इसे नकारात्मक विचार के रूप में देख सकते हैं। एपिकटेटस इसके खिलाफ है, इसका दावा करते हुए कि कोई व्यक्ति स्वाभाविक घटना का वर्णन करता है तो वह प्राकृतिक रूप से नकारात्मक नहीं होता है। उदाहरण के लिए, मक्के की कश्त बारीकियों के बारे में बोलना भी "बुरा शकुन" के रूप में देखा जा सकता है।

35. अंगूरों का परिवर्तन: युवा से किशमिश तक

जवान अंगूर, पूरी तरह से बढ़ गया गुच्छा और किशमिश सब बदल जाते हैं, किसी भी अवस्था में नहीं, बल्कि एक नई हकीकत की असफलता तक पहुंचने के बदले में।

36. अटुट: एपिक्तेटस के अनुसार चुनाव की शक्ति

हमें कोई अन्यथा निर्देश द्वारा हमारी छूनों के छूने की स्वतंत्रता से हर गिरायु को नहीं कर सकता, इसे इपिक्टीटस ने अपनी कृति में कहा है।

37. सहमति का सामर्थ्य कला: एपिक्टेटस द्वारा क्रियाओं और जटिलताओं पर अकालानुभूत सलाह

एफिक्टीटस ने सलाह दी कि एक आदमी को अपनी सहमति की कला को अभिनय करना चाहिए और अपने कार्यों में सतर्क रहना चाहिए, सुनिश्चित करना होगा कि वे परिस्थिति के अनुरूप हैं और सामाजिक मानदंडों के साथ संगत हैं। वह उस वस्तु की मूल्य को भी ध्यान में रखना चाहिए। इसके अलावा, उसे किसी भी प्रकार की कामुक इच्छा को सख्ती से त्यागना चाहिए। अविज्ञान की बात करने के लिए, उसे अपने नियंत्रण के बाहर चीजों की ओर ढ़िड़कता से बचना चाहिए।

38. वर्तमान असहमति के हृदय में पागलपन: विशेषज्ञ मतों की प्रकटित परामर्श

उसके अनुसार, वर्तमान असहमति किसी साधारण मुद्दे से संबंधित नहीं है, बल्कि इसका ज्यादा संबंध किसी व्यक्ति की पागलपन से होता है।

39. ध्वनि और तर्कसंगत आत्माओं के लिए अंतहीन खोज: सोक्रेटीज के संघर्ष और विवाद के प्रश्नों का जिज्ञासा

सोक्रेटीज ने एक बार पूछा, "क्या आप तार्किक या अतार्किक लोगों की आत्माएं चाहते हैं?" उनके संवाददाता ने उत्तर दिया, "तार्किक लोगों की आत्माएं।" तब सवाल यह था, "क्या आप संगत या असंगत तार्किक लोगों

को पसंद करेंगे?" उत्तर था, "संगत।" इसके बाद सोक्रेटीज ने एक और सवाल पूछा, "अगर ये आत्माएं पहले ही आपके स्वामित्व में हैं, तो फिर आप धिक्कार और विवाद में क्यों लग रहे हैं?"

पुस्तक 12

— जीवन को गले लगाओ और संतुलन खोजो

जीवन छोटा और अप्रत्याशित होता है, इसलिए महत्वपूर्ण है कि हम समय निकालें और अच्छी बातों को महसूस करने और महत्वपूर्ण बातों पर ध्यान केंद्रित करने के लिए। हमें ऊंचा लक्ष्य निर्धारित करना चाहिए, ईमानदार रहना चाहिए और दूसरों को हमारे ऊपर नियंत्रित नहीं करने देना चाहिए। मौत निश्चित है, इसलिए हमें जीवन का सबसे अच्छा करना चाहिए और जैसे-जैसे आता है, हमेशा खुशी ढूंढ़ना चाहिए। हमें संतुलन और न्याय को आग्रह करना चाहिए और याद रखें कि दैवता दैनिक जीवन में होते हैं। सब कुछ एक है, इसलिए यह एक परिप्रेक्ष्या का मामला है। जीवन छोटा है, इसलिए हमें इसे आनंद लेना चाहिए और अपने वास्तविक उद्देश्य की याद रखनी चाहिए और अच्छे के लिए कर्म करना चाहिए।

1. अपनी वास्तविक क्षमता को खोलें: अच्छाई और न्याय के साथ अपनी इच्छाएं पूरी कैसे करें

आप इच्छित सभी चीजें प्राप्त कर सकते हैं, सीधे रास्ते पर चलकर, अगर आप उन्हें खुद से नकार नहीं करते हैं। इसका अर्थ है कि भूतकाल की अनदेखी न करें और भविष्य की उपेक्षा न करें, जबकि वर्तमान में धार्मिकता और न्याय का अभ्यास करें। अपनी जीवनराशि को स्वीकार करके धार्मिकता का अभ्यास करें, क्योंकि प्रकृति ने यह आपके लिए और आपके लिए ही बनाया है। हमेशा सत्य बोलकर और प्रत्येक स्थिति की महत्वपूर्णता को प्रतिबिम्बित करने वाले कानूनों का पालन करके न्याय का अभ्यास करें। किसी के बुरे कर्म, राय, शब्द या शारीरिक अनुभवों से आपको हतोत्साहित नहीं करना चाहिए; वही आपके मन के पासिव भाग के लिए है। अपने जीवन के अंत के करीब आते हुए, केवल अपने प्रशासनिक क्षमता और आंतरिक ईश्वरता पर ध्यान केंद्रित करें। जीवन के समापन से डरने की जगह पर प्रकृति के अनुसार सच्चे रूप से जीने के कारण से डरें। ऐसा करके, आप इस ब्रह्मांड के योग्य व्यक्ति बन जाएंगे जो ने आपको प्रजन्म दिया है, अपने खुद के घर में पराया महसूस नहीं करेगा या रोज़मर्रा की घटनाओं से हैरान न होगा। आप भी इस या वह के आश्रित होने से मुक्त हो जाएंगे।

2. मुक्ति का तालाबंदी खोलना: ईश्वर के अनुसार अपने सच्चे बौद्धिक स्वरूप को ग्रहण करना

भगवान सभी व्यक्तियों के सच्चे शासकीय सिद्धांतों को, उनके शारीरिक शरीरों और दूषणों से परिचित करता है। वह केवल बुद्धि पर केंद्रित होता है, जो उसी से उत्पन्न होती है और मानव रूप को प्राण-दायिनी बनाती है। इस दृष्टिकोण का पालन करके, आप अपने आप को कई बोझों से मुक्त कर सकते हैं। यदि आप अपने शारीरिक होने को महत्व नहीं देते हैं, तो आपको कपड़े, आवास और प्रसिद्धि जैसे बाहरी कारकों की परवाह नहीं होगी।

3. आसक्तियों को हटाना: एक शुद्ध और स्वतंत्र जीवन के लिए एक गाइड

तुम तीन चीजों से मिलकर बने हो: एक छोटा शरीर, थोड़ी दम (जीवन) और बुद्धिमानी। पहले दो की देखभाल आपकी जिम्मेदारी है, लेकिन तीसरी वास्तव में आपकी ही होती है। इसलिए, एक शुद्ध और स्वतंत्र जीवन जीने के लिए, अपनी समझ को छोड़ दो जो दूसरे कहते और करते हैं, जो तुमने कहा और किया है, भविष्य की समस्याएं, और अपने शरीर और जीवन के साथ जुड़ी हुई चीजों को जो तुम्हारे नियंत्रण के बाहर हों। इन आकर्षणों को हटाकर, तुम सही तरीके से जी सकते हो और भाग्य के चक्र के चक्कर से मुक्ति पा सकते हो। इसे प्राप्त करने के लिए, केवल वर्तमान में जिएं और Empedocles के गोल की तरह बनने का प्रयास करें - सभी ओर और आराम से। फिर, तुम अपने इंनर देव के प्रति समर्पित होकर अपना शेष जीवन मानवता के साथ और बिना व्यवधानों के जी सकेंगे।

4. आत्मप्रेम और आत्ममूल्यांकन का पराधिक: हम दूसरों की राय को अधिक महत्व देते हैं।

मैंने अक्सर सोचा है कि हर व्यक्ति किसी से ज्यादा प्यार क्यों करता है, लेकिन वे खुद के विचारों को कम महत्व देते हैं और दूसरों के विचारों को ज्यादा महत्व देते हैं। अगर कोई परमेश्वर या ज्ञानी मार्गदर्शक आकर एक व्यक्ति को यह सिखाते हैं कि वे अपने हर विचार को व्यक्त करें, तो वे इसे एक दिन भी नहीं संभाल सकेंगे। यह दिखाता है कि हम अपने आत्मामूल्यांकन पर अपनी राय से ज्यादा महत्व देते हैं।

5. दयामयी का विपरीतभाषी: क्यों देवता अपने सबसे धार्मिक अनुयायियों को छोड़ देते हैं?

कैसे हो सकता है कि देवताओं ने मानवता के लिए स्वर्गीय रूप से दुनिया की योजना बनाई है, जहाँ कुछ धार्मिक व्यक्ति जो दिव्य और परमत्मा से सबसे करीबी सम्बन्ध रखते हैं, मृत्यु के बाद पूरी तरह से मिट जाते हैं, इस तथ्य को उपेक्षा क्यों की हैं?

हालांकि, अगर यह सच है, तो आपको यह विश्वास होना चाहिए कि अगर यह संभव होता तो देवताओं ने इसे अलग तरीके से व्यवस्थित किया होता, जो न्यायपूर्ण और प्राकृतिक होता। क्योंकि ऐसा नहीं है, इसलिए यह ऐसा होना चाहिए नहीं था। इस मामले में दिव्य की प्रश्न करना अहंकारपूर्ण होगा, और हमें देवताओं के साथ विवाद करने का यही अनुमान नहीं लगाना चाहिए, जब तक वे पूर्णतः न्यायपूर्ण और उत्कृष्ट न हों। अगर ऐसा होता है, तो वे तर्कसंगत और न्यायपूर्ण रूप में अपनी ब्रह्मांड की रचना में कार्यवाही कर रहेंगे और किसी कारण से भूल नहीं करेंगे।

6. छिपी हुई क्षमता को संशोधित करें: असाध्यता के अभ्यास के शक्ति को ग्रहण करें

उन चीजों का अभ्यास करें जिन्हें आप सोचते हैं कि आप संपन्न नहीं कर सकते। आपकी अधिकतम कलाई, उदाहरण के लिए, अभ्यास की कमी के कारण अधिकांश गतिविधियों के लिए बेकार हो सकती है, लेकिन अगर आप ऐसा करने का अभ्यास कर चुके हैं, तो यह आपके प्रमुख हाथ को मजबूती से कोहनी पकड़ सकता है।

7. ज्ञानी विचार: जीवन की अनिश्चितता को ग्रहण करना और मौत के आगमन की तैयारी करना

सोचिए उस अवस्था के बारे में जिसमें एक व्यक्ति होना चाहिए - शारीरिक और भावनात्मक दोनों - जब मौत दरवाजे पर खटखटाए। जीवन की संक्षिप्तता को समझें, समय की असीमता को जो बीत चुका है और अभी भी आनेवाला है, और हर शारीरिक चीज़ की कमज़ोरी को।

8. मूलभूत सत्य का परदाफाश: प्रतिबिंब और स्वयं-जागृति की शक्ति

बातों के मूल सिद्धांतों पर विचार करें, जबकि उनकी बाहरी परतों को छूने से मुक्त करें। कार्यों के पीछे की मनहूस को और दुख, सुख, मौत और प्रसिद्धि की प्रकृति पर विचार करें। अपने असंतोष का मूल कारण पहचानें और यह स्वीकार करें कि कोई भी दूसरा आपकी प्रगति में बाधा नहीं डाल

सकता। याद रखें कि सब कुछ अभिप्रेत होता है और राय के आधार पर आकार प्राप्त करता है।

9. Pancratiast बनाम योद्धा: सफलता के लिए सिद्धांतों का अनुप्रयोग

अपने सिद्धांतों को लागू करते समय, आपको एक पैंक्रेसिस्ट की तरह कार्य करना चाहिए, न कि एक ग्लेडिएटर की तरह। एक ग्लेडिएटर अपनी तलवार गिरा देता है और हार के लिए असमर्थ होता है, जबकि एक पैंक्रेसिस्ट हमेशा कार्रवाई के लिए तैयार रहता है। उन्हें बस उसे सक्रिय तरीके से प्रयोग करना होता है।

10. मूल्यवान की खोज: पदार्थ, रूप और उद्देश्य का विवरणसूत्र

वस्तुओं की मूल्य की ओर देखें, जब तक कि हम उन्हें उनके पदार्थ, रूप और उद्देश्य में अभिप्रेत नहीं करते।

11. एक प्रबल पुरुष का सही माप: भगवान को प्रसन्न करना और उसकी इच्छा को स्वीकार करना

एक शक्तिशाली आदमी को भगवान को खुश करने वाली चीजों के अलावा कुछ नहीं करना चाहिए। उसे भगवान द्वारा प्रदान की जाने वाली सभी चीजों को स्वीकार करना चाहिए।

12. दोषारोपण से परे: बातों की प्राकृतिक क्रमबद्धता को समझना

जब वस्तुएं प्रकृति के अनुरूप होती हैं, तो हमें देवताओं को दोष नहीं देना चाहिए, क्योंकि वे कभी भी योजनित या अक्सर गलत नहीं करते हैं। उसी तरह, हमें लोगों को दोष नहीं देना चाहिए जब तक वे अनजाने में गलत करें। अंततः, ऐसी स्थितियों में किसी को दोष देने के लिए कोई आवश्यकता नहीं है।

13. असली हो जाओ: आपको जीवन के चक्रव्यूहों से हैरान नहीं होना चाहिए

जो कोई भी जीवन की अप्रत्याशित घटनाओं से हैरानी में आता है, उसे "तुच्छ और असंबद्ध" कहा जा सकता है।

14. भाग्य का सामना: परमेश्वर या अराजकता के संभावनाओं का नेविगेट करना

तीन संभावनाएं हैं: या एक घातक अनिवार्यता मौजूद है, या एक प्रकार का भगवान हमारे भाग्य की देखभाल करता है, या यहां बिना किसी उद्देश्य या मार्गदर्शन के केवल अव्यवस्था है। यदि यह सत्य है कि एक अजेय अनिवार्यता मौजूद है, तो फिर इसका सामना करने का क्या फायदा है? हालांकि, यदि भाग्य में संतुष्टि प्राप्त की जा सकने वाली देवदूत है, तो परमात्मिक हस्तक्षेप के लिए पात्र होने का प्रयास करें। लेकिन यदि संचारशक्ति के बिना केवल भ्रम है, तो संचार में एक शासित बुद्धिमत्ता होने का दुःख से पार लें। और यदि तूफान आपके शारीर और सांस छीन लेता है, तो संतुष्ट रहें, क्योंकि यह आपकी बुद्धिमत्ता को छू नहीं सकता।

15. दीपक और आत्मा: क्या उनकी रोशनी चलेगी?

क्या दीपक का प्रकाश चिराग के बुझने तक अपवित्रित होने से बचेगा? उसी तरह, क्या सत्य, न्याय और संयम जो आपके अंदर हैं, आपकी मृत्यु से पहले ही मुरझाएँगे?

16. ग़लत काम की समझ बढ़ाना: शर्म और गुस्से के मुंह में नैतिक द्वंद्वों का समान्यन

जब एक आदमी गलत कुछ किया हुआ लगे, तो मैं कैसे निर्धारित कर सकता हूँ कि क्रिया वास्तव में गलत है? और इसके अलावा, अगर वह गलत तरीके से व्यवहार कर चुका हो, तो मैं कैसे निश्चित हो सकता हूँ कि उसने पहले से ही खुद को दोषी साबित कर दिया है? इसका मतलब है, वह अपने कर्मों के द्वारा पहले से ही अपमानित हो चुका है। मैं आपसे यह पूछना

चाहता हूँ: वे लोग जो बुरे लोगों से अधिक संतुष्ट हैं, क्या वे वास्तव में यही उम्मीद करते हैं कि अंजीर के पेड़ अपने फलों में रस न बनाएं, अशिशु रोएं नहीं, या घोड़े खिंचें नहीं - ये सब विचार रहित हैं। तो, ऐसे चरित्र वाले व्यक्तियों के साथ हमें क्या करना चाहिए? अगर आप आसानी से गुस्सा हो रहे हैं, तो दूसरों के व्यवहार को बदलने की बजाय अपने स्वभाव को सुधारने पर ध्यान केंद्रित करें।

17. अपनी क्रियाएँ मार्गदर्शन करना: सत्य और नैतिकता पर कार्य करने की शक्ति

अगर यह गलत होता है, तो करना मत; और अगर यह सच नहीं है, तो कहना मत. इस सिद्धांत के द्वारा आपके कार्य निर्देशित हों...

18. दिखावट को विश्लेषण करते हुए: समझने के लिए मूल को जानना महत्वपूर्ण है

हमेशा ध्यान दें कि वस्तु के रूपांतरण के मूल में जो चीज़ होती है, वह हमारे द्वारा उत्पन्न की गई होती है, और हमें इसे रूप, पदार्थ, उद्देश्य और अवधि में विभाजित करना चाहिए।

19. अपनी आंतरिक दैवत्व को खोलना: एपिक्टिटस के साथ भावनाओं को पार करना

समझिए कि आपके भीतर कुछ ऐसी बात है जो भावनाओं को प्रेरित करने और आपको नियंत्रित करने वाले कारकों की तुलना में बेहतर और दैवी से उच्चतर होती है। विचार कीजिए कि वर्तमान में आपके विचारों में क्या है - क्या यह भय, संदेह, इच्छा या कोई अन्य समान भावना है?

20. ध्यानी क्रियाएं: प्रूफरीडिंग और एडिटिंग के माध्यम से एक अधिक बड़े सामाजिक लक्ष्य की सेवा

शुरुआत में, किसी भी जल्दबाज़ या बेवक़ूफ़ कार्रवाई से बचें, और हमेशा मन में स्पष्ट उद्देश्य रखें। इसके अतिरिक्त, सुनिश्चित करें कि आपके कार्रवाई सिर्फ समाज की पूर्णता को प्राप्त करने के लिए हो।

21. हमारी महत्त्वहीनता को गले लगाना: जीवन और विकास का अनादिकालीन चक्र

जब आप यह पढ़ रहे हैं, तो याद रखें कि शीघ्र ही आप महत्वहीन बन जाएंगे और आपके चारों ओर की सब चीजें अस्तित्व से बाहर निकल जाएंगी। इसमें उन सभी चीजों को शामिल किया गया है जो आप अभी देख रहे हैं और जिनके साथ आप जीवित हैं। यह इसलिए है क्योंकि प्रकृति ने सब को विकसित होने और समाप्त होने के लिए डिज़ाइन किया है, नई चीजों और जीवन के एक निरंतर चक्र के लिए रास्ता बनाते हुए।

22. विषयाधारित नियंत्रण की शांति के साथ चीखाऊ तरीके पर शांति प्राप्त करना: सुख और स्थिरता के लिए रायों का छोड़ देना

याद रखें कि सब कुछ अनुभवग्रहणशील है और यह आपके नियंत्रण में है। अपने मतों को छोड़ने का चुनाव करें और आप शांति, स्थिरता और शांतिपूर्णता को प्राप्त करेंगे - ठीक वैसे ही जैसे एक नाविक जो एक ढेर के चारों ओर परिच्छेद करके एक प्रशांत, शांत खाड़ी ढूंढ़ रहा है। अनावश्यक विचारों को छोड़ने का निर्णय लें और आपको संतुलन की भावना मिलेगी।

23. जीवन के प्राकृतिक अंत को आलिंगन करना: सार्वभौमिक की ओर सकारात्मक और समय परिवर्तन

किसी भी गतिविधि, चाहे वह जैसी भी हो, यदि उसे समय पर समाप्त किया जाता है तो कोई क्षति नहीं होती है। इसी तरह, इस क्रिया का प्रयास करने वाले व्यक्ति को भी कोई क्षति नहीं होती है क्योंकि कार्य समाप्त हो जाता है। इसी तरह, हमारे सम्पूर्ण जीवन — हमारे सभी कार्यों और

क्रियाओं से युक्त – उस समय समाप्त होने पर कोई क्षति नहीं उठाता है। इसके अतिरिक्त, जो व्यक्ति अपने कार्यों की श्रृंखला को सही समय पर नपुंसक करता है, उसके साथ अन्याय नहीं किया जाता है।

प्रकृति सही समय और सीमा को परिभाषित करती है, जो वृद्धावस्था में मानवों की विशिष्ट प्रकृति हो सकती है, या सदैव सबसे महत्वपूर्ण प्रकृति परिवर्तन के लिए जिम्मेदार हो सकती है, ताकि यह हमेशा हरा भरा और समृद्ध रह सके। और जो भी ब्रह्माण्ड के लिए लाभदायक माना जाता है, वह हमेशा पर्याप्त और समयगत होता है। इसलिए, जीवन का अंत किसी के लिए भी बुराई नहीं हो सकता है क्योंकि यह हमारे नियंत्रण से परे होने के साथ-साथ सामान्य हित के खिलाफ भी नहीं जाता है। बल्कि, यह एक सकारात्मक घटना है क्योंकि यह समयगत, लाभदायक और विश्वरूप के साथ मेल खाती है। इस प्रकार, जब एक व्यक्ति देवता की ओर उद्देश्य में एक ही दिशा में चलता है, तो वह भी उसे पीछे नहीं छोड़ सकता है।

24. गर्वपूर्ण अस्तित्व के लिए तीन सिद्धांत: न्याय, केन्द्रित बुद्धिमत्ता, और दृष्टिकोण

तुम्हें हमेशा तीन नियमों का पालन करना चाहिए: क्रिया करते समय, सोच के बिना कुछ न करो और हमेशा न्यायपूर्वक क्रिया करो; बाहरी परिस्थितियों का सामना करते समय, इस बात को समझो कि वे या तो संकेत हैं या तो संयोग का परिणाम हैं, और इसका आरोप न लगाएं और न किसी पर दोष लगाएं। दूसरा, प्रत्येक जीव के गठन से लेकर जब वह आत्मा प्राप्त करता है तब तक और जब वह उससे अलग होता है तब तक, प्रत्येक जीव के रूप की विचारधारा की जांच करो। हर जीव को तंत्र का विश्लेषण करो और उसकी सामग्री और अंतिम अवयवों का विश्लेषण करो। तीसरा, अगर तुम अचानक पृथ्वी से ऊपर उठकर मानवीय मामलों की नज़र हटाकर आस-पास के आकाश और आकाश में कीर्तिमान देखने के लिए उच्च-स्थान पर पहुंचे होते, तो तुम हमेशा वही चीज़ें देखते-आकारिक

समानताएँ और संक्षिप्त अस्तित्व। क्या ऐसी चीज़ों पर शोभा करने का कोई कारण है?

25. मतभेदों से आज़ादी पाओ और सच्ची मोक्ष प्राप्त करो: आपको रोकने वाली प्रतिबंधों को पार करना

अपने मतों से छुटकारा पाएं और आपको उद्धार हो जाएगा। तो, फिर आपको इनसे छुटकारा क्यों नहीं मिल रहा है?

26. लेटिंग गो की शक्ति: जीवन के प्राकृतिक क्रम को ग्रहण करना

जब आप किसी चीज़ से परेशान महसूस करते हैं, तो ध्यान देना महत्वपूर्ण है कि हर चीज़ की प्राकृतिक क्रम में होने से होती है और दूसरों के गलत कार्यों के बारे में चिंता करने की कोई आवश्यकता नहीं है। इसके साथ ही, महत्वपूर्ण है कि हर एक घटना सिर्फ आपके लिए अद्वितीय नहीं है, क्योंकि यह हर जगह हो रही है और हमेशा से हो रही है। साथ ही, हमें समझना भी आवश्यक है कि हम सभी मानवों के बीच कनेक्शन है, हम सिर्फ रक्त या पूर्वजों के माध्यम से ही नहीं जुड़े हैं, बल्कि हमारी बुद्धि और सामुदायिक अनुभवों के माध्यम से भी। प्रत्येक व्यक्ति की बुद्धि एक दैवी उपहार है, जिसे दैविक चिन्ता द्वारा हमें प्रदान किया जाता है। याद रखें कि कुछ भी आपका नहीं होता है, जिसमें आपका शरीर और आत्मा शामिल हैं, क्योंकि वे सभी दैविक उपहार हैं। अंत में, ध्यान रखें कि सब कुछ अपने-आप में एक मत है और सच्ची बात वही है जब वक्त है। इसलिए, अतीत या भविष्य की चिंता करने के लिए समय बर्बाद न करें, बल्कि मौजूदा क्षण पर ध्यान केंद्रित करें।

27. गर्व के पीछे ढेरों संकट: प्रसिद्धि, हानि और नम्रता पर सबकों की चिंताएं

हमेशा याद रखें वे लोग जिन्होंने किसी चीज़ के बारे में बहुत शिकायत की हो, या जिन्होंने सबसे बड़ी प्रसिद्धि प्राप्त की हो, बड़ा दुःख या शत्रुता झेली हो, या फिर अच्छे भाग्य को। फिर सोचिए, इन लोगों के पास क्या है। वे तो कुछ भी नहीं हैं, बस धुआं और राख हैं, या फिर कहें कुछ नहीं हैं।

याद रखें, फिया बसिलिनस ग्रामीण क्षेत्र में रहती थीं, लूस लूपस अपने बाग़ में, स्टेटीनियस ब्रिए में और तिबेरियस कैप्राए में। इतना उत्सुक कुछ भी प्राप्त करने और कुछ भी पीछे छोड़ने के लिए, और ऐसी खोजों का कितना मूल्यहीन है। इसके बजाय, यह सच्चाई, मधुरता, देवताओं के प्रति आदेशभक्ति, और सादगी के साथ अपने आप को प्रदर्शित करने पर विचार करना दार्शनिक होता है। याद रखें, अपनी गर्व की अपनी गर्वहीनता की बढ़िया घोषणा करने से अधिक कठिन कुछ नहीं होता है।

28. अविश्वसनीय शक्ति: सम्मान के माध्यम से देवताओं की अस्तित्व की गवाही

जब लोग इस बारे में पूछते हैं कि कहां देवता मिल सकते हैं, या कैसे देवता के अस्तित्व में सच्चे रूप से विश्वास करें और उन्हें पूजें, तो मेरा जवाब सीधा है। पहले, देवता आंखों से देखे जा सकते हैं। दूसरे, मैंने अपनी खुद की आत्मा को कभी देखा नहीं है, लेकिन मैं उसे सर्वोच्च सम्मान के साथ समझता हूं। इसलिए, मेरे देवताओं के अस्तित्व की समझ उनकी अविच्छिन्न शक्ति से आती है, जो मैं सदैव देखता हूँ, और मुझे उन्हें पूजन करने की प्रेरणा देती है।

29. सुरक्षित और पूर्णता से भरे जीवन के गुप्तता को खोलें: एक समग्र दृष्टिकोण

जीवन में सुरक्षा की सत्ता का मूल्य पूरी तरह से हर पहलू की गहन जांच में होता है - सामग्री को समझने के साथ-साथ आधिकारिक हिस्से को भी समझना। इसे पूरी निष्ठा के साथ निपुणता और ईमानदारी की ओर निर्माण करना अनिवार्य है। यदि इसे पूरा कर लिया जाए, तो एकमात्र तार्किक कदम आगे बढ़कर बिना किसी विच्छेद के पोजिटिव अनुभवों को जोड़कर जीवन का आनंद उचित रूप से उठाना है।

30. एकीकरण शक्ति: कैसे बुद्धिमान आत्मा सभी तत्वों को बांधती है

सूर्य से एक विशेष प्रकाश प्रकट होता है, हालांकि इसकी प्रकाशमानता दीवारों, पर्वतों और अन्य अनंत संरचनाओं द्वारा रोकी जा सकती है। इसी तरह, एक एकल पदार्थ होता है, हालांकि यह अनगिनत शरीरों में वितरित होता है, प्रत्येक के अपनी विशेषताएँ होती हैं। आत्मा के विषय में भी यही सत्य है, जो सभी अनंत प्रकृतियों और व्यक्ति जीवों के बीच मौजूद है। बुद्धिमान आत्मा भी विच्छिन्न दिखती है, लेकिन पूर्ण रहती है। इन उल्लिखित तत्वों में, हवा और पदार्थ जैसे अनुभवहीन घटकों को संगठित नहीं मिलता। हालांकि, बुद्धिमान सिद्धांत इन तत्वों को अपनी गुरुत्वाकर्षण शक्ति के साथ एकजुट करता है। हालांकि, बुद्धि अपने समान में एक विशेष पकड़ रखती है, और इस तरह समुदाय की भावना से कभी अलग नहीं होती है।

31. अविनाशी इच्छाओं का खोज: मृत्यु के पश्चात संवेदना, तर्क और श्रद्धा का संतुलन ढूँढ़ना

क्या आप अपने अस्तित्व को जारी रखना चाहते हैं? यदि हां, क्या आप संवेदना, गति और विकास का अनुभव करना चाहते हैं? और फिर, आप बढ़ना बंद करना, भाषा का उपयोग करना, विचार करना चाहते हैं? इनमें से आपको कौनसा इच्छनीय लगता है? यदि इनमें से कोई भी महत्व नहीं रखता है, तो इसके बजाय भगवान का अनुसरण करें। मृत्यु के कारण इन चीजों को खोने पर चिंतित और उदास होने के साथ, भगवान का सम्मान करना विरोधाभासी होता है।

32. समय की अनुप्राणिता: अपने दिल का पालन करने का महत्त्व

हर व्यक्ति को समय के विशाल और समझने योग्य समुद्रमय विस्तार का केवल छोटा सा भाग प्रदान किया जाता है, जो अनंत में त्वरितता से लुप्त हो जाता है! और पूरे संयोजन का होना कितना ही लघु हिस्सा होता है; और समुदायिक चेतना का होना कितना भी मार्जिनल घटक होता है; और आप कितनी ही तुच्छ मिट्टी के एक अत्यल्प युग्मित छिद्र में निवास

करते हैं! इन तथ्यों का विचार करके, यह निश्चित करें कि इनमें से सच में कुछ महान है, केवल अपनी प्राकृतिक प्रवृत्तियों का पालन करें और साझा ब्रह्मांड द्वारा दिए जाने वाली हर चीज़ को सहन करें।

33. नियंत्रण की मूल बात: सत्ताधारी क्षमता अपने आप का उपयोग कैसे करती है

राजनीतिज्ञ अपने आप को कैसे इस्तेमाल करते हैं? यह मुद्दा महत्वपूर्ण है। बाकी सब कुछ, चाहे वह आपके नियंत्रण के अंतर्गत हो या न हो, केवल निष्क्रियता, रेहकरता और धुंए के सिवाए नहीं होता।

34. मृत्यु के प्रति तिरस्कार का आत्मानुसरण: परामर्श के माध्यम से मृत्यु के प्रति अनुराग

यह प्रतिबिंब हमें मृत्यु के प्रति तिरस्कार की प्रेरणा प्रदान करने के लिए सबसे उचित है, क्योंकि वे भी जो सुख को धर्म मानते हैं और दुख को दोष मानते हैं, उन्होंने भी इसे कम महत्व दिया है।

35. एक आदर्श पुरुष की मूल बातों: तार्किकता, समयिकता और मृत्यु के प्रति उदासीनता

आदर्श आदमी यह मानता है कि भलाई सही समय पर होनी चाहिए और उसे अधिक या कम क्रियाएं करने पर उत्सुकता नहीं होती है। इसके अलावा, उसे विश्व की ओर कम या ज्यादा समय तक ध्यान करने से कोई प्रभाव नहीं पड़ता। इस तरह का व्यक्ति मृत्यु को भयानक घटना के रूप में नहीं देखता है।

36. पर्दे को गले लगाएं: हमारे प्रस्थान में प्रकृति की भूमिका को स्वीकार करने से शांति लायी जा सकती है।

प्रिय मित्र,

आप इस महान दुनिया के नागरिक रह चुके हैं, चाहे वह तीन वर्ष हो या पांच वर्ष, यह बात अहम नहीं है। न्याय सबके लिए समान होता है, जो

कानून का पालन करते हैं। अगर प्रकृति, और अन्यायपूर्ण शासक या न्यायाधीश नहीं हैं, तो आपको इस अवस्था से हटायाजाता है, तो आप क्यों शिकायत करेंगे? यह उसी तरह है जैसे निदेशक द्वारा मंच से किसी अभिनेता को निकाल दिया जाता है। आप कह सकते हैं कि आपने पांच कार्यक्रम पूरे नहीं किए हैं, लेकिन जीवन में तीन कार्यक्रम आपकी पूरी नाटक हो सकती है। वह व्यक्ति जिसने इस नाटक को रचा है और समाप्त करेगा, वही तय करेगा कि किसे पूरा करना है, आप नहीं। इसलिए, आपकी प्रस्थान के लिए आप जिम्मेदार नहीं होंगे और इस दुनिया से तृप्त होकर जा सकेंगे, जैसे कि व्यक्ति जो आपको छोड़ेगा, वह भी खुश होगा।

शब्दकोष

यह ग्लॉसरी सभी उचित नाम (कुछ जिनका महत्वहीन या अज्ञात होता है) और सभी अप्रचलित या अस्पष्ट शब्दों को शामिल करती है।

एड्रियनस्, या हेड्रियन (76-138 ईसा पूर्व), 14वीं रोमन सम्राट हैं।

अग्रिपा, एम्. विप्सानियस (63-12 ईसापूर्व), एक प्रख्यात सैनिक थे जो अगस्तुस के अधीन सेवा करते थे।

अलेक्जेंडर महान, मैसेडोनिया के राजा और पूर्व का विजेता, 356-323 ई. पूर्व।

एर्थेंस के एंटिस्थेनीज, सायनिक के संस्थापक और प्लेटो विरोधी, 5वीं सदी ईसा पूर्व में नजर आते थे। वहीं, अंटोनिनस पायस, 138 से 161 ईसा पूर्व तक 15वें रोमन सम्राट थे और कभी भी मुकुट धारण करने वाले महान शासकों में से एक थे।

अपाथिया: स्टोइक सामर्थ्य का आदर्श है जो हर परिस्थिति में शांति, दर्द की असंवेदनशीलता और सुख या सौभाग्य की किसी भी तरह की उन्नति की अनुपस्थिति को शोधता है।

एंटीक्विटी के मशहूर चित्रकार अपेल्लीस।

अलेक्जांड्रिया के एपोलोनियस, जिन्हें डिस्कलस या "क्रोधित" कहा जाता है, एक महान व्याकरणशास्त्री हैं।

अपोस्टेम, ट्यूमर, बाईस।

सिकंदर के आर्किमीडीज़, 287-212 ई.पू., प्राचीनतम गणितशास्त्री।

एगीयन सागर के उतर में अथौंस, एक पहाड़ी मुरार बिंदु है।

ऑगस्टस, पहले रोमन सम्राट (31 ईसा-क्रिस्त के आदेश में-14 ईसा-क्रिस्त तक शासन करने वाले)।

बच्चों, खाली कर दो।

बैक्कियस: इस नाम के कई व्यक्ति हो चुके हैं, और शायद मान्य या प्रसिद्ध व्यक्ति एक संगीतकार हो सकता है।

ब्रूटस रोमन लोगों के राजाओं के मुक्तिदाता और सीज़र के हत्यारी थे। ये दोनों नाम घरेलू शब्दों में थे।

कैजर, कैज़र, जूलियस, विशेषज्ञ और विजेता।

कायेटा, लाटियम में एक शहर है।

कैमिलस, रोमन प्रजासत्ताक के प्रारंभिक दिनों में एक प्रसिद्ध तानाशाह थे।

ऑफ़ेर पैनोनिया में डेन्यूब पथरी पर स्थित एक शहर है, कार्नुटम।

केटो, उट्टीका कहलाने वाला, एक स्थोइक व्यक्ति था जिसने थैपसस के युद्ध के बाद अपने हाथों से जान दे दी थी, ४६ ई.स.। उसका नाम नेकी और साहस के लिए प्रसिद्ध था।

सतर्क रहिए, सतर्क रहिए।

सीक्रोप्स, एथेंस के पहले कथानक राजा थे।

शायद चरक्स, वह पुरोहितीय इतिहासकार, जिसकी तिथि अज्ञात है, केवल इतना पक्का है कि वह नीरो के बाद की तिथि होगी।

चिरयुज, सारुजन।

क्रिश्चनपस, 280-207 ईसा पूर्व, एक स्तोइक दार्शनिक थे और संगठित दर्शन के रूप में स्तोइसम के संस्थापक थे।

रोम के सर्कस मैक्सिमस, मनोरंजन का एक स्थान, जहां चार फैक्शनेस या कंपनियों ने प्रतिस्पर्धा की थी। प्रत्येक कंपनी को खुद के रंग द्वारा पहचाना जाता था: लाल, सफेद, नीली और हरी। हालांकि प्रतियोगिता कठोर

थी, बहुत सारी हिंसा के साथ, यह खुशी और उत्सव का स्थान था। यहां यातायात के माध्यम से हँसी और तालियाँ की आवाज आती थी, और चैंपियन घोषित किए जाते थे, और प्रतिस्पर्धाएं आयोजित होती थीं। यह था एक अत्यंत दिखावटी स्थान, और बहुत बड़ी प्रतिस्पर्धा का केंद्र।

सिथेरन, एटिका के उत्तर में एक पर्वतीय शिखर है।

कॉमेडी, प्राचीन होती है; अरिस्टोफ़ेनीज़ और उनके समय की एटिक कॉमेडी के लिए एक ऐसा शब्द है जिसे लोग और राजनीति का निष्कर्ष निकालने के लिए अपनाते थे, जैसे कि आधुनिक कॉमिक जर्नलिस्ट, जैसे कि पंच, ने समझाया है। नवीन कॉमेडी देखे।

संक्षेप में, छोटा होता है।

मान्य, राय।

संतोष, संतोष

क्रेटीस, एक ४थी शताब्दी (ईसा पूर्व) का सिनिक दर्शनशास्त्री था।

क्रोसूस, लिडिया के राजा, धन के लिए प्रसिद्ध था। वह 560-546 ईसापूर्व में राज्य करता था।

एक दल के रूप में संघर्ष करते हुए, जो की अंतिस्थेनीय नेतृत्व किया करते थे, व्यक्ति प्रकृति के अवस्थान में लौटने की कोशिश कर रही थी। उनके लेखों में, जो सोक्रेटिकिज़्म की संस्कृति को दर्पणित करते थे, एक मुस्कान युक्त यार रह था जहां गुणहीनता को ही अच्छा माना जाता था और दोष को बुरा माना जाता था। हालाँकि, उनका धर्म नैतिकता आमतौर पर अविचारयोग्य था - जो और आज भी व्यापक रूप से प्रचारित है।

देमित्रियस ऑफ़ फ़ैलेरम एक एथीनियन वक्ता, राजनीतिज़, दार्शनिक और कवि थे। उनका जन्म 345 ईसा पूर्व हुआ था।

आब्देरा के देमोक्रिटस (460-361 ई.पू.), जिन्हें "हंसते दार्शनिक" के रूप में प्रसिद्ध किया जाता है, जिनका निरंतर विचार था "ये मनुष्य इतने मूर्ख हैं", उन्होंने परमाणु सिद्धांत की खोज की।

सिराक्यूज़ के दीवाने, प्लेटो के छात्र, और बाद में सिराक्यूज़ का तिरान। 353 ई. पू. में हत्या हुई।

दायोजेनिस, एक अभक्ष्य योद्धा, लगभग 412 ईसा पूर्व जन्मे, अपनी असभ्यता और साहसिकता के लिए प्रसिद्ध हुए।

दीप्रेष, एक चित्रकार है।

त्याग करना, सहन करना।

कुत्ता, संक्षेप में कही गई बातें, व्यक्तिगत दार्शनिक नियमों को संक्षेप में कहे जाने वाले हैं।

एग्रीगेंटम के एम्पेडोक्लीज, 5वीं शताब्दी ईसा पूर्व में थे। वे दार्शनिक थे, जिन्होंने पहली बार कहा था कि "चार तत्व" होते हैं। उन्होंने आत्मा के पुनर्जन्म को मान्यता दी थी और पदार्थ की अविनाशिता में विश्वास रखा था।

एपिक्टेटस, एक मशहूर स्टोइक दार्शनिक, फ्राजियन मूल के थे। वे एक गुलाम के रूप में शुरू होकर बाद में एक मुक्तदास बन गए, लेकिन फिर भी लंगड़े, धनहीन और संतुष्ट रहे। उनके विचारविमर्श बाद में उनके एक छात्र द्वारा इकट्ठा किए गए और पुस्तक के रूप में प्रकाशित किए गए जिसे एनशीरिडियन के नाम से जाना जाता है।

ईपिकुरियन्स, जिन्हें ईपिकुरस ने स्थापित किया गया था, एक दार्शनिक समुदाय हैं जिसने "देमोक्रिटस के भौतिकी" अर्थात अणु सिद्धांत को "आरिस्टिप्पस की नैतिकता" के साथ मिलाया। उन्होंने खुशी से जीने का प्रस्ताव रखा, लेकिन शब्द का वास्तविक अर्थ उस उग्र और अश्लील अभिमान नहीं था जो जल्द ही उसे मिल गया।

सामोस का एपिकुरस, 342-270 ई.पू. में एर्थेंस में रहते थे। उनके बागों में हरा-भरा दृश्य देखकर आनंद आता था। वे एक नगरीकता और उदारता से भरपूर जीवन जीते थे, भले ही उनका उत्पादन अधिक न हो। उनका चरित्र सरल और मध्यम था, और उसमें किसी दुष्टता या अतिरिक्तता की कोई गुणवत्ता नहीं थी, जो बाद में एपिक्यूरियन स्कूल के लिए महत्वपूर्ण हुई।

चौथी सदी ईसा पूर्व के मशहूर खगोलज्ञ और चिकित्सक, क्निडस के यूडोक्सस थे।

हत्यास्पद, प्रेरक।

अकस्मात, संयोग हुआ।

फ्रॉन्टो, एम. कॉर्नेलियस, एक वक्ता और न्यायाधीश, 143 ई० कोन्सुल नियुक्त किए गए। उनके पास एम, औम् और अन्यों के कई पत्र उपलब्ध हैं।

ग्रानुआ, डेन्यूब का एक सहायक नदी है।

हेलिस, आचाया का प्राचीन राजधानी नगर, एक भूकंप में समाप्त हो गया, 373 ई.पू.

हेलविडियस प्रिस्कस, थ्रासेया पेटस के दामाद, एक महान व्यक्ति और स्वतंत्रता के प्रेमी थे। उन्हें नीरो द्वारा निर्वासित किया गया था और वेस्पेशियन द्वारा मौत की सजा दी गई।

ईफासस के हेराक्लिटस, जो 6वीं सदी ई.पू. में रहने वाले थे, उन्होंने दर्शन और प्राकृतिक विज्ञान पर लिखा।

हर्कुलेनियम माउंट वेसुविअस के करीब 79 ई. पू. में हुए विस्फोट से दब गया।

हर्क्यूलीज़, अपोलो होना चाहिए। म्यूज़ देखिए।

संकुचितकाल, अंतर्वाल।

बिथिनिया के हिप्पार्कस, बी.सी. के 2वीं सदी के एक खगोलविद्, "खगोलशास्त्र के सच्चे पिता।"

कोस के हिपोक्रेटीज, लगभग 460-357 ईसापूर्व, प्राचीनतम चिकित्सकों में से एक अत्यंत प्रसिद्ध थे।

मूर्ख, सिर्फ किसी भी चीज़ में अनुभवहीन होता है, "अव्यावसायिक" वही जो किसी कला, कारीगरी या व्यवसाय में तकनीकी रूप से प्रशिक्षित नहीं हुआ हो।

लियोनेटस, एक महान सेनानी थे जो शंखचुर महान के तहत कार्यरत थे।

लुसिला, मैगनुस औरेलियस की पुत्री थीं और वेरस की पत्नी भी थीं, जो उन्होंने बाद में भी जीवित रहीं।

माइसेनस, अगस्तुस के विश्वासपात्र सलाहकार और भावुकतापूर्ण कवि और साहित्यिकों के प्रशंसक थे।

मैक्सिमस, क्लॉडियस, एक स्टोइक दार्शनिक हैं।

मेनिप्पस एक सामान्य दार्शनिक है।

मिटियरोस, और विशेषकर खगोलविज्ञान और प्राकृतिक दर्शन सहित अन्य विचारों के बारे में उच्च दर्शनशास्त्र वाला एक विभाजक साबित हुआ।

मध्य कॉमेडी, पुरानी और नई कॉमेडी के बीच कुछ मध्यवर्ती होती है। पुरानी कॉमेडी और नई कॉमेडी को देखें।

स्तोइक्स ने तीन विभाजन किया: धार्मिक, अधार्मिक और "उदासीन" के बीच। हालांकि, विश्व द्वारा जो कुछ अच्छा या बुरा माना जाता है, जैसे कीमती या गरीबी, उसे वे "उदासीन" मानते थे। ऐसे मामलों में, कुछ चाहिए, जबकि कुछ को अस्वीकार किया जाना चाहिए।

मूसेस वे नौ देवताओं थीं जो विभिन्न प्रकार की काव्य, संगीत आदि पर प्रभुत्व रखती थीं। उन्हें अपोलो नेतृत्व करते थे, जिनमें से एक का नाम म्यूज़गेटस था, यह उन मूसों का नेतृत्व करता था।

तंत्रिका, तार।

नई कॉमेडी, मेनेंडर की अद्वितीय कॉमेडी और उनके स्कूल। यह स्कूल न केवल व्यक्तियों की आलोचना करता है, बल्की रवैये की भी। जैसे कि एक आधुनिक कॉमेडी ऑपेरा। पुरानी कॉमेडी को देखें।

पेलेस्ट्रा, कुश्ती का स्कूल।

पैंक्रिटिस्ट, पैंक्रेटियम में प्रतिस्पर्धी थे, जहां बॉक्सिंग और कुश्ती के मुकाबले शामिल थे।

प्रमुख, छोटे गोल ढाल (पर्मा) से भरे ग्लेडिएटर्स।

फीडियास, एक पुराने युग के सबसे प्रसिद्ध मूर्तिकार।

फिलिप्पस, मकदोनियाई प्रमुखता के संस्थापक और अलेक्सांडर महान के पिता है।

फोकीन, एथीनियन सेनापति और राजनीतिज्ञ, एक महान और उच्चभावना वाला आदमी थे, जिन्हें चौथी सदी ई.पू. में डेमोस्थेनीज ने "मेरे वाक्यों का

पेड़ काटने वाला" कहकर बुलाया था। 317 में, एक झूठे संदेह के चलते राज्य ने उन्हें मृत्यु के लिए फांसी पर चढ़ा दिया गया था, और उन्होंने अपने बेटे के लिए एक संदेश छोड़ा, "एथेनियों के प्रति कोई शक्ति न रखें"।

देवदार, पीड़ां.

देवदार, पीड़ां की और अभिमुख होता है. जब एक आदमी की कोई पीड़ा होती है, तो वह उसे दूर करने के लिए अपनी माँग प्रकट करता है. वह पीड़ा का अनुभव करता है, रोता है, परंतु धीरे-धीरे सीखता है कि जब उसे स्वयं की मदद की आवश्यकता होती है, तो माता जी भी आत्मानुभवी होती हैं. इस प्रकार, वे एक दूसरे की सहायता करते हैं और एक दूसरे की पीड़ा से पाठ लेते हैं. यह युग का महत्वपूर्ण संदेश है कि पीड़ा चेतना में विकास का संकेत है और हमें प्रेम और सहयोग के माध्यम से एक-दूसरे को समझना चाहिए.

एथेंस के प्लेटो, 429-347 ईसा पूर्व। उन्होंने अपने गुरु सोक्रेटीस द्वारा आविष्कृत द्वैविध्रीय विधि का उपयोग किया। कहा जाता है कि वे एक दार्शनिक-कवि थे, जिनकी विचारधारा विचारों की स्थिति के अनुसार चीजें उस केंद्रीय धारणा में भी रहती हैं। उन्होंने "प्रजासत्ताक" में एक समृद्धि और संगठन की जगह के रूप में एक अव्यावहारिक दुनिया की कल्पना की।

प्लेटोवादियों, प्लाटो के अनुयायी।

पॉंपेइ, माउंट वेसुवियस के पास, 79 ई. संग्रहालय में दबे हुए।

पोम्पियस, सी. पोम्पियस मैग्नस, रोमन संविधान के अंत में एक बहुत सफल सेनापति थे (106-48 ई.सी.)।

जादूगर, जगलर।

सामोस के प्यथागोरस, एक दार्शनिक, वैज्ञानिक और नैतिकवादी थे, 6वीं शताब्दी ईसा पूर्व।

कुवाडी, दक्षिण जर्मनी की एक जनजाति है। मार्क्स ऑरेलियस ने उनके खिलाफ युद्ध चलाया था और इस पुस्तक का यहां का भाग मैदान में लिखा गया है।

रिकटस (अडवानस मैथमेटिक्स कुछ प्रश्नों की आधारक शिक्षा, जिसमें चित्रित कियाचित्रितांश उपशिक्षा और व्याख्यान, सामान्य विवेचन, संख्यात्मक परिष्करण, सरवेक्षण, आकलन, तार्किकता, शास्त्रीय तैयारी, प्रलेखन और गणितीय विचारधारा शामिल है)

ताल (संगणक, संगणक विज्ञान, कंप्यूटर विज्ञान, नेटवर्किंग, सॉफ्टवेयर अभियांत्रिकी, इंटरनेट सुरक्षा, डाटाबेस, प्रोग्रामिंग भाषाएं, वेब डिजाइन और डेटा संप्रोद्धि जैसे विषयों का अध्ययन करता है)

जबड़े (भूगोल, इतिहास, राजनीति विज्ञान, साहित्य, संगीत, कार्यकर्ताओं और उनके काम में शामिल विषयों का अध्ययन करता है)

रस्टिकस, क्यूइंतस, जूनियस या स्टोइक दार्शनिक, एम ओरेलियस ने द्वारा द्विभाषा राजनीति मंत्री के रूप में नियुक्त किए जाने हैं।

मंदिर, एक पवित्र स्थान है।

सैलामिनियस, सालामीस के लिए लियोन। सोक्रेटीज को आदेश दिया गया था कि वे उनके सामने तीस जबरदस्तों को लायें, लेकिन सोक्रेटीज ने खुद की जोखिम पर खड़े होकर इसे इनकार कर दिया।

सरमाट, एक जनजाति है जो पोलैंड में बसी हुई है।

स्केलीटन, हैडीकंट.

प्राचीन ग्रीक दार्शनिकों के गहरे विचार, जो ईसा मसीह से चार सदी पहले जीते थे, ध्यान और पूछताछ की एक स्रोत के रूप में लंबे समय से रहे हैं। उनके ज्ञान की परस्परता और साबित करने की असंभाविता पर आधारित शिक्षाओं ने "संदेहवाद" के रूप में जाने जाने वाले एक विचार धारा को प्रेरित किया है। उनके शब्द, हालांकि, हजारों वर्ष पहले कहे गए थे, आज भी उनके देश में महत्वपूर्ण हैं। ग्यारहवीं शताब्दी में उत्पन्न हुए इस्लामवाद भी दार्शनिक सिद्धांतों के कई हिस्सों का साझा करने के कारण, इन दो विचारों को प्राकृतिक संबंधिता में बनाये रखने में कामयाब रहे हैं।

सिपियों, दो महान सैनिकों का नाम है, पी. कॉर्न. सिपियों अफ्रीकानस, हैनीबल के विजेताओं में एक थे। और पी.

कॉर्ना। सी । अफ्रीका माइनर, जो पालना-पोषण द्वारा परिवार में आये, ने कार्थेज को नष्ट किया।

सेक्टोरियनी (C. द्वारा बनाया गया एक शब्द) सेक्टोरियन, प्रकाश युद्ध क्षेत्री खेल है, जिसे अगले संग्रहीत के साथ जाल और त्रिशूलों के साथ खेला जाता था।

चेरोनिया के सेक्सटस, एक स्टोइक दार्शनिक के रूप में, प्लूटार्क के भतीजे हैं।

सीली, सरल, सामान्यी।

सिनुएस्सा, लेटीयम में एक शहर है।

सोक्रेटीज, एक एथिनियन दार्शनिक (469-399 BC), वाद-विवाद विधि के संस्थापक थे। उन्होंने अपने सहपथियों की द्वारा लगाए गए झूठे आरोपों के बाद मौत को प्राप्त किया।

सीमा, सीमित करें (कंजूसी का अभिप्रेत न हो)।

स्तूल मानवीय जगत की मूल सत्ता थीं, और उनका उद्देश्य प्रकृति के अनुसार जीना था। उनके पूर्ण मनुष्य को किसी भी इच्छा की आवश्यकता नहीं थी, उसकी आवश्यकता केवल उसकी बुद्धिमत्ता थी। गुण सराहे जाते थे और दुष्कर्मों की नकारात्मक दृष्टि थी, हालांकि वे मानते थे कि बाहरी चीजें कोई महत्व नहीं रखती।

थियोफ्रास्टस, एक दार्शनिक, अरिस्टोटल के छात्र, और लाइसीयम के पदाधिकारी के रूप में उनके उत्तराधिकारी थे। उन्होंने दार्शनिकता और प्राकृतिक विज्ञान पर कई काम लिखे हैं। उन्होंने 287 ईसा पूर्व में जन्म लिया, और मर गए।

थ्रासिया, पी. थ्रासिया पैक्टस, एक संसदीय और स्तोइक दार्शनिक, एक महान और साहसी आदमी थे। उसे नेरो द्वारा मौत की सजा सुनाई गई।

टिबेरियस, दूसरा रोमन सम्राट (14-31 ई.). उन्होंने अपने जीवन का अंतिम भाग कैप्रिया (कैप्री), नेपल्स के पास, में विलास या विकृति में बिताया, अपने साम्राज्यिक कर्तव्यों को त्यागते हुए।

ट्रटे-हुए, टुकड़ों-का-समूह।

त्राजन, १३वें रोमन सम्राट, ५२-११७ ई०।

वेरस, लुसियस और ओरेलियस संगठन के सहयोगी हैं। उन्होंने एम् ए की बेटी लुसिला से शादी की और 169 ई.सं. में वे मर गए।

विस्पेसियन, ९वें रोमन सम्राट के.सं. ६९-७९०, चल्सेडॉन के ज्ञानी, दार्शनिक और अकादमी के अध्यक्ष थे।

इंडेक्स